Für A. und G.,
die mir alles gegeben haben.

... die erstickende, bleiche, zitternde Erde;
der überfüllte, tragische, zerstörte Himmel...

Giovanni Pascoli, Der Blitz, Verse 2-3

Vorwort
zur deutschen Erstausgabe, 2024
von Stella Levantesi

In der Mitte des 19. Jahrhunderts schrieb der französische Autor Jean-Baptiste Alphonse Karr *„plus ça change, plus c'est la même chose"* (auf Deutsch ca. "Je mehr es sich verändert, desto mehr ist es dasselbe"). Er meinte damit wohl etwas ironisch, dass sich die Dinge zwar oberflächlich oder scheinbar ändern können, aber ihr Wesen im Grunde immer gleich bleibt. Die Dinge ändern sich ohne die Realität auf einer tieferen Ebene zu beeinflussen und tragen durch ihr Fortbestehen dazu bei, das zu nähren, was als Status Quo bezeichnet wird.

Ohne darauf eingehen zu wollen, wer Alphonse Karr war, was er tat und was er im Leben dachte, möchte ich bei diesem Zitat von ihm kurz verweilen, denn es ist genau in dieser potenziellen Dimension der Nichtveränderung, in der die gesamte Geschichte des „Klimawandelleugnens" im weitesten Sinne feststeckt - als jenes Phänomen, das stetig und zielgerichtet den Kampf gegen den Klimawandel behindert.

Tatsächlich macht es heute mehr Sinn, den Ausdruck „Klimabehinderung" zu verwenden, er beinhaltet so präzise wie umfassend die Dynamiken, die ich hier in meinem Buch beschreibe und mit denen ich mich in meiner journalistischen Arbeit befasse. Der Begriff hat erst kürzlich Eingang in den allgemeinen Sprachgebrauch gefunden, wenn es um dieses Thema geht, und zwar nach der Veröffentlichung von „I bugiardi del clima" (Die Klima-Lügner) in Italien 2021. Er bezeichnet all jene absichtlichen Prozesse und Strategien, die das Ziel haben, klimapolitische Maßnahmen zu verzögern und zu behindern.

Als ich erfuhr, dass mein Buch im Jahr 2024, drei Jahre nach seiner ersten Veröffentlichung, ins Deutsche übersetzt und veröffentlicht werden würde, dachte ich sofort an all das, was seitdem im Bereich des Klimahandelns – oder besser gesagt, der Klima-Inaktivität – passiert ist. Ich ging in Gedanken einige der Ereignisse der letzten Jahre durch: die Aussagen von Politikern, die das Problem geleugnet oder heruntergespielt haben, das hemmungslose Lobbying und die immensen Gewinne der Ölunternehmen in Europa und im Rest der Welt, insbesondere seit der russischen Invasion in der Ukraine, die Gewalt gegen und die Kriminalisierung von Klimaaktivistinnen und -aktivisten, die verbreitete Desinformation durch einige Medien zum Thema, die von Unternehmen aus umweltschädigenden Branchen gesponserten globalen Klimakonferenzen...

Wie kann man all dies und vieles mehr auf wenigen hinzugefügten Seiten in einen Text einbeziehen, der erstmals im Jahr 2021 erschienen ist?

Wenn es etwas gibt, das bisher klar über das „Wer", „Wie" und „Warum" der Klimabehinderung geworden ist, dann ist es leider: Je mehr sich die Dinge ändern, desto mehr bleiben sie gleich.

Ich würde gerne schreiben können, dass heute alles anders ist, dass die Mächte, die ein Interesse daran haben, Klimaschutzmaßnahmen zu behindern und absichtlich Strategien dafür einsetzen, nicht mehr existieren, besiegt wurden oder sich gewandelt haben, um einen gerechteren Weg einzuschlagen.

Die Wahrheit ist, dass leider alles, was ich in diesem Buch geschrieben habe, auch drei Jahre später im Wesentlichen noch aktuell ist. Regierungen wechseln, Umstände ändern sich, endlose Zyklen von dramatischen und weniger dramatischen Nachrichten folgen aufeinander, aber die Mechanismen und Grunddynamiken bleiben gleich, und mit ihnen auch die ständigen und zunehmend heimtückischen Versuche, Maßnahmen zu behindern.

Damit will ich nicht sagen, dass es keine Fortschritte gegeben hat. Energiegiganten wie Shell wurden beispielsweise verklagt und vor Gericht gestellt wegen ihrer Verantwortung für den Klimawandel. Einem Bericht der Vereinten Nationen zufolge wurden bis 2022 weltweit in 65 Rechtsordnungen insgesamt 2.180 Klimaklagen eingereicht, bei internationalen und regionalen Gerichtshöfen. Bei der Einreichung dieser Klagen nehmen vermehrt marginalisierte Gruppen, junge Menschen, Frauen, lokale Gemeinschaften und indigene Völker eine zentrale Rolle ein. Die in den letzten Jahren zunehmende Klima-Litigation hat historische Wendepunkte im Klimaschutz herbeigeführt und einige entscheidende rechtliche Präzedenzfälle für die Verantwortlichkeit (*„accountability"*) von Akteuren geschaffen.

Erneuerbare und saubere Energie ist auf dem Vormarsch. In vielen Ländern oder Kontexten ist das Klima ein zentrales Thema in der soziopolitischen und medialen Debatte geworden, und die Informationen sind in vielen Fällen verbreiteter, genauer und vollständiger als zuvor. Immer häufiger spricht man über die Ursachen des Problems und die Auswirkungen der Klimanotlage auf die körperliche und psychische Gesundheit der Menschen sowie über mögliche Lösungen im wissenschaftlichen, technologischen, politischen und sozialen Bereich.

Weltweit sind zahlreiche Initiativen in der Zivilgesellschaft entstanden, um Ökosysteme und Gemeinschaften vor verschmutzenden Aktivitäten und Ausbeutung zu schützen. Der Druck auf Regierungen und die öffentliche Debatte in vielen Ländern wird durch Klimaaktivistinnen und -aktivisten lebendig gehalten. Es wurden Projekte und Kampagnen gestartet, um die Einstellung der Produktion fossiler Brennstoffe und den Stopp von Investitionen in Öl & Gas zu fördern, sowie Bemühungen, Werbung und Sponsoring der fossilen Industrie zu regulieren, die oftmals strategisches Greenwashing und irreführendes Marketing beinhalten.

Es ist mir wichtig, diese Fortschritte anzuerkennen und gleichzeitig hervorzuheben, wie wichtig die Arbeit so vieler Menschen im Kampf gegen die Klimablockade gewesen ist.

Und klar, welchen Sinn hätte es denn auch, das zu tun, was wir tun, ohne zu kämpfen? Welchen Sinn würde es machen ohne die Überzeugung, dass

Schritt für Schritt eine Botschaft, eine Idee vermittelt wird, und dass man den Kampf führt für eine gerechtere, gesündere und freundlichere Welt?

Nach wie vor ist es jedoch auch wichtig, immer wieder ein Auge auf die Hindernisse und Behinderer zu werfen, auf die Taktiken derjenigen, die nur ihren eigenen Kampf vorantreiben, einen Kampf, der nur ihren eigenen Zielen, ihrem eigenen Profit, ihrer eigenen Macht dient – auf Kosten des Lebens und der Gesundheit vieler Menschen.

Angesichts der Stagnation in der Leugnungs-Dynamik, im wiederholten Aufschieben und der immer gleichen Blockade ist es aber auch so, dass, wenn etwas immer dasselbe bleibt, man es im Grunde genommen bereits (besser) kennt.

Das Klimaleugnen geschieht in der ständigen Wiederholung immer ähnlicher Strategien, wiederkehrender kommunikativer Taktiken, Sprachen, Vorstellungswelten und immer gleicher Erzählungen.

Wenn man etwas kennt, es identifizieren, definieren und verstehen kann, lässt es sich auch leichter bekämpfen, und auch weiterhin lässt sich immer mehr darüber lernen, wie Merkmale der Klimawandelleugnung besser erkannt werden können. Und wie sie somit ans Licht gebracht werden kann - auch für diejenigen, die vielleicht ihre Aufmerksamkeit woanders hin gerichtet haben.

Wenn Sie dieses Buch lesen (es sei denn, es ist Ihnen zufällig in die Hände gefallen), wissen Sie wahrscheinlich bereits, dass wir uns mitten in einer durch menschliche Aktivitäten verursachten Klimakrise befinden.

Wenn Sie dieses Buch lesen, brauchen Sie sicherlich auch keine Informationen mehr darüber, wie dringend und notwendig Klimaschutzmaßnahmen sind. Wenn Sie dieses Buch lesen, wissen Sie bestimmt schon, dass „Klimaschutz" einen immens großen Handlungsbedarf impliziert – in der Politik, Wirtschaft, Kultur, für öffentliche Gesundheit, soziale Gerechtigkeit, Rechte, Ökosysteme und das Leben von uns allen.

Dieses Buch will zum Handeln einladen.

Es bleibt noch ein weiter Weg zu gehen, aber jeder Schritt ist ein weiterer Schritt hin zu jener möglichen Realität, die ich vielleicht lieber so umschreiben würde: Je mehr sich die Dinge ändern, desto mehr können sie sich ändern.

Der vernebelte Kollaps

Text zum Buch

von Samira El Ouassil & Friedemann Karig

„Wenn Ihre Wissenschaft Ihnen ein Ergebnis liefert, das Ihnen nicht gefällt, verabschieden Sie ein Gesetz, das besagt, dass das Ergebnis illegal ist", sagte der amerikanische Moderator Stephen Colbert 2012 spöttisch in Richtung konservativer Gesetzgeber in North Carolina. Diese hatten, von Immobilieninteressen getrieben, einen Gesetzesentwurf forciert, mit welchem Regierungsbehörden darin gehindert werden sollten, aktuelle Prognosen von Forscher:innen bei der Ausarbeitung von Entwicklungsstrategien und -vorschriften für den örtlich nachweislich steigenden Meeresspiegel zu verwenden. Anders ausgedrückt: Das Handeln gegen eine eintretende Katastrophe wurde politisch einfach verboten.

Das Prinzip "Don't look up!" (wie in dem gleichnamigen Film von Adam McKay satirisch überspitzt gezeigt) hat sich seitdem zwar lange bewährt, aber da sich Dürren und Überflutungen nicht verbieten lassen können, nicht einmal von US-amerikanischen Konservativen, musste sich in Anbetracht einer faktenschaffenden Wirklichkeit der kommunikative Modus der Weltzerstörungs-Profiteur:innen ändern. Zwar sind wir, in den USA wie hier, immer noch in fleißiger Klimakrisenverdrängung, die Rhetorik des geistigen Greenwashings wird allerdings subtiler. Einlassungen von zumeist liberalen oder konservativen Politiker:innen, welche mit Hilfe der in Stellas Levantesis Buch beschriebenen Verhinderungsstaktiken den ökologischen Diskurs verschieben, leugnen nicht mehr den menschengemachten Klimawandel wie ein Flat-Earther die Rundheit unserer Kugel. Sie sagen jetzt nur, dass es nicht so schlimm wird. Dass wir uns anpassen können. Dass wir noch Zeit hätten. Dass man die Leute nicht überfordern darf.

In einer Studie, die im Magazin "Communications Earth & Environment" veröffentlicht wurde, stellten James Painter und sein Forschungsteam am Reuters-Institut fest, dass der öffentliche Diskurs über die Klimakrise sich weltweit verändert hat, und zwar dahingehend, dass nicht mehr die Klimaforschung infrage gestellt wird, sondern die Notwendigkeit, gegen deren prognostizierte Szenarien effektive Maßnahmen zu ergreifen. Im Rahmen einer länderübergreifenden Medienanalyse sah man sich Nachrichtensendungen auf 20 Kanälen in Australien, Brasilien, Schweden, Großbritannien oder den USA an, welche die Berichte über den IPCC-Report 2021 und über die wissenschaftliche, physikalische Grundlage des Klimawandels beinhalteten. Dabei stellten die Forscher:innen fest: Wissenschaftsleugnung ist nicht im Mainstream angekommen. Was aber nun verfängt, seien die Verhinderungen. Also das, was der Soziologe Keith Kahn-Harris in seinem Buch "Denial: The Unspeakable Truth" als "sanftes Leugnen" beschreibt: "Im Bereich des Leugnens der globalen Erwärmung werden langsam Quasi-Geständnisse üblich, die mit der Zeit die Wissenschaft anerkennen, ohne jedoch die politischen und moralischen Prioritäten aufzugeben."

Man könnte täglich warnen, dass die Klimakatastrophe die historisch größte Herausforderung ist, der sich die Menschheit stellen muss, dass sie eine Krise ist, die ein globaler Norden zu verantworten hat und die einen globalen Süden am härtesten treffen wird, bei der Millionen von Menschen elendig verhungern, ertrinken und in der Hitze qualvoll sterben werden, dass sie ein Kollaps sein wird, welcher die größten Migrationsströme der Geschichte und Kriege um knapper werdende Ressourcen wie bspw. Wasser auslösen wird und Demokratien sowie das freiheitliche Leben, wie wir es heute kennen bedrohen wird - oder aber man schreibt auf der FDP-Webseite gutgelaunt: "Der Klimawandel ist eine der größten Herausforderungen unserer Zeit. Packen wir es richtig an, kann Klimaschutz aber auch zu einer unserer größten Chancen werden." Und schiebt eine verheißungsvolle Tatkraft hinterher wie: "Wir sind davon überzeugt, dass wir einen effektiven

Klimaschutz nur dann erreichen, wenn wir auf Erfindergeist und Technologieoffenheit setzen. Im Verkehrsbereich müssen wir neben der Elektromobilität deshalb auch das Potenzial von E-Fuels nutzen." Die ist für den eigenen Machterhalt hilfreicher, als zum Beispiel die Wahrheit: "Als Klientelpartei, die wir sind, hat die Automobilindustrie unsere Schaltknüppel fest in ihrem öligen Griff".

In der deutschen Politik und Wirtschaft wird ganz sanft geleugnet, indem wir versuchen, Verantwortung umzuleiten: Entweder auf eine Zukunft, die rettende Innovationen parat hält, auf den grünen Superhelden-Verbraucher oder auf andere emittierende Länder. Und das alles, um nur nicht jetzt so handeln zu müssen, wie es die Dringlichkeit der Sache eigentlich erforderlich macht. Die permanenten Mikroverunsicherungen versetzen die diskursive wie politische Startlinie, von der wir eigentlich schleunigst lossprinten müssten. Zudem werden diejenigen, die versuchen, Mobilisierungsarbeit für die ökologische Transformation zu leisten, damit beschäftigt, beständig die Falschaussagen der Blockierer zu widerlegen. „Wissen ist Macht", heißt es, und so sagt es auch Petyr „Littlefingers" Baelish in der Fantasy-Serie Game of Thrones zur Königin. Er spielt damit auf sein dichtes Netz an Informant:innen an, das er unter anderem durch seine Bordelle der Hauptstadt Kings Landing durchzogen hat. „Macht ist Macht", entgegnet ihm Königin Cersey, und lässt ihn von ihrer Leibgarde beinahe töten. Hören wir auf sie und erkennen: Macht bedeutet nicht nur, eigene Handlungsfähigkeit und Souveränität zu haben, sondern andere am Handeln hindern zu können. Zur Not mit dem schleichenden Gift gezielt gestreuter Zweifel und Ablenkungen. Das politische Hin und Her in Bezug auf den sogenannten "Heizungs-Hammer" war hierfür ein Paradebeispiel. Auch durch eine kampagnehafte Berichterstattung verschob sich der Fokus vom Klimaschutz zum Heizungsschutz, wodurch die Angst vor dem Verlust des Heizkörpers größer war, als die vor dem zukünftigen Verlust körperlicher Unversehrtheit.

So sehen wir vor lauter Vernebelung das Offensichtliche nicht mehr. Der

deutsch-österreichische Philosoph und Schriftsteller Günther Anders eta-
blierte die Idee der "Apokalypse-Blindheit", die uns, verbunden mit einer
"prometheischen Scham" daran hindert uns das Ausmaß einer Weltzerstö-
rung überhaupt vorstellen zu wollen oder zu können. Die "prometheische
Scham" beschreibt hierbei die Scheu vor der Demütigung, die wir empfinden, wenn wir durch unsere eigene Schöpfung sabotiert werden könnten.
Es ist der „Selbstbetrug", dem wir nachhängen, wenn wir glauben, dass wir
Kontrolle über die von uns entwickelte Technologie behalten können. „Ich
habe vor dem weißen Papier gesessen und versucht, über die Ungeheuerlich-
keit zu schreiben, und fand nicht die Worte. Und konnte mir auch das, wor-
über ich schreiben wollte, nicht vorstellen", schreibt Günther Anders, "und
da habe ich einen philosophischen Trick angewandt und habe gesagt: Die
Tatsache, daß ich das nicht kann, ist vielleicht das Schreckliche."

Ein rationaler Umgang mit der Klimakrise wäre also vielleicht, paradoxerweise: die Katastrophe als Katastrophe, die sie ist, zu denken. Und das ist,
was Klimakollapsprofiteure unter allen Umständen vermeiden wollen. Gerade und insbesondere in einer Übergangsphase von fossiler Gewohnheit zu
fossilem Entsetzen scheint für viele bereits das Infragestellen eines Systems,
das lange für einen Teil der Menschheit komfortabel war die innere Krise,
die offenbar nicht nur prometheische Scham sondern prometheische Panik
auslöst. Und ja: Jede pessimistische Prognose ist zugleich auch indirekt eine
Klage, über das, was man früher fälschlicherweise für richtig hielt. Die Angst
vor der Zukunft zuzulassen bedeutet also auch, die Fehler der Vergangenheit
eingestehen zu müssen. Auch das ist ein Grund der Abwehr und Ablehnung
gegenüber den Boten dieses Unbehagens – Klimajournalist:innen, Wissen-
schaftler:innen, Aktivist:innen – gegenüber. Im Grunde müssen wir also die
Angst vor zwei Krisen begreifen lernen, die vor der Zukunft und die vor dem
Zerbrechen eigener Gewissheiten.

Der Klimajournalismus hat also nicht nur die undankbare Aufgabe un-
geschönt über das Kommende aufzuklären, sondern muss auch noch, ob er

will oder nicht, Stütze und mediale Orientierung sein bei der Bewältigung dieser Übergangsphase, während er für den Schmerz, den er durch seine Aufklärung zwangsläufig erzeugt, kritisiert wird. Die Klimalügen als aktiven Prozess zu verstehen ist notwendig, um auch zu benennen, wer genau die Prozesse verhindert. Kahn-Harris beschreibt eindrücklich, dass Leugnung aus dem Bereich des Wissens um die Wahrheit und Angst vor der Wahrheit kommt. Die traurige Feststellung ist also, dass die Verhinderer ganz genau wissen, was sie nicht wahrhaben wollen.

Die gute Nachricht: Mit Büchern wie diesem hier, macht man ihnen das Leben schwerer. Schenken Sie es jemandem, der nicht genau weiß, wer an all dem Schlamassel eigentlich Schuld ist.

1. Einführung

Die große Maschine des Klimawandelleugnens

Ein Foto aus dem amerikanischen Bürgerkrieg, das im digitalen Katalog der Library of Congress - der Bibliothek des amerikanischen Kongresses - ausgestellt ist, zeigt den General Ulysses S. Grant auf seinem Pferd vor den Truppen in City Point, Virginia. Auf den ersten Blick scheint das Foto der realitätgetreu zu sein und erst beim genaueren Hinsehen fällt auf, dass Grants Kopf in einem seltsamen Winkel zum Körper positioniert ist. Bei weiterer Analyse des Fotos lassen sich noch mehr Details entdecken, bei denen etwas nicht zu stimmen scheint. Während dem durchschnittlichen Betrachter diese meist verborgen bleiben, würde ein geschultes Auge sofort bemerken, dass Grants Uniform nicht in die Zeit passt, in der der General auf dem Foto sein sollte. Anscheinend ist auch das Pferd gar nicht Grants Pferd. Zu der Zeit hieß Grants bevorzugtes Pferd Cincinnati und hatte nicht den „weißen Socken" um den linken hinteren Knöchel wie das Pferd auf dem Foto. Das abgebildete Pferd hat außerdem keine der charakteristischen Merkmale, die Grants Pferde auszeichneten. Nach einigen Recherchen fanden Wissenschaftler heraus, dass es sich tatsächlich um eine manipulierte Fotografie handelte; drei verschiedene zusammenmontierte Fotos erzeugten das Endergebnis: Grants Kopf wurde aus einem Foto des Jahres 1864 herausgeschnitten, sein Körper war eigentlich der von Alexander McDowell McCook samt Pferd und als Hintergrund diente ein drittes Foto, das die gefangenen konföderierten Soldaten in der Schlacht von Front Royal im Jahr 1862 zeigt. Photoshop ist eine neuere Erfindung, aber die Idee dahinter existierte bereits. **Faking It: Manipulated Photography Before Photoshop**, das Begleitbuch zu einer Ausstellung im Metropolitan Museum of Art in New York (2012-2013), identifizierte als Urheber des manipulierten Fotos Levin Corbin Handy, einen Fotograf aus Washington und Schüler des berühmten Fotografen Mathew Brady. Handy erfand zu seiner Zeit „neue Bilder an der Grenze zwischen historischer Tatsache und Fiktion"[1], um die ständige Nachfrage seiner Kundschaft nach heroischen Kriegsbildern der Väter und Großväter zu befriedigen.

Das Grant-Bild hat also recht wenig mit der Realität zu tun. Natürlich kann die Entscheidung, Bilder zu manipulieren, nicht per se verurteilt werden. In der Kunstfotografie zum Beispiel kann die Fotoretusche helfen, echte Meisterwerke zu schaffen; selbst im Fotojournalismus ist ein gewisser Grad an Fotoretusche oder Postproduktion, wie man heute sagt, akzeptabel. Akzeptabel unter der Bedingung, dass das fertige Produkt in keiner Weise eine Verzerrung der Realität darstellt. Das ist der Kernpunkt: Die Manipulation eines Bildes ist ethisch unkorrekt, wenn sie nicht nur eine verzerrte Darstellung der Realität bietet, sondern diese Darstellung als Wahrheit ausgibt, so wie im Fall des Generalfotos. Ohne das geschulte Auge eines Experten hätten viele dieses Foto für echt gehalten. Die Manipulation wird gefährlich, wenn sie als etwas Glaubwürdiges dargestellt wird.

Die Klimawandelleugnung funktioniert ähnlich. Allerdings nicht auf einem einzelnen Foto, sondern auf makroskopischer Ebene, im schädlichen Konsens mit wirtschaftlichen und politischen Interessen und gespeist von einer Geldmenge, die so immens ist wie die jedes anderen undurchsichtigen Geschäfts. Die Leugnung des Klimawandels erfolgte und erfolgt weiterhin durch Täuschungsstrategien, Manipulation und Verzerrung von Fakten, die so effizient sind, dass es der kleinen Minderheit von Leugnern gelungen ist, die weltweite Öffentlichkeit zu täuschen und konkrete Maßnahmen zum Schutz der Umwelt zu behindern. Klingt zu absurd, um wahr zu sein? Nicht, wenn man bedenkt, wie hoch der Einsatz derjenigen ist, die Teil der Leugner-Lobby sind.

Aber wie genau ist die Klimawandelleugnung entstanden? Sie nahm ihren Anfang, als die globale Erwärmung vor über 30 Jahren von Wissenschaftlern als Tatsache bestätigt wurde. Um das volle Ausmaß des globalen Klimawandelleugnens zu verstehen, muss man daher wissen, dass die Existenz des Klimawandels schon lange keine wissenschaftliche Unsicherheit mehr ist. Stattdessen haben sich politische, soziale und wirtschaftliche Dynamiken entwickelt, die den Nährboden für die Leugnung geschaffen haben.

Die Anerkennung des Klimawandels als globale Notlage bedeutet zunächst einmal eine Veränderung im Machtverhältnis zwischen Mensch und Natur. Es bedeutet auch, die wirtschaftlichen und politischen Kräfte zu identifizieren, die hinter der Störung unserer Beziehung zum Planeten stehen. Die Naturwissenschaft ist nicht eines Morgens aufgewacht und hat beschlossen, sich gegen den Menschen zu wenden.

Bereits Ende der 1980er Jahre verkündete der Klimatologe James Hansen, damals Leiter des Goddard Institute for Space Studies der NASA, vor dem amerikanischen Senat: „Der Treibhauseffekt wurde festgestellt und verändert unser Klima jetzt."[2] Und schon 1965 wurde dem damaligen US-Präsidenten Lyndon Johnson ein Bericht vorgelegt, der „messbare und möglicherweise deutliche" Klimaveränderungen für die kommenden Jahrzehnte vorhersagte und darauf hinwies, dass der Anstieg von Kohlendioxid (CO_2) „mit ziemlicher Sicherheit signifikante Veränderungen bei Temperatur und anderer Eigenschaften der Stratosphäre bewirken wird"[3]. Und nochmal ein paar Jahre vorher, bereits im Jahr 1958, hatte der Wissenschaftler Charles David Keeling die CO_2-Konzentration in der Atmosphäre gemessen und ihre „veränderliche Zusammensetzung"[4] dokumentiert. Diese Daten haben einen ikonischen Status[5] in der Klimaforschung als Beweis für den Einfluss menschlicher Aktivitäten auf die chemische Zusammensetzung der globalen Atmosphäre. Die Messungen von Keeling haben es Wissenschaftlern auch ermöglicht, die Emissionen durch fossile Brennstoffe von denen des jährlichen natürlichen Biosphärenzyklus zu trennen. Spätere Untersuchungen[6] haben schließlich die Ursache für den Anstieg von CO_2 ausschließlich in der Verbrennung fossiler Brennstoffe identifiziert. Von Anfang an ist die Klimawissenschaft also sicher, dass:

1) der Klimawandel existiert;

2) der Klimawandel vom Menschen verursacht wird.

Aber der Klimawandel hat wenig mit Wissenschaft zu tun, abgesehen von diesen und anderen wissenschaftlichen Daten, die seine Existenz weitgehend unterstützen. Mit dieser Aussage möchte ich natürlich keineswegs die Klimawissenschaft herabsetzen, die im Gegenteil absolut entscheidend war und ist, um die Ursachen der Klimakrise zu verstehen und Lösungswege zu finden. Vielmehr möchte ich damit veranschaulichen, dass der Klimawandel und die damit verbundenen Probleme nach der Feststellung als wissenschaftliche Tatsachen sich unabhängig von der Wissenschaft gemacht haben. Die aktuelle Krise hat ausschließlich mit politischer und wirtschaftlicher Macht zu tun und allein das Wissen darüber reicht nicht, wir müssen auch verstehen, warum das so ist.

Während eines Gesprächs zu Beginn des Jahres 2020 sagte mir John Cook, Kognitionswissenschaftler und Gründer der Website **skepticalscience.com**: „Die Wissenschaft ist notwendig, aber nicht ausreichend, um dem Leugnen des Klimawandels entgegenzutreten. Aus soziologischer Sicht ist es wirklich schwierig, die Blase des Leugnens zu durchbrechen, weil es so tief verwurzelt ist. Es gibt viele verschiedene Faktoren und allein die Erklärungen der Wissenschaft werden das Problem nicht lösen."

Wenn wir über den Klimawandel sprechen, neigen wir dazu, an die CO_2-Emissionen in der Atmosphäre, den Anstieg des Meeresspiegels, das Schmelzen der Gletscher und an Veganismus zu denken. In diesem Sinne ist der Klimawandel ein Thema, das natürlich unvermeidlich, aber auch repetativ und technisch ist. Um die Dynamik des Klimawandels zu verstehen, müssen wir die Daten studieren, Ursache-Wirkungs-Beziehungen analysieren und uns mit Begriffen wie *Treibhausgase* oder Abkürzungen wie *ppm* vertraut machen. Auch mit dem Begriff *Klimawandel* selbst.

Im Jahr 2002 überzeugte Frank Luntz, der von George Lakoff, einem Experten für kognitive Linguistik, als „Sprachguru für die gesamte Welt der amerikanischen Konservativen"[7] bezeichnet wurde, die Republikaner davon, den Begriff „globale Erwärmung" nicht mehr zu verwenden, weil er „katastrophische Konnotationen" habe[8]. Stattdessen solle der Begriff „Klimawan-

del" verwendet werden, der weniger Angst mache und eine „kontrollierba-
rere und weniger emotionale Herausforderung" signalisiert. Luntz, der sich
auf die Untersuchung der Reaktion der Öffentlichkeit auf Worte spezialisiert
hatte, behauptete, dass das Wort „Klima" unter anderem an etwas Angeneh-
mes wie Schnee oder Palmen denken ließe.

Luntz macht sich also eine sprachliche „Kunst" zu Nutze, um eine politische Suggestion zu erzeugen. Tatsächlich stammt das Wort Klima (auch
in seiner englischen Version „climate", mit der Luntz zu tun hatte) von dem
griechischen Wort *klimatos* und bedeutet „Neigung", „von dort aus sich
neigen", „sich zur Erde wenden". Klima bezeichnet allgemein die globalen
Temperaturveränderungen, also Entwicklungen und Schwankungen der
Temperatur und im Bereich zwischen den Breitengraden vom Äquator bis
zu den Polen. Generell muss es vom Wetter abgegrenzt werden, das sich nur
auf lokale atmosphärische Bedingungen bezieht, die für kurze Zeiträume von
Minuten, Stunden oder Tagen auftreten wie zum Beispiel Regen, Schnee,
Wolken oder Winde. Mit Klima hingegen ist der regionale oder sogar globale
Durchschnitt der Temperatur gemeint, es beschreibt Feuchtigkeit oder Niederschläge im Laufe der Jahreszeiten, Jahre oder Jahrzehnte und wird daher
über mittel- bis langfristige Zeiträume betrachtet. Luntz riet jahrelang davon
ab, von „globaler Erwärmung" zu sprechen, mit der Begründung, dass sich
die wissenschaftliche Gemeinschaft uneinig sei und die US-Wirtschaft deshalb nicht gebremst werden dürfe.[9] Genauso wie er die Republikaner davon
überzeugte, wandte er sich übrigens auch an ein weibliches Publikum und
betonte die Bedeutung von Worten wie „Liebe" oder „für Kinder".[10]

Im Juli 2019, fast 20 Jahre nach seinem Memo, trat Luntz vor dem Senat im Ausschuss zur Klimakrise auf, um auszusagen, dass der Klimawandel
„stattfindet"[11]. „Ich habe mich geirrt", erklärte er. Das Problem mit sprach-
lichen Tricks zu bagatellisieren, sei ein Fehler gewesen. Aber laut Luntz, wie
die «Washington Post» berichtete[12], sei auch der Name des Ausschusses problematisch, weil er das Wort Krise enthält und warnte davor, dass ein Begriff

durch übermäßigen Gebrauch abgenutzt werden kann. Wenn alles eine Krise ist, dann ist nichts wirklich eine Krise. Die Dinge können aber auch nicht als solche anerkannt werden, wenn man sie nicht beim Namen nennt. Aus diesem Grund hat die schwedische Aktivistin Greta Thunberg im Mai 2020 den Begriff „Klimawandel" zugunsten des Ausdrucks „Klimanotstand" aufgegeben, um der Dringlichkeit gerecht zu werden. In dieser Hinsicht könnte man fast sagen, dass der Klimawandel eher ein sprachliches als ein wissenschaftliches Problem ist. Wenn wir das Problem rein linguistisch betrachten, ist der Ausdruck, der im Zusammenhang mit dem Klima vermieden werden sollte, „Debatte", da er automatisch jeden legitimiert, der eine Meinung hat, die dem wissenschaftlichen Konsens zum Klimawandel widerspricht. Mit dem Ausdruck „wissenschaftlicher Konsens" zum Klimawandel ist die gemeinsame Position der globalen Gemeinschaft von Wissenschaftlern zu den Ursachen der globalen Erwärmung gemeint. Laut den meisten Wissenschaftlern sind die globalen Temperaturen in den letzten Jahrzehnten gestiegen und werden hauptsächlich verursacht durch Treibhausgasemissionen, die auf menschliche Aktivitäten zurückzuführen sind. Eine Untersuchung der Wissenschaftshistorikerin Naomi Oreskes zeigt, dass der wissenschaftliche Konsens zum Klimawandel bei 98% liegt. Oreskes' Analysen wurden mit anderen Methoden repliziert und lieferten sehr ähnliche Ergebnisse. Im Jahr 2019 überprüfte der Geologe James Powell vom National Science Board der Vereinigten Staaten über 11.000 Studien zum Klimawandel und zur globalen Erwärmung, die in den ersten sieben Monaten des Jahres 2019 veröffentlicht worden waren. Dabei zeigte sich eine große Einstimmigkeit: Die wissenschaftliche Gemeinschaft schrieb die Klimaveränderungen den stetig steigenden Treibhausgasemissionen und anderen anthropogenen Faktoren zu. Die wenigen „Wissenschaftler", die nicht zum Konsens gehören, haben fast immer finanzielle Verbindungen zur fossilen Brennstoffindustrie.

Man hört manchmal den Satz „Ich glaube nicht an den Klimawandel", als ob er etwas wäre, woran man glauben könne und Sonntags in der Kirche, Samstags in der Synagoge oder Freitags beim Gebet nach Mekka den Glauben an den Klimawandel erwecken würde. Heutzutage an einen wissenschaftlichen Diskurs über die Existenz des Klimawandels zu glauben, ist gleichbedeutend mit der Aussage „Ich glaube nicht an die Schwerkraft" und bedeutet, die Wissenschaft nicht zu verstehen oder schlimmer, sie nicht akzeptieren zu wollen.

In seinem Bestseller **Uninhabitable Earth**[13] (Die unbewohnbare Erde) betont David Wallace-Wells, dass die globale Erwärmung kein „Ja" oder „Nein" ist und auch kein universeller Tag des Gerichts oder das Ende der Welt, sondern ein Prozess der Verschlechterung, wenn wir weiterhin in diesem Tempo Emissionen produzieren und fossile Brennstoffe verbrennen. „Wir haben einen Schritt auf die schwingende Planke eines Piratenschiffes gemacht", schreibt er. Wenn wir das Gleichgewicht nicht wiederfinden, gehen wir über Bord.

Es geht nicht nur um den Willen, den Glauben oder sogar die Sprache. Auch die Wissenschaft war nie das eigentliche Problem.

Im Jahr 1935 wurde der Schauspieler und Komiker Jimmy Durante während des Broadway-Musicals Jumbo von einem Agenten gestoppt, als er einen echten Elefanten auf die Bühne brachte. Der Agent fragte ihn: „Was machst du mit diesem Elefanten?". Und Durante antwortete: „Welcher Elefant?". Die Episode soll zur Entstehung des englischen Ausdrucks „the elephant in the room" beigetragen haben: der Elefant im Raum, etwas Großes und scheinbar Unignorierbares, das jedoch vorgibt, nicht gesehen zu werden, weil es ein „unbequemes" Problem darstellt. So unbequem wie die Leugner des Klimawandels. Unser Elefant im Raum ist die Leugnung des Klimawandels, die Kehrseite der Klimanotlage.

Negieren bedeutet, die Wahrheit oder Existenz von etwas abzulehnen. In diesem Kontext ist ein Klimawandelleugner eine Person, die sich weigert, die überwältigenden wissenschaftlichen Beweise für den Klimawandel anzuerkennen. Diejenigen, die den Klimawandel leugnen, behaupten, dass er entweder nicht existiert oder wenn doch, nicht vom Menschen verursacht wurde und daher nicht anthropogen ist. Da die Existenz des Klimawandels seit fast 30 Jahren eine Gewissheit ist, bedeutet seine Leugnung also, eine zweifelsfrei bewiesene Wahrheit nicht anzuerkennen. Aber was passiert, wenn Unsicherheit darüber verbreitet wird, ob es sich dabei auch wirklich um eine feststehende Tatsache handelt? Was passiert, wenn eine so effektive Strategie verfolgt wird, dass sie die Grundlagen einer wissenschaftlichen Tatsache untergräbt? Der Erfolg der Leugnungstheorien beruht genau darauf. Die Klimawandelleugnung ist keine einfache „Denkrichtung", sondern ein organisiertes System, ein auf soliden strategischen Säulen aufgebautes Konstrukt, unterstützt durch effektive Kommunikation und auf den Grundlagen von Macht und Geld - ein beträchtliches Geschäft.

Es muss auch klar unterschieden werden zwischen Verleugnung und Leugnung. Keith Kahn-Harris schreibt in **Denial: The Unspeakable Truth**[14], dass Verleugnung ein Prozess des psychologischen Widerstands ist, ein Mechanismus der Verdrängung, bei dem es Schwierigkeiten gibt, eine feststehende Tatsache als wahr anzuerkennen. Dieser Prozess gipfelt im Versuch, eine störende und schwer zu akzeptierende Realität von sich selbst fernzuhalten. Die Leugnung hingegen beschränkt sich nicht nur auf die Verdrängung der Realität: Sie konstruiert eine alternative Realität. Das ist ihre Stärke. Und auch ihre Schwäche. Im Kern haben Verleugnung und Leugnung „die Sprache entwickelt, um andere und sich selbst zu täuschen". Aber der größte Unterschied, schreibt Kahn-Harris, bestehe darin, dass Leugnung intrinsisch eine öffentliche Angelegenheit ist. Die Klimawandelleugnung ist kein „passiver" Mechanismus, sondern eine bewusste strategische Entscheidung, bestehend aus Taktiken, Manipulation und Politik.

Das Hauptziel der Leugnungs-Kampagnen besteht darin, die Bildung eines Konsenses für politisches Handeln in Bezug auf den Klimawandel zu verhindern. Die Gründe[15] für die Teilnahme an der Ablehnungskampagne reichen von wirtschaftlichen Motiven (z.B. die der fossilen Brennstoffindustrie) bis hin zu persönlichen Motiven (z.b. Prominenten-Status und Macht Einzelner)[16], aber alle teilen die Opposition gegen staatliche Verpflichtungen zur Umsetzung von Regulierungen und Gesetzen zur Bekämpfung des Klimawandels. Dale Jamieson, Experte für Umweltstudien und Professor an der New York University[17], schreibt den Erfolg der Leugnungsindustrie ihrem umfangreichen Finanzierungssystem zu, das es ihr ermöglicht, nicht nur das Vertrauen in die Wissenschaft zu unterminieren, sondern auch den wissenschaftlichen Konsens über die Existenz des Klimawandels in Frage zu stellen. Laut Jamieson wird dies durch die weit verbreitete wissenschaftliche Ignoranz in unserer Gesellschaft erleichtert, was es dem Leugnen erleichtert, „Wurzeln zu schlagen"[18].

Aus politischer Sicht zeichnen sich Leugner-Lobbyisten durch eine starke konservative Ideologie aus, die von allen geteilt wird, die die Klimawissenschaft angreifen. Der Biologe Jared Diamond argumentiert in seinem Buch **Collapse** (2005), dass Gesellschaften, die ihre eigenen Umweltprobleme leugnen oder ignorieren, dazu neigen zusammenzubrechen. Die Leugnung des Klimawandels ist daher nicht nur eine Bedrohung für das Leben, sondern auch für die Gesellschaft. Diamond schreibt, dass je größer der erforderliche Veränderungsgrad (der Grundwerte einer Gesellschaft) ist, desto leichter ist es, einer systematischen und falsch beruhigenden Leugnung zu verfallen.

Ebenso argumentiert Naomi Oreskes, dass „viele die Klimatologie ablehnen [...] nicht so sehr, weil etwas an sich falsch ist, sondern weil sie im Konflikt - oder so empfinden sie es - mit ihren Werten, religiösen Überzeugungen, politischer Ideologie und/oder wirtschaftlichen Interessen steht"[19].

Der Elefant im Raum wird immer größer und wenn wir nicht lernen, ihn anzugehen, wird er uns letztendlich erdrücken. Es gibt diejenigen, die seit Jahren gegen das Leugnen des Klimawandels ankämpfen, aber größtenteils herrscht Schweigen dazu. Jahrzehntelang haben Klimawandelleugner uns Manipulation und Täuschung serviert, mit dem Ergebnis, dass wir vergiftet sind.

Um Sklaven in den Plantagen im Süden der Vereinigten Staaten zu bestrafen[20], wurde die Dieffenbachia verwendet, auch bekannt als *Schweigerohr*. Diese Pflanze ist so giftig, dass es ausreicht, sie zu kauen, um vorübergehend stumm zu werden. Die Klimawandelleugnung ist also das Schweigerohr für den Umweltschutz, das ihn jahrelang vergiftet und gelähmt hat.

Im September 2019, kurz vor dem Klimagipfel in New York, unterschrieben fast 500 Personen einen Brief[21] der Gruppe Clintel[22] an die UNO und die Europäische Union, in dem behauptet wurde, dass es „keine Klima-Notlage" gäbe und dass CO_2 „Nahrung für Pflanzen" sei. Die Nachricht über den Brief wurde von konservativen Medien aufgegriffen und kommentiert als „eine Konterrevolution, die nicht die linksgerichtete Ideologie in den Mittelpunkt stellt und bedauerlicherweise das Mädchen mit den blonden Zöpfen ausnutzt, sondern die Wissenschaft."[23]. In Italien wurde der Brief mit dem Titel **European Declaration: There Is No Climate Emergency** auf Initiative von Maurizio Gasparri von Forza Italia und Vito Comencini von der Lega im Senat vorgelegt. Unter den 500 Unterschriften[24] waren mehr als 100 italienische Namen, darunter auch Vertreter von Energie- und Ölunternehmen. Beim Durchsehen der italienischen Namen fällt auf, dass viele von ihnen Geologie- oder Geophysikprofessoren sind. Auch Ian Plimer, einer der bekanntesten australischen Klimawandelleugner und der englische Leugner Bob Carter sind Geologen. Aber warum? Warum sind gerade Geologen Klimawandelleugner? Unter allen Erdwissenschaftlern sind die Wirtschaftsgeologen (, die Geologie im Hinblick auf ihre wirtschaftliche und industrielle Anwendung studieren) am skeptischsten: Bis vor einigen Jahren stimmten nur 47% von ihnen der Tatsache zu, dass menschliche Aktivitäten die Erdtemperatur verändern[25]. Die internationale Gemeinschaft der Geologen sieht dies jedoch anders. Der Europäische Geologenverband stellt klar, dass der Klimawandel hauptsächlich durch anthropogene CO_2-Emissionen verursacht wird und erhebliche Risiken für die menschliche Zivilisation birgt. John Cook betont, dass die Klimawandelleugnung anscheinend unter Geologen, die eng mit der Bergbau- und fossilen Brennstoffindustrie verbunden sind und häufig Beratungsdienste für diese Unternehmen leisten, stärker verbreitet ist.[26]

Es würde ein ganzes Buch benötigen, um jeden Unterzeichner einzeln zu analysieren, aber die Einzelpersonen sind gar nicht so wichtig, es ist viel interessanter, welche Merkmale sie gemeinsam haben. Unter den 45 amerikanischen Unterzeichnern befinden sich die Klimaleugner Willie Soon und Patrick J. Michaels, deren Beiträge zur Leugnungsmaschinerie in den nächsten Kapiteln analysiert werden, sowie Larry Bell, Autor des Buches **Climate of Corruption**[27], dessen Vorwort mit dem Satz beginnt: „In Bezug auf die Klimawissenschaft gibt es zumindest eine Gewissheit: Es gibt absolut keinen Grund zu glauben, dass die Erde jetzt wärmer ist als in vergangenen Zeiten", und in dem er die Klimakrise als „große Lüge" bezeichnet.

Auch unterzeichnet hatte Dr. Peter Ridd, ehemaliger Leiter der Physikabteilung an der James Cook University in Australien, der die verheerenden Auswirkungen des anthropogenen Klimawandels auf das Great Barrier Reef leugnet, obwohl die Ursache-Wirkungs-Korrelation zwischen dem Klimawandel und der Korallenbleiche ausgiebig nachgewiesen wurde.[28] Im ersten Kapitel der Veröffentlichung **Klimawandel: Die Fakten 2017** des Institute of Public Affairs (IPA), einer Gruppe[29] finanziert von Gina Rinehart – Erbin des Eisenerzbergbauunternehmens Hancock Prospecting und bekannt für ihre politische Opposition gegen Klimaschutzmaßnahmen – schrieb Ridd, dass „wir skeptisch sein können gegenüber Behauptungen, dass das Great Barrier Reef in Gefahr ist"[30]. Laut dem «Guardian»[31] wurde Ridd von der Rindfleischindustrie unterstützt, um Vorträge zu halten und die Wissenschaft zu untergraben, die den Zusammenhang zwischen der Verschmutzung durch Flüssigkeiten aus Viehzuchtbetrieben und der schlechten Wasserqualität mit dem Rückgang der Korallen verbindet. Ein weiteres Mitglied von Clintel ist Hugh Morgan, ehemaliger CEO der Western Mining Corporation, einem Unternehmen für Bergbau und Düngemittel. Morgan gehört zusammen mit vielen anderen Mitgliedern von Clintel auch zur Gruppe Clexit (*climate-exit*), die zu propagandistischen Zwecken gegründet wurde (der Name wurde in Anlehnung an den Brexit gewählt) und von denen verwendet wird, die sich vom wissenschaftlichen Konsens zum Klimawandel distanzieren möchten. Mit anderen Worten, von denen, die den Klimawandel leugnen.

Die Website «Climate Feedback» erklärte bei Veröffentlichung des Clintel-Dokuments, dass „die Unterzeichner hauptsächlich aus akademischen Bereichen stammen, die völlig fern der Klimawissenschaft sind, wie zum Beispiel Psychologie, Philosophie, Archäologie und Recht"[32]. Einige Medien, insbesondere rechtsgerichtete Medien, haben die Unterzeichner als Experten in Klimawissenschaften beschrieben, aber die Wahrheit ist, dass die meisten von ihnen das nicht sind. „Wie in einer anschließenden Analyse festgestellt wurde, sind viele der Unterzeichner Ingenieure oder Fachleute in nicht-technischen Bereichen", heißt es auf der Website. „Nur 10 (von 500) ließen sich als Klimatologen identifizieren."[33] «Climate Feedback» ist ein Zusammenschluss internationaler Wissenschaftler, die auf ihrer Plattform Klimawandel-Nachrichten aus der Medienberichterstattung veröffentlichen und Fakten von Erfundenem (*facts from fiction*[34]) unterscheiden. Damit wollen sie ihre Leser schulen, die Glaubwürdigkeit von Nachrichten (selbst) richtig einschätzen zu lernen, ein äußerst nützliches Werkzeug, um die Berichterstattung über den Klimawandel richtig einzuordnen und Desinformation zu erkennen. Die Plattform steht für Transparenz, Autorität und Glaubwürdigkeit, unter anderem unterstützt durch das Poynter Institute, einem amerikanischen Journalismus-Institut, das Faktencheck zu seinem Markenzeichen gemacht hat. Kurz gesagt, sie ist äußerst vertrauenswürdig.

Die Analyse[35] von «Climate Feedback» setzt sich noch fort: „Die meisten Gruppen, denen die Unterzeichner angehörten, waren Geologen (19%) und Ingenieure (21%), von denen viele implizit oder explizit in der Förderung fossiler Brennstoffe involviert sind." Und schließlich: „Einige der Unterzeichner waren nicht einmal Wissenschaftler, sondern Geschäftsführer, Autoren und Lobbyisten (insgesamt 11,3% aller)". Inhaltlich zerlegt «Climate Feedback» Punkt für Punkt den Inhalt des Briefes und widerlegt sämtliche Aussagen wissenschaftlich.

Das Clintel-Dokument behauptet zum Beispiel, dass die Klimamodelle die Vorteile des Anstiegs von CO_2 für das Pflanzenwachstum ignorieren würden. „Das ist falsch", heißt es in «Climate Feedback», „weil zahlreiche Klimamodelle die Reaktion der Vegetation auf den Anstieg von CO_2 und die damit einhergehende klimatische Veränderung, die durch die Zunahme hervorgerufen wird, mitabbilden." Victor Venema, Wissenschaftler an der Universität Bonn in Deutschland, schrieb über den Brief[36]: „Dieser Text ist ein Meisterwerk: Abgesehen von den politischen Meinungen, die geäußert werden, ist jeder einzelne Satz falsch, bedeutungslos oder für Fragen des Klimawandels irrelevant. [...] Angesichts des veralteten Zustands der ‚Argumente' ist klar, dass die Autoren nicht beabsichtigen, Wissenschaftler zu überzeugen, sondern die Wissenschaft politischer zu machen, während sie heuchlerisch Gegenteiliges behaupten." Giorgio Vacchiano, Forscher und Dozent am Department für Agrar- und Umweltwissenschaften an der Universität Mailand, sagte zudem[37]: „Der wissenschaftliche Inhalt ist völlig ungenau, undokumentiert und liefert keine Beweise für die aufgestellten Behauptungen. Das Ende der Kleinen Eiszeit im Jahr 1850 hat keine logische Verbindung zur jetzigen Erwärmung der Erde. Die meisten Klimaveränderungen in der Vergangenheit waren langsamer oder weniger intensiv als die aktuelle und wenn sie genauso schnell oder schwer waren, führten sie zu Massenaussterben in der Biosphäre."

„Die Wissenschaft politischer machen" ist genau das, was die Leugner wollen. Aber lassen Sie uns einen Schritt zurückgehen. Hossein Derakhshan, Technologiejournalist, und Claire Wardle, Expertin für Kommunikation und soziale Medien, haben einen Bericht[38] veröffentlicht, der die Unterschiede zwischen Desinformation, Fehlinformation (engl.: misinformation) und schlechter Information (engl.: malinformation) aufzeigt.

Diejenigen, die irreführende Inhalte verbreiten, also falsche Inhalte, die unabsichtlich von jemandem geteilt werden, der nicht erkennt, dass sie falsch oder irreführend sind, sind oft von soziopsychologischen Faktoren angetrieben. Für viele Internetnutzer sind soziale Medien zum Beispiel ein bewusstes oder unbewusstes Spiegelbild ihrer Identität: Das Teilen von irreführenden Inhalten kann aus dem Antrieb heraus geschehen, sich mit anderen verbunden zu fühlen oder von der Gemeinschaft akzeptiert zu werden. Unter Fehlinformation versteht man hingegen das Teilen authentischer Informationen mit der Absicht, Schaden anzurichten, wie zum Beispiel *Rache-Pornografie* oder politische Strategien (wenn zum Beispiel wahre Informationen *„geleakt"* werden, um einem Politiker oder einer politische Kampagne zu schaden).

Diejenigen, die desinformierende Inhalte liefern, liefern *absichtlich* falsche Inhalte, die darauf abzielen, Schaden anzurichten. Diejenigen, die zu dieser Gruppe gehören, werden von drei klaren Zielen motiviert, betonen Derakhshan und Wardle: Geld verdienen, politischen Einfluss (sowohl international als auch national) nehmen und Probleme verursachen. Ich würde hinzufügen, dass sie Probleme verursachen wollen, um ihre Vorteile und Nutzen in der Gesellschaft aufrechtzuerhalten. Tatsächlich über der Gesellschaft. Grundsätzlich kann sich also Fehlinformation in Desinformation verwandeln, wenn sie absichtlich, bewusst und berechnend eingesetzt wird.

Die *absichtliche* Verbreitung falscher oder fehlerhafter Informationen mit dem Ziel, die öffentliche Meinung zu beeinflussen, ist eine Schlüsselstrategie der fossilen Brennstoffindustrie und ihrer Verbündeten seit Jahrzehnten. Ihre Glaubwürdigkeit macht sie effektiv. Aber ihre *Absicht* macht sie gefährlich. Desinformation wird zur neuen Realität und Leugnung wird für das Fortbestehen dieser Realität entscheidend. Warum? Weil der Klimawandel eine Frage von Geld, Politik und Macht ist. Und Umweltschutz und der Kampf gegen den Klimawandel stellen eine Bedrohung für den *Status quo* einer sehr begrenzten Gruppe dar: Dem der Leugner des Klimawandels.

2.

#exxonknew und ein bisschen Geschichte

Der allgemeine wissenschaftliche Konsens besagt, dass der globale Klimawandel wahrscheinlich durch die Verbrennung fossiler Brennstoffe durch den Menschen beeinflusst wird.[39]

James F. Black, Wissenschaftler bei Exxon, 1978

Die Wissenschaft ist derzeit nicht in der Lage zu bestätigen, dass die Nutzung fossiler Brennstoffe Einfluss auf das globale Klima hat.[40]

Lee Raymond, Präsident und CEO von Exxon, 1996

Ende 2019 wurde das Unternehmen ExxonMobil vom Büro des Generalstaatsanwalts von New York wegen Betrugs angeklagt, da es seine Aktionäre über den Umgang mit den Risiken des Klimawandels und die zunehmende Regulierung von Klimapolitik getäuscht habe. Das Verfahren wurde im Dezember 2019 offiziell eingestellt, da Generalstaatsanwältin Letitia James und ihr Team „nicht in der Lage waren, mit überwiegender Beweislast"[41] nachzuweisen, dass Exxon gegen den *Martin Act* verstoßen hatte, ein mächtiges rechtliches Instrument des Bundesstaates New York gegen Betrug zum Schaden der Aktionäre. Für ExxonMobil und andere fossile Brennstoffunternehmen ist dies jedoch nicht das Ende der rechtlichen Auseinandersetzungen. Die Klage ist eine von vielen, die Exxon und andere fossile Unternehmen im Laufe der Jahre wegen ihrer öffentlichen Aussagen zum Klimawandel ins Visier nehmen und Bezirke in den USA sowie andere US-Bundesstaaten betreffen. Ein Fall, der vom Generalstaatsanwalt von Massachusetts[42] eingereicht wurde, ist noch nicht abgeschlossen.

Bisher hat die fossile Brennstoffindustrie ein Geschäft betrieben, das zu den umweltschädlichsten der Welt gehört, ohne sich um die Kosten der Schäden zu kümmern. Aber Richter Barry Ostrager betonte, dass das Urteil von Dezember 2019 das Unternehmen nicht von seiner Rolle bei der globalen Erwärmung freispricht: „Nichts in diesem [rechtlichen] Gutachten soll

ExxonMobil von der Verantwortung entbinden, zum Voranschreiten des Klimawandels beizutragen, indem es bei der Produktion seiner fossilen Produkte Treibhausgase emittiert." Und er verwies darauf, dass „dies ein Fall von Finanzbetrug ist, kein Fall zum Klimawandel".[43]

Aber was hat der rechtliche Fall von Exxon mit der Klimaleugnung zu tun? Im Urteil von Ostrager steht: „Es ist unbestritten, dass ExxonMobil vor mehr als zehn Jahren erkannt hat, dass Klimapolitik und -vorschriften seine Geschäftstätigkeit beeinflussen könnten, indem sie die Nachfrage nach seinen Produkten verringern und die Kosten für deren Vermarktung erhöhen."[44] Diese Ursache-Wirkungs-Beziehung zwischen zunehmender Umweltregulierung und Abwertung fossiler Produkte ist entscheidend für das Verständnis der Geschichte des Leugnens. Im Fall New York gegen Exxon ging es für die Aktionäre um den Wert von Gas und Öl, für die Öffentlichkeit war es die Gelegenheit, den Leugnern das Bild eines von der Klimakrise verwüsteten Planeten entgegenzuhalten.

Es gibt einen bestimmten Aspekt, der den Fall Exxon besonders interessant macht und hier liegt der Schlüssel zum Verständnis des Mechanismus der Klimaleugnung. Exxon wusste alles. Das Unternehmen hatte vor vielen anderen alles über den Klimawandel erfahren; seit 2015 sind wir uns dessen sicher. Eine Studie[45], die als Finalist für den Pulitzer-Preis 2016[46] nominiert war und von «Inside Climate News» durchgeführt wurde, sowie eine weitere von der «Los Angeles Times» (mit Unterstützung der Columbia Journalism School), haben Archivdokumente und Interviews mit ehemaligen Exxon-Mitarbeitern untersucht. Diese Untersuchungen haben zu diesem einzig möglichen Schluss geführt. Die Vorgehensweise von Exxon ist eine der größten Vertuschungsaktionen in der Geschichte: Eines der mächtigsten Ölunternehmen der Welt wusste bereits vor Mitte der 1980er Jahre alles, was es über den Klimawandel zu wissen gab. Die Studie zeigt, wie Exxon erst führend im Bereich der Klimaforschung war und dann aktiv die Leugnung der eigenen Forschungsergebnisse und des wissenschaftlichen Konsens vorantrieb. Dafür hat das Unternehmen jahrzehntelang systematisch Maßnahmen finanziert, die Informationen unterdrückten, verzerrten und manipulierten. Der Fall verbreitete sich im Internet mit dem Hashtag #exxonknew. Bill McKibben, Autor des ersten weit verbreiteten Buches[47] über den Klimawandel, schreibt 2019 in Bezug auf die Geschichte von Exxon: „Es sollte ein Wort für diejenigen geben, die Hochverrat gegenüber dem gesamten Planeten begehen"[48]. Das Unternehmen wusste immer Bescheid, aber seine Führungskräfte haben bewusst ihr Wissen geheim gehalten und damit eine der größten Vertuschungsaktionen in der Geschichte durchgeführt. Die Tatsache, dass ihre Aktivität - die Verbrennung fossiler Brennstoffe - zu erheblichen Klimaveränderungen und zur Zerstörung planetarischer Ökosysteme führen würde, wog für die Manager nicht schwer genug auf der Profitwaage, wo das einzige Gewicht nun mal das Geld ist.

Aber Exxon ist nicht allein verantwortlich. Im Herbst 2018 kamen neue Dokumente[49] ans Licht, die zeigten, dass auch die Wissenschaftler von Shell bereits in den 1980er Jahren die Auswirkungen des Klimawandels vorhergesagt hatten. Nach deren Vorhersagen sollte sich die Menge an CO_2 in der Atmosphäre bis 2030 aufgrund des beschleunigten Tempos der fossilen Brennstoffindustrie verdoppeln. Die Wissenschaftler von Shell, wie auch die von Exxon, hatten ihre Arbeit „gut" gemacht. Doch anstatt auf Grundlage ihrer wissenschaftlichen Erkenntnissen zu handeln und das Unternehmen drastisch umzusteuern, hat Exxon über 30 Millionen Dollar[50] für konservative *Thinktanks*, sogenannte „Frontgruppen"[51] und leugnende Wissenschaftler ausgegeben, um die Öffentlichkeit hinsichtlich der Klimawissenschaft zu verwirren und desinformieren. Mehr als die Hälfte aller industriellen CO_2-Emissionen wurden nach dem Alarm der Exxon-Wissenschaftler produziert.

Um den gesamten Verlauf der Klimawandel-Leugnung nachzuvollziehen, muss man einen weiteren Schritt zurückgehen, ähnlich wie beim Betrachten eines pointillistischen Gemäldes. Andernfalls erscheint das Bild verschwommen und man läuft sogar Gefahr, es mit einem anderen zu verwechseln.

Klimawandel-Leugnung tauchte zum ersten Mal in den USA auf und hier wurden die Grundlagen für ihre Architektur gelegt. Die leugnende Tendenz gegenüber der konsensbasierten Klimawissenschaft hat ihre Ursprünge zwischen den 1940er und 1960er Jahren, als die Klimatologie gerade erst eine neue wissenschaftliche Disziplin wurde und noch keinen Kontakt zur Politik oder zur Öffentlichkeit hatte. Sie war „die Neue", noch nicht vollständig von der wissenschaftlichen Gemeinschaft verstanden, ohne einen anerkannten Platz am „Macht-Tisch"[52] oder durch jegliche Art von Bundes- oder staatlicher Finanzierung gefördert. Ab den 1970er und 1980er Jahren verbreitete sich die amerikanische Klimatologie schnell auf der internationalen Bühne, insbesondere in Europa, wo die Umweltbewegung prompt an Fahrt aufnahm. Zu dieser Zeit befürworteten viele Leugner die Politik des *wait and see* (deutsch: abwarten und beobachten), eine Politik des Zögerns, bei der das Abwarten bald zum Hauptmotto wurde. In der Wirtschaft bedeutet eine Politik des *wait and see*, erst zu handeln, wenn die Unsicherheiten und folglich die Risiken geringer sind.

Die Politik des *wait and see* wurde auch in den kommenden Jahrzehnten angewendet. Im Jahr 1996 sagte der ehemalige Präsident und CEO von Exxon, Lee Raymond, in einer Rede in Detroit: „Die Wissenschaft ist derzeit nicht in der Lage zu bestätigen, dass die Nutzung fossiler Brennstoffe Einfluss auf das globale Klima hat."[53] Auf der jährlichen Exxon-Versammlung im Jahr 2015 erklärte der damalige Präsident Rex Tillerson, dass es besser wäre, auf eine sicherere Wissenschaft zu warten, bevor Maßnahmen zum Klimawandel ergriffen würden: „Was wäre, wenn sich nach all dem, was wir tun, herausstellt, dass unsere Modelle schlecht waren und wir nicht die erwarteten Effekte erzielen?"[54].

Wenn man über die 70er Jahre spricht, könnte der Eindruck einer angemessen zeitlichen und räumlichen Distanz entstehen, um anzunehmen, dass die Dinge heute anders sind. Und doch ist auch in jüngster Zeit der Trend zum Zögern zu beobachten. Im März 2019 verwendete Alexandria Ocasio-

Cortez, die als jüngste US-Abgeordnete in den Kongress gewählt wurde, den Ausdruck „climate delayer" (dtsch. Klima-Verzögerer) in einem Tweet, um diejenigen zu beschreiben, die alles tun, um Maßnahmen zum Klimawandel zu verzögern und seine Dringlichkeit herunterzuspielen. Diese Menschen, betonte Ocasio-Cortez, sind nicht besser als diejenigen, die die Existenz des Klimawandels komplett leugnen. Vierzig Jahre später gibt es immer noch Menschen, die eine Politik des *wait and see* befürworten. In der heutigen Twitter-Welt ändert sich nur ihr Name: *delayers*.

Damals warnten Klimatologen vor der *wait and see* Herangehensweise, denn wie der Charney-Bericht von 1979 erklärte, der die Zunahme von Kohlendioxid in der Atmosphäre als Hauptursache für den globalen Klimawandel identifizierte: „Eine Politik des Abwartens kann bedeuten, zu warten, bis es bereits zu spät ist". Aber das ist eben die Masche der Verzögerer: ablenken, herunterspielen und das Problem ignorieren, um seiner Dringlichkeit zu entgehen.

Die Leugnungskampagne zum Klimawandel intensivierte sich parallel zu globalem Umweltschutz. Die Kampagne der fossilen Brennstoffunternehmen gegen Klimaschutz ähnelt der Desinformationskampagne, die von der Tabakindustrie gestartet wurde, um weiterhin Zigaretten verkaufen zu können. Es gibt hier eine anschauliche Parallele, die viel über die Funktionsweise einer global angelegten, profitorientierten Manipulationskampagne verrät. Die Unternehmen wussten, dass ihre Zigaretten der Gesundheit schaden, leugneten es aber jahrelang und starteten manipulative Werbekampagnen im Fernsehen und auf Plakatwänden, um den Verkauf aufrechtzuerhalten und sogar zu steigern. Es stellt sich die Frage, ob wir in fünfzig Jahren darüber nachdenken werden, wie es möglich war, die Dringlichkeit der Klimakrise zu ignorieren, obwohl wir ihre Auswirkungen und Konsequenzen für den Planeten kannten. In ihrem Verlauf ähneln sich die beiden Kampagnen ebenfalls.

Die Desinformationskampagne der Tabakindustrie erreichte ihren Höhepunkt, als die US-Regierung kurz davor stand, gesetzliche Regulierungen umzusetzen.

Der sogenannte „Umweltskeptizismus" explodierte nach dem Kalten Krieg mit der Gründung von Umweltbewegungen, die aus dem Rio Earth Summit von 1992 hervorgingen. Ich werde in diesem Buch den Begriff „Skeptizismus" von nun an nicht mehr verwenden. Dies liegt daran, dass der Ausdruck, der in den 90er Jahren entstand, um eine skeptische Haltung gegenüber dem Klimawandel zu beschreiben, falsch verwendet wird. Leugnung und Skeptizismus werden zunehmend als austauschbare Begriffe verwendet, was irreführend ist. Im wissenschaftlichen Bereich ist Skepsis etwas Positives. Tatsächlich ist sie das Herzstück der wissenschaftlichen Methode und bedeutet, keine Schlussfolgerung zu ziehen, bevor man Beweise hat. Im Gegensatz dazu folgt jemand, der die Klimawissenschaft leugnet, nicht diesem Prozess und neigt dazu, jeglichen Beweis abzulehnen, der im Widerspruch zu seinen Überzeugungen steht. Skepsis und Leugnung sind also eigentlich zwei Extreme.

In den 90er Jahren wurden verschiedene Lobbygruppen gegründet, um staatliche Maßnahmen gegen den Klimawandel zu verhindern. Zwei davon sind die Global Climate Coalition (GCC) und der Information Council on the Environment (ICE). Wir werden später genauer auf ihre führende Rolle in der Leugnungskampagne eingehen. Der Zusammenbruch der Sowjetunion in den 90er Jahren und der Earth Summit in Rio führten dazu, dass die Konservativen das Verschwinden der „roten Bedrohung" durch die neue Bedrohung, diesmal in einer anderen Farbe, ersetzten: die grüne Bedrohung. Im Jahr, in dem die Berliner Mauer fiel, veröffentlichte das Marshall Institute seinen ersten Bericht, in dem es massiv die Klimawissenschaft angriff. Anstatt die Existenz des Klimawandels von vornherein zu leugnen, bestand die anfängliche Leugnungsstrategie darin, die globale Erwärmung der Sonne zuzuschreiben.[55] Einmal mehr ähnelte diese Strategie der Tabakindustrie. Die Sonnentheorie wurde vom Intergovernmental Panel on Climate Change

(IPCC) der UNO fast sofort abgelehnt, da nur der Anstieg von CO_2 die jüngste globale Erwärmung erklären konnte. In diesem „politischen Klima" nährte die Gründung des IPCC im Jahr 1988 und die anschließende Entstehung des Rahmenübereinkommens der Vereinten Nationen zum Klimawandel (FCCC: Framework Convention on Climate Change) auf dem Rio-Gipfel die Befürchtungen der Leugner, dass internationale Übereinkünfte zur Reduzierung von Kohlenstoffemissionen aus fossilen Brennstoffen zur Einführung von Vorschriften für die fossile Brennstoffindustrie selbst führen könne.

Diese Befürchtungen verstärkten sich durch die Verhandlungen des Kyoto-Protokolls von 1997, deren Grundlagen durch das Berliner Mandat von 1995 gelegt wurden, der ersten Konferenz der Vertragsparteien des FCCC und der ersten Sitzung dessen, was heute als COP oder Conference of Parties bezeichnet wird. Nach der Berliner Sitzung arbeitete die Leugnungsmaschine auf Hochtouren mit dem alleinigen Ziel, Zustimmung zu jeglicher Art von Umweltpolitik zu unterbinden. Viele amerikanische Interessen waren generell gegen wirtschaftliche Regulierungen und inzwischen beschuldigten Medien wie das „Wall Street Journal", das damals als eine der Stimmen der amerikanischen konservativen Interessen galt, Wissenschaftler und Klimatologen, die Daten in den IPCC-Berichten zu verfälschen und titulierte sie als „Alarmisten"[56].

Der Unternehmenssektor veröffentlichte selektive Analysen, die die verheerenden Kosten beschrieben, die Amerika würde tragen müssen, wenn Beschränkungen für Kohlenstoffemissionen eingeführt würden. Der damalige CEO von Exxon, Lee Raymond, war einer der führenden Vertreter, die auf die angeblichen wirtschaftlichen Risiken hinwiesen, wenn das Kyoto-Protokoll umgesetzt würde: „Die Klimawissenschaft ist unsicher, aber es besteht kein Zweifel daran, dass eine Reduzierung der Verfügbarkeit fossiler Brennstoffe für Verbraucher, wie es im Kyoto-Protokoll vorgesehen ist, erhebliche wirtschaftliche Schäden für die Gesellschaft verursachen würde. Die meisten Ökonomen sind der Meinung, dass ein solcher Schritt unserer Wirtschaft schaden und wahrscheinlich zu einer deutlichen Erhöhung der Benzin- und Ölsteuern führen würde. Es könnte auch enorme Vermögensverschiebungen in andere Länder mit sich bringen."[57] Tatsächlich führte dies dann zur Verabschiedung der Byrd-Hagel-Resolution im Juli 1997, die einstimmig vom Senat verabschiedet wurde und den Vereinigten Staaten untersagte, das Kyoto-Protokoll zu ratifizieren.

Über 20 Jahre später sind die Gründe, Umweltschutzgesetze zu bekämpfen, genau die gleichen geblieben. Im November 2019 beschloss Trump, Verhandlungen über den Ausstieg aus dem Pariser Abkommen einzuleiten, das 2015 von 200 Ländern ratifiziert wurde und sich dazu verpflichtet hatte, Emissionen zu reduzieren und eine Erhöhung der globalen Durchschnittstemperatur um mehr als 2 Grad zu vermeiden. Der ehemalige Außenminister Mike Pompeo kündigte den Rückzug an und erklärte, dass Trump sich aufgrund der „ungerechten wirtschaftlichen Belastung für amerikanische Arbeiter, Unternehmen und Steuerzahler"[58] von diesem Abkommen zurückziehen wolle. In Wirklichkeit bedeutete dies jedoch: Wir machen einen Rückzieher, um Öl- und Kohleunternehmen zu schützen. Der Rückzug der USA aus dem Pariser Abkommen wurde am 4. November 2020 offiziell, ein Jahr nach der Ankündigung.

An seinem ersten Amtstag im Januar 2021 unterzeichnete der neue demokratische Präsident Joe Biden eine Exekutivanordnung, um die USA wieder in das Pariser Abkommen aufzunehmen, was Reaktionen von Republikanern wie Senator Ted Cruz auslöste, der auf Twitter schrieb: „Indem Präsident Biden dem Pariser Klimaabkommen beitritt, zeigt er mehr Interesse an den Meinungen der Bürger in Paris als an den Arbeitsplätzen der Bürger in Pittsburgh. Dieses Abkommen wird nur wenig Einfluss auf das Klima haben, aber die Lebensgrundlage der Amerikaner beeinträchtigen."[59] Im Jahr 1997, während der Senat die Byrd-Hegel-Resolution zur weiteren uneingeschränkten Förderung der fossilen Brennstoffwirtschaft verabschiedete, hatte Exxon bereits einen internen Entscheidungsprozess auf

Basis derselben Studien in Gang gesetzt, die von Klimatologen durchgeführt worden waren und auf die verheerenden Auswirkungen des Klimawandels hinwiesen. Exxon wusste zum Beispiel, dass das Beaufortmeer, ein Teil des Arktischen Ozeans, begonnen hatte zu schmelzen und baute vorausschauend seine Bohrinseln hoch genug, um einem Anstieg des Meeresspiegels Rechnung zu tragen.[60]

Ein Projekt[61], das im August 1979 gestartet wurde, ist besonders wichtig, da es beweist, dass Exxon wirklich führend in der Erforschung des Treibhauseffekts sein wollte. Das Ziel des Projekts war es, Kohlendioxidproben in der Luft und im Ozean entlang einer Route vom Golf von Mexiko bis zum Persischen Golf zu sammeln. Die Wissenschaftler von Exxon wollten untersuchen, wie schnell der Ozean atmosphärisches CO_2 aufnehmen würde. Für das Projekt wurde ein teurer Supertanker mit maßgeschneiderten Instrumenten ausgestattet. Über einen Zeitraum von drei Jahren stellte Exxon mehr als eine Million Dollar für das Projekt des Tankers Esso Atlantic bereit.[62] Dieser Betrag entsprach nur einem winzigen Bruchteil des jährlichen Budgets von 300 Millionen Dollar für die Exxon-Forschung, aber die Forschungsergebnisse legten den Grundstein für eine wichtige interne Mitteilung[63] von 1982 über Kohlendioxid und den Klimawandel, die im Umweltbüro von Exxon verbreitet wurde und als „nicht zur Weitergabe nach außen" gekennzeichnet war: Das Unternehmen erkennt an, dass zur Bekämpfung der globalen Erwärmung „eine erhebliche Reduzierung der Verbrennung fossiler Brennstoffe erforderlich wäre" und dass andernfalls „potenziell katastrophale Ereignisse" berücksichtigt werden müssten, so heißt es in der Mitteilung. „Sobald die Auswirkungen des Treibhauseffekts messbar sind, könnten sie nicht mehr umkehrbar sein."[64] Die Wissenschaftler von Exxon hatten ihre Hausaufgaben gemacht und die Führungskräfte des Unternehmens wussten um die Brisanz der Informationen und Daten, die sie erhalten hatten.

Als sie 12 Jahre alt war, gewann Laura Shaw den Wissenschaftswettbe-

werb ihrer Grundschule in New Jersey mit einem Projekt zum Treibhauseffekt. Für ihr Experiment verwendete sie zwei Modelle des Washington
Monument, jeweils mit einem Thermometer an einer Seite befestigt. Sie
stellte die Modelle in Glasbehälter und bedeckte einen der Behälter mit einer
Plastikfolie: Sie wollte zeigen, wie eine „Decke" aus Kohlendioxid die reflek-
tierte Sonnenwärme einfängt und die Erde erwärmt. Als sie eine Lampe auf
die Behälter richtete, zeigte das Thermometer im mit Plastikfolie bedeckten
Behälter eine höhere Temperatur als im unbedeckten Behälter. Es war erst
1981 und nur wenige in ihrer Schule hatten überhaupt schon was von Treibhausgasen gehört, aber Laura wusste bereits Bescheid, weil ihr Vater Henry
Shaw ein Wissenschaftler bei Exxon war und seine Tochter über die Risiken
des Phänomens aufgeklärt hatte. Shaw war der Wissenschaftler, der innerhalb des Unternehmens das Forschungsteam zu CO_2 leitete.

Diese Fakten werden in der Untersuchung von «Inside Climate News»
mit dem Titel **Exxon: The Road Not Taken** beschrieben, auf die ich zuvor hingewiesen habe. Zusammen mit Shaw war auch James Black wissenschaftlicher Berater für Exxon in der Abteilung für Forschung und Entwicklung von Exxon Research & Engineering. Im Jahr 1977 schrieb Black an das
Vorstandskomitee von Exxon, bestehend aus hochrangigen Führungskräften, dass die Wissenschaft zeige, dass die Kohlendioxidwerte wahrscheinlich
aufgrund der Verwendung fossiler Brennstoffe steigen und dass diese An-
stiege zu globalen Temperaturerhöhungen führen würden, die weitreichende Schäden verursachen könnten.[65] Etwaige wissenschaftliche Unsicherheiten betrafen damals sicher nicht die Existenz der globalen Erwärmung.

Im Wesentlichen hatte Exxon ein umfangreiches Forschungsprogramm
zu CO_2-Emissionen gestartet, das laut ehemaligen Mitarbeitern zunächst
aus einer zukunftsorientierten Unternehmenspolitik resultierte[66], die darauf
abzielte, ein führendes Unternehmen in der Energiebranche zu werden, sogar im Bereich sauberer Energie. Zu dieser Zeit hatte Exxon tatsächlich mehrere Abteilungen wie Exxon Nuclear und Exxon Solar. Es war ein Unterneh-

men, das kontinuierlich die Risiken im Zusammenhang mit seinem Produkt untersuchte, um Gewinnrisiken zu vermeiden. Diese *bottom line* verstärkte sich im Laufe der Jahre immer weiter und wurde zum Ziel, das jedes Mittel gerechtfertigt hätte. Die Führungskräfte von Exxon ergriffen alle notwendigen Maßnahmen und haben sich einfach entschieden, es dem Rest der Welt nicht mitzuteilen.

In diesem „Kessel widersprüchlicher Aktivitäten"[67] verschlimmerte die Annahme des Kyoto-Protokolls die Situation nur noch weiter, da sie auf nahezu einstimmigen Widerstand der amerikanischen Geschäftswelt stieß. Der republikanisch dominierte Kongress verbot sogar die Bereitstellung von Mitteln der Environmental Protection Agency (EPA), der US-Bundesbehörde für Umweltschutz, um es umzusetzen. Europa hingegen bewegte sich auf institutioneller Ebene energischer und das Umweltbewusstsein wuchs. Die USA lehnten die Vorschläge der EU ab und behaupteten, es handele sich um einen *Trick*, dass Europa das Kyoto-Protokoll einhalten könne, indem es einfach bestehende Emissionen innerhalb der „EU-Blase" austausche.

Die Kluft zwischen den USA und Europa in Bezug auf die Dringlichkeit eines entschlossenen Handelns gegen den Klimawandel besteht bis heute fort. Vereinfacht ausgedrückt könnte man sagen, dass die Politik der US-Regierung darauf abzielt, wirtschaftliche Schäden durch die Reduzierung von Treibhausgasemissionen zu vermeiden, während die Europäische Union eine Politik verfolgt, um auf die Klimakrise zu reagieren. Zumindest oberflächlich betrachtet.

Im Mai 1990 veröffentlichte der IPCC seinen ersten Bericht, den First Assessment Report, in dem er feststellte, dass Treibhausgasemissionen „sicher" zu einer Erwärmung „von etwa 3°C pro Jahrzehnt" führen würden. Dies stellte eine direkte Bedrohung für das *business as usual* in der fossilen Brennstoffindustrie dar. Gruppen wie die Global Climate Coalition (GCC) versuchten, die Glaubwürdigkeit des IPCC-Berichts zu untergraben, indem sie bekannte Leugner als „Experten" einsetzten, um ihre Position zu legiti-

mieren - wie Patrick Michaels, Robert Balling und Fred Singer, die alle teilweise von ExxonMobil oder anderen fossilen Unternehmen finanziert wurden.[68] Die Strategie, wie Sie bemerkt haben werden, ist die gleiche, wie sie
auch im Brief der „500 Wissenschaftler" im vorherigen Kapitel angewandt
wurde.

Um die *Sound Science*, die „vernünftige Wissenschaft", zu fördern, gründete die Tabakindustrie 1993 die Advancement of Sound Science Coalition
(TASSC), an die Exxon seit 1998 mindestens 50.000 Dollar gespendet hat[69].
Sound Science ist der Ausdruck, den Klimaleugner für ihre Sicht der Dinge
verwenden, um das zu attackieren und herabzusetzen, was sie als *Junk Science* bezeichnen, also den wissenschaftlichen Konsens zum Klimawandel.
Die Konsenswissenschaft basiert auf *Peer Review*, der gegenseitigen Begut-
achtung durch die wissenschaftliche Gemeinschaft, die eine zusätzliche Fil-
terfunktion für Genauigkeit, Glaubwürdigkeit und Transparenz bietet. Diese
drei Elemente fehlen jedoch in der desinformierten und verzerrten „Wissenschaft", die von den Leugnern unterstützt wird.

Im Jahr 1995 veröffentlichte der IPCC den zweiten Bericht, den Second
Assessment Report, der erneut eine ebenso aggressive Reaktion hervorrief.
Der Angriff der Leugner richtete sich diesmal gegen Dr. Benjamin Santer,
Autor des achten Kapitels des Berichts über die Ursachen des Klimawandels.
Santer präsentierte seine Ergebnisse im November 1995, die sofort von sau-
di-arabischen und kuwaitischen Delegierten abgelehnt wurden - nicht zufällig reiche Ölstaaten. Laut den Autoren Oreskes und Conway „verbündeten
sich diese Staaten mit den Lobbyisten der amerikanischen Industrie, um die
Schlussfolgerungen aus dem achten Kapitels zu schwächen"[70]. Naomi Oreskes, Autorin der im ersten Kapitel erwähnten Studie zum wissenschaftlichen
Konsens über den Klimawandel, ist seit 2013 Professorin für Wissenschafts-
geschichte und Erdplanetenwissenschaften an der Harvard University und
zusammen mit Eric M. Conway Co-Autorin von **Merchants of Doubt**[71]
(deutsche Ausgabe: „Die Machiavellis der Wissenschaft: Das Netzwerk des

Leugnens"), einem Buch, das Parallelen zwischen der Klimawandel-Leugnung und früheren Kontroversen über Tabakrauch, sauren Regen, DDT und
das Ozonloch zieht.

Bis vor kurzem galten die 1990er Jahre als das Jahrzehnt, in dem sich der
Industrieverband American Petroleum Institute (API) mit Exxon, anderen
fossilen Brennstoffunternehmen und den wichtigsten GCC-Lobbyisten zu-
sammenschloss, um internationale Bemühungen zur Emissionsreduzierung
zu untergraben. Tatsächlich kamen im Januar 2021 neue Dokumente ans
Licht, die zeigen, dass auch das API bereits seit 1980 wissentlich die Bedrohung durch den Klimawandel herunterspielte. Eine Studie[72] von Benjamin
Franta, einem Forscher an der Stanford University, ergab, dass das API im
August 1980 eine politische Broschüre mit dem Titel **Two Energy Futures:
A National Choice for the 80s** veröffentlichte, in der anerkannt wurde,
dass Kohlendioxid ein „Schadstoff" sein kann und fossile Brennstoffe zu globaler Erwärmung führen können: „Wenn Kohle (oder ein anderer fossiler
Brennstoff) verbrannt wird, entstehen Kohlendioxidemissionen. Kohlendioxid ist an sich harmlos - es ist eine wichtige natürliche Quelle. Einige Wissenschaftler glauben jedoch, dass hohe Konzentrationen von Kohlendioxid
in der Atmosphäre im Laufe der Zeit zu Klimaveränderungen führen könnten - insbesondere zu höheren Temperaturen weltweit (Treibhauseffekt)"[73].
Franta behauptet auch, dass das API nachdem es den falschen Eindruck erweckt hatte, dass Wissenschaftler die durch fossile Brennstoffe verursachte
globale Erwärmung nicht als bedeutende Bedrohung betrachteten, darauf
hinwies, dass eine Ausweitung der Nutzung fossiler Brennstoffe - insbesondere Kohle - und synthetischer Brennstoffe gemäß der World Coal Study von
1980 gesichert wäre. Die Kohlestudie, die von einem Wirtschaftsprofessor
des Massachusetts Institute of Technology (MIT) geleitet wurde, wurde von
fossilen Brennstoffunternehmen unterstützt und finanziert. Im selben Jahr
setzte sich die Regierung von Jimmy Carter das Ziel, die Kohleproduktion
bis 1990 zu verdoppeln - ein politisches Ziel, das auch von den G7 Staaten im

Jahr 1980 geteilt wurde.

Im Jahr 1998 verbreitete die API-Gruppe, zu der auch Vertreter von Chevron, Exxon, Southern Company (ein großes US-Energieunternehmen), dem George C. Marshall Institute und der TASSC gehörten, ihre „Aktionspläne"[74] mit dem Ziel, „die Medien über die Unsicherheiten der Klimawissenschaft zu informieren" und die Öffentlichkeit zu „erziehen und zu informieren, um sie anzuregen, Fragen an Politiker zu stellen"[75]. Unter George W. Bush zog sich die USA aus dem Kyoto-Abkommen zurück und API und das GCC hatten gewonnen. Ein *Memorandum* vom Juni 2001 zeigt einen hochrangigen Beamten des Außenministeriums, der sich beim GCC bedankt und sagt, dass Bush „das Kyoto-Protokoll teilweise aufgrund Ihres Beitrags abgelehnt hat"[76].

Während des Präsidentschaftswahlkampfs im Jahr 2000 erklärte Bush, dass „der Klimawandel ein Thema ist, das wir sehr ernst nehmen müssen" und versprach, das Kyoto-Protokoll zu unterzeichnen, nur um dieses Versprechen sofort nach Amtsantritt zurückzunehmen. Seine Haltung wurde zudem von der internationalen Gemeinschaft angeprangert, als er sagte, dass die Zustimmung zur Umsetzung der Emissionsreduktionsziele der USA gemäß Kyoto nicht im Einklang mit den wirtschaftlichen Interessen der USA stehe. Die Mitglieder der Bush-Regierung waren ständig damit beschäftigt, eine Vielzahl von Praktiken anzuwenden, um globale Umweltfragen, insbesondere die des Klimawandels, zu delegitimieren und damit die Grundlagen für eine regulative Handlungsstrategie zu untergraben. Die US-amerikanische konservative Bewegung betrachtet den globalen Umweltschutz als Bedrohung für die nationale Souveränität und wirtschaftliche Macht der USA und ist aus diesem Grund aggressiv gegen Umweltfragen eingestellt.

Im Jahr 2001 wurde der dritte Bericht des IPCC, Third Assessment Report, veröffentlicht, gefolgt von dem vierten Bericht, Fourth Assessment Report, im Jahr 2007. Diese bestätigten den früheren wissenschaftlichen Konsens über die Existenz der anthropogenen globalen Erwärmung und betonte, dass die Erwärmung der Erde „unbestreitbar" ist. Aber die Think

Tanks der Klimawandelleugner wie das Cato Institute, das Competitive Enterprise Institute und das Marshall Institute arbeiteten beständig daran, die Gültigkeit der IPCC-Berichte in Frage zu stellen.

Im Jahr 2003 veröffentlichten Sallie Baliunas und Willie Soon - beide Experten für Astrophysik und nicht für Klimawissenschaft - eine Studie[77] in der wissenschaftlichen Zeitschrift «Climate Research». Ihre Studie stellte das berühmte „Hockey-Stick-Diagramm" des Wissenschaftlers Michael E. Mann und seiner Kollegen in Frage, das ein wesentlicher Beweis für die anthropogene globale Erwärmung in der Klimawissenschaft ist. Das Diagramm zeigt einen Temperaturanstieg im 20. Jahrhundert nach 900 Jahren stabilem Klima. Der Artikel von Baliunas und Soon wurde teilweise von der API[78] finanziert und vom Herausgeber von „Climate Research" veröffentlicht, obwohl einige Wissenschaftler Bedenken hinsichtlich der Validität der Studie äußerten. Dies führte zu einer Kontroverse und schließlich traten einige Wissenschaftler und Redakteure, einschließlich des Chefredakteurs der Zeitschrift, Hans von Storch, zurück[79]. Baliunas hatte unter anderem bereits für die Greening Earth Society[80] gearbeitet, eine Frontgruppe der Western Fuels Association (Kohleindustrie), die die Idee förderte, dass der Anstieg von CO_2 durch den Verbrauch fossiler Brennstoffe tatsächlich die Erde grüner mache[81].

Während das IPCC daran arbeitete, den vierten Bericht zu erstellen, schrieb Willie Soon[82] anderen Klimawandelleugnern, darunter Baliunas, David Legates, einem Klimatologen aus Delaware, und zwei Mitarbeitern von ExxonMobil, um zu besprechen, was sie tun könnten, um die Glaubwürdigkeit des Berichts zu untergraben: „Ich hoffe, wir können anfangen zu besprechen, was wir tun können, um den vierten Bericht zu schwächen oder die Aufmerksamkeit auf die Wissenschaft umzulenken"[83].

Von 2001 bis 2008 hatte die Leugner-Industrie leichten Zugang zum Weißen Haus von Bush, hauptsächlich über ehemalige Mitarbeiter der API. Im Jahr 2003 gab es eine unerwartete undichte Stelle und das Memo[84] des politischen Beraters Frank Luntz gelangte an die Presse: „Das Fenster für wissenschaftliche Debatten schließt sich, aber es ist noch nicht geschlossen. Es gibt immer noch eine Chance, die [Konsens-]Wissenschaft herauszufordern". In dem *Memorandum* hieß es auch: „Daher müssen wir weiterhin Verunsicherung in der wissenschaftlichen Debatte priorisieren"[85].

Im Jahr 2005 erhielt die «New York Times»[86] vom Government Accountability Project[87] einige Dokumente, die zeigten, wie Philip Cooney, Stabschef und ehemaliger Lobbyist der API, wissenschaftliche Berichte der Regierungsbehörden manipuliert hatte, um den Klimawandel in Frage zu stellen und staatliche Regulierungen zur Reduzierung von Kohlenstoffemissionen einzuschränken. Das Muster ist nun offensichtlich. Nachdem er zum Rücktritt gezwungen wurde, ging Cooney wenig überraschend zu Exxon. Eine der jüngsten Positionen der API, in den Worten des ehemaligen Präsidenten Jack Gerard, ist, dass „Energieerzeugung und Umweltfortschritt sich nicht gegenseitig ausschließen"[88]. Die API lehnt jedoch jegliche föderale Gesetzgebung zur Reduzierung von Treibhausgasemissionen ab. Während Obamas Präsidentschaft hat Gerard öffentlich den Clean Power Plan angeprangert - der darauf abzielte, die Emissionen von Kraftwerken im Land zu reduzieren - als eine zerstörerische Einmischung der Regierung in den freien Markt[89]. Ein weiteres Memo des National Resource Defence Council zeigte, dass der Exxon-Lobbyist Randy Randol vorgeschlagen hatte, das Team zu ändern, das an der dritten Bewertung des IPCC arbeiten würde, „um sicherzustellen, dass keine der Unterstützer von Clinton oder Gore in irgendeine Entscheidungsfindung einbezogen werden"[90].

Im November 2009 wurden gehackte E-Mails von der Climate Research Unit an der University of East Anglia in Großbritannien veröffentlicht und auf einer Website veröffentlicht, die den Klimawandel leugnete. Die Wissenschaftler wurden beschuldigt, Daten zu manipulieren, Forschungsdaten zu erfinden und eine Verschwörung zu schmieden, um alle anderen Wissenschaftler zu diskreditieren, die nicht mit ihnen übereinstimmten. Nach neun unabhängigen Untersuchungen wurden die Wissenschaftler für unschuldig erklärt. Diese Kontroverse wurde als Climategate bezeichnet - in Anlehnung an den berühmten politischen Skandal Watergate. Die Wirkung der E-Mails wurde noch verstärkt durch die Tatsache, dass das Climategate-Ereignis nur wenige Wochen vor dem Gipfel der Vereinten Nationen zum Klimawandel in Kopenhagen stattfand. Die Kontroverse bot eine perfekte Plattform für die Leugner-Industrie, die eine aggressive Kampagne startete, unterstützt von Scheinwissenschaftlern wie Fred Singer, konservativen *think tanks*, Fox News (die seit jeher die Botschaft des Klimawandelleugnens verbreiten) und sogar dem Klimawandelleugner und republikanischen Senator James Inhofe. Obwohl nur für einen kurzen Zeitraum, spielte Climategate sicherlich eine entscheidende Rolle dabei, das Vertrauen der Öffentlichkeit in Wissenschaftler in Bezug auf den Klimawandel zu verringern.

Laut internen Memos[91] aus den 1980er Jahren hatte Exxon vorausgesagt, dass die Auswirkungen von Emissionen aus fossilen Brennstoffen „katastrophal"[92] sein könnten. Im Jahr 1982 schätzte das Unternehmen[93] erstaunlich genau, dass die Atmosphäre bis 2015 mehr als 400 ppm Kohlendioxid erreichen würde und was dies für den Anstieg der globalen Temperaturen bedeuten würde. Laut einer E-Mail[94] von Leonard Bernstein, einem Experten, der für Exxon arbeitete, wussten die Wissenschaftler des Ölkonzerns bereits 1981, also sieben Jahre bevor der Klimawandel zu einem öffentlichen Thema wurde[95], mit Sicherheit, dass fossile Brennstoffe den Klimawandel verursachen. Trotzdem hat das Unternehmen „in den folgenden 27 Jahren Millionen ausgegeben, um das Leugnen des Klimawandels zu fördern."[96]. Die E-Mail, die 2014 entdeckt wurde, wurde von der Union of Concerned Scientists (UCS) gefunden und im Rahmen eines größeren Projekts namens *The Climate Deception Dossiers*[97] geteilt. Die UCS beobachtet Kampagnen von fossilen Brennstoffunternehmen - einschließlich Exxon - , die versuchen die Auswirkungen der Industrie auf die globale Erwärmung herunterzuspielen. Die E-Mail liefert „den Beweis dafür, dass das Unternehmen sich der Verbindung zwischen fossilen Brennstoffen und dem Klimawandel bewusst war und auch des potenziellen Schadens der Klimaregulierung für seine Gewinne - vor mehr als einer Generation"[98].

Die katastrophalen Folgen, die das Unternehmen damals vorhergesagt hat - Anstieg des Meeresspiegels, intensivere Regenfälle und Schneefälle, Überschwemmungen, steigende Temperaturen, Wüstenbildung und Probleme im Zusammenhang mit der Landwirtschaft - sind heute alle Realität. Angesichts der Vielzahl an konkreten Beweisen für den Klimanotstand wurde auch Exxon gezwungen zuzugeben, dass der Klimawandel aufgrund der Verbrennung fossiler Brennstoffe stattfindet, und hat eine bescheidene Summe in Investitionen zur Begrenzung von Kohlenstoffemissionen getätigt. Im Jahr 2019 erklärte das Unternehmen: „Wir unterstützen das Pariser Abkommen und erkennen die Notwendigkeit langfristiger Ziele und Visionen an, um die Bedürfnisse der Gesellschaft und der Umwelt nachhaltig zu erfüllen - wie die Vision der Europäischen Kommission für ein klimaneutrales Europa bis 2050"[99]. Das Problem ist jedoch, dass laut internen Dokumenten von Exxon, die von Bloomberg[100] analysiert wurden, das Unternehmen gleichzeitig eine Investitionsstrategie von 210 Milliarden Dollar plane und damit eine jährliche Steigerung der Emissionen um 17% bis 2025 einhergehe. Dies geschieht zu einer Zeit, in der die Welt die Treibhausgasemissionen drastisch reduzieren sollte (laut dem neuesten IPCC-Bericht (2021) sogar auf Netto-Null). Als Reaktion auf die Analyse von Bloomberg erklärte Exxon, dass sich „die Prognosen [...] geändert haben"[101], gab jedoch keine Details zu neuen Prognosen bekannt[102].

Laut einer am 9. Oktober 2019 veröffentlichten Studie[103] des Climate Accountability Institute, einem Forschungsinstitut für Klimawandel, das 2011 von Naomi Oreskes und zwei weiteren Experten gegründet wurde, sind 20 fossile Brennstoffunternehmen weltweit für 35% aller Treibhausgasemissionen verantwortlich, die seit 1965 durch die Verbrennung fossiler Brennstoffe im Energiesektor entstanden sind. Seit 1965 haben diese Unternehmen weltweit zur Emission von 480 Milliarden Tonnen Kohlendioxid und Methan beigetragen; Exxon steht dabei an vierter Stelle. An der Spitze der weltweit größten Emittenten stehen Saudi Aramco, Chevron und Gazprom: das erste Unternehmen ist saudi-arabisch, das zweite amerikanisch und das dritte russisch. Der Bericht betont, dass die Autoren das Jahr 1965 als Ausgangspunkt für die Daten gewählt haben, weil „neuere Forschungen gezeigt haben, dass Mitte der 1960er Jahre den Führungskräften der Industrie und den Politikern bereits die klimatische Auswirkung fossiler Brennstoffe bekannt war". Darüber hinaus hebt der Bericht die grundlegende Dynamik hervor, auf die das Klimawandel-Leugnen abzielt: „Wir konzentrieren uns auf fossile Brennstoffunternehmen, die unserer Meinung nach Treibstoffe für Milliarden von Verbrauchern produziert und vermarktet haben, in dem Wissen, dass ihre Verwendung die Klimakrise verschlimmern wird."

Für die globalen Ölgesellschaften sind die aktuellen und zukünftigen Schäden nahezu unermesslich, wenn man bedenkt, dass der Klimawandel durch den Anstieg des Meeresspiegels und der Temperaturen zum Zusammenbruch der Biodiversität des Planeten, zu erheblichen finanziellen Kosten und unvorstellbaren Verlusten führt. Was „wir erst jetzt zu verdauen beginnen, ist die tiefgreifende Auswirkung ihrer Lügen: Wenn Exxon-Manager einfach offenbart hätten, was sie wussten, hätte das Unternehmen bereits in den 1980er Jahren dem falschen Klimawandel-Diskurs ein Ende setzen können"[104], schrieb Bill McKibben im Jahr 2015 in «The Nation», als die Untersuchung gegen Exxon erstmals ans Licht kam. Die Wahrheit ist, dass wir alle in der Lüge der fossilen Brennstoffindustrie gelebt haben und uns mit der Debatte über den Klimawandel gequält haben, obwohl es im Grunde genommen nie eine Debatte gab und beide Seiten von Anfang an die gleiche Antwort hatten.[105] Die Debatte wird zum „Instrument der Manipulation"[106], da eine Seite beschlossen hatte zu lügen, und jetzt, da wir uns dessen voll bewusst sind, ist es unsere Pflicht zu verstehen, wie die Lüge so erfolgreich sein konnte.

3.

Die Meister der Manipulation

Der Mensch hat ein Zeitfenster von fünf oder zehn Jahren, bevor die Notwendigkeit, schwierige Entscheidungen zur Veränderung der Energiestrategie zu treffen, kritisch werden kann.[107]

James F. Black, Wissenschaftler bei Exxon, 1978.

Es ist äußerst unwahrscheinlich, dass die Temperatur in der Mitte des nächsten Jahrhunderts signifikant beeinflusst wird, egal ob Maßnahmen jetzt oder in 20 Jahren umgesetzt werden.[108]

Lee Raymond, Präsident und CEO von Exxon, 1997.

Es ist klar. Die Klimawandel-Leugnung ist das Ergebnis eines jahrzehntelangen Informationskrieges, der von der fossilen Brennstoffindustrie gefördert und intensiv geführt wird. Einer der Gründe, warum Exxon im Fokus der Anschuldigungen steht, ist, dass sich das Unternehmen nicht auf Unwissenheit berufen kann.

Wir neigen oft zu der Annahme, dass ein propagandistischer Informationskrieg ein modernes Produkt ist, entstanden durch Informatik, Hacker und Social Media. Aber wie in der Untersuchung[109] **Drilled** von Amy Westervelt berichtet wird, war die Klimawandel-Leugnung quasi der Vorreiter derartiger Operationen. Und wovon haben sich die Leugner inspirieren lassen, um Jahrzehnte Manipulation und Täuschung voranzutreiben? Die Führungskräfte von Exxon und anderen fossilen Brennstoffunternehmen waren sicherlich hochmotiviert, ihren Plan umzusetzen; sie brauchten dafür lediglich ein paar kreative Köpfe und Kommunikations-Experten, die die Botschaft vermitteln konnten, dass der Klimawandel keine Tatsache oder Realität sei, sondern lediglich eine Theorie, die leicht übertrieben, gefälscht und von „liberalen Umweltschützern" ausgenutzt würde. Wer war also der erste Täter im Informationskrieg?

Während des Zweiten Weltkriegs wurden die Amerikaner von den britischen Alliierten beauftragt, eine Form der Kontrolle über Massenmedien wie

Zeitungen, Radio und Kino auszuüben. Die *Psychological Warfare Branch* war die militärische Einrichtung der US-Regierung, die sich damit befasste, die Masseninformation zu kontrollieren und die Aufmerksamkeit der Öffentlichkeit zu lenken. Bei der Klimawandel-Leugnung blieb das Grundkonzept dasselbe. Die Kampagne der Klima-Desinformation hatte ein doppeltes Ziel: die öffentliche Meinung zum Thema der globalen Erwärmung zu verwirren und Überzeugungen und Massenkultur von diesem Thema wegzulenken. Die amerikanische Propaganda der Klimawandel-Leugnung wurde nach dem Vorbild der militärischen Propaganda[110] aufgebaut, die wiederum auch die Tabakindustrie inspiriert hatte: Fake News, Desinformationskampagnen, sogar der Austausch von Wörtern durch andere, allesamt immer noch verwendete Strategien. Heutzutage ist die Leugnung des Klimawandels das Ergebnis einer Verbindung aus der alten Tradition strategischer Propaganda und neueren Taktiken im Bereich der Kommunikationstechnik. Aber darauf gehe ich später im Detail ein.

Im Jahr 1988 wurde der Yellowstone-Nationalpark von einem verheerenden Brand heimgesucht, und die Stimmen für den Umweltschutz im Land wurden lauter. Im Juni desselben Jahres warf der NASA-Wissenschaftler James Hansen eine Bombe vor dem Kongress ab: Der Klimawandel ist da und wird sich verschlimmern, wenn wir nichts dagegen tun. Ein Artikel[111] in der «New York Times» vom Juni 1988 beschreibt Hansens Zeugenaussage vor dem Kongress.

Die Worte von Hansen zwangen Senator Tim Wirth während der Anhörung zu erklären, dass „der Kongress beginnen muss, darüber nachzudenken, wie dieser Erwärmungstrend verlangsamt oder gestoppt werden kann". Plötzlich hatte die Alarmglocke angefangen zu schrillen und wurde lauter. Den fossilen Brennstoffindustrien drohte mit der Einführung staatlicher Umweltregulierungen viel verloren zu gehen, das konnte Exxon nicht zulassen. Die Klimaleugnung, schreibt Kahn-Harris[112], entstand aus einer „Regulierungsphobie", begründet durch die Befürchtung, dass die moderne „kapitalistische Erzählung der Eroberung" irreparabel beschädigt werden könnte. Und so begann das Unternehmen Kampagnen zu finanzieren, um Zweifel an der Klimawissenschaft zu schüren.

Das Ziel war jedoch viel größer: Die Mission der fossilen Brennstoffindustrien bestand nicht nur darin, einen Krieg gegen die Klimawissenschaft zu führen, sondern fossile Brennstoffe zu einem echten amerikanischen Wert zu machen, eine Identität, eine „Amerikanität"[113] aufzubauen. Öl = Amerika. Das Paradigma war folgendes: Die Förderung von Öl, Kohle und Gas war plötzlich untrennbar mit dem Leben, der Freiheit und dem Streben nach Glück verbunden. Die Kampagne der fossilen Brennstoffindustrien funktionierte so gut, dass plötzlich jeder, der nicht für Öl war, automatisch als „antiamerikanisch" bezichtigt werden konnte. Emissionen regulieren, reduzieren oder begrenzen bedeutete, den amerikanischen Fortschritt zu behindern. Aber nicht nur das, eine Gesetzgebung zur Regulierung der fossilen Brennstoffproduktion war eine Bedrohung für den American Way of Life, eine Reduzierung des Ölverbrauchs war ein direkter Angriff auf das, was es bedeutete, Amerikaner zu sein. Diese Erzählung wurde so dominant, dass sie in den 80er und 90er Jahren sogar die religiöse Sphäre beeinflusste. Das vorherrschende Argument im konservativen Kreis war, dass Gott den Amerikanern Öl und Kohle gegeben hatte.[114] Amerika war dazu bestimmt, eine Zukunft mit fossilen Brennstoffen zu haben. Anderes zu glauben bedeutete, nicht an Gottes Vorherbestimmung zu glauben.

In den frühen 90er Jahren führte der Information Council on the Environment (ICE), ein Think Tank, der 1991 von Interessen der Kohleindustrie gegründet wurde, eine Umfrage[115] unter einer Stichprobe von 500 Erwachsenen in der Stadt Flagstaff, Arizona, durch, um die Wahrnehmung der Bevölkerung zum Klimawandel zu untersuchen. Laut der Umfrage[116] hatten 89% vom Klimawandel gehört, 82% waren mit dem Thema vertraut, 80% sahen es als ziemlich ernstes Problem an, 45% als sehr ernstes Problem und 39% würden eine bundesweite Umweltschutzgesetzgebung unterstützen, unabhängig von den Kosten. Von diesen betrachteten sich nur 22% als „grüne" Verbraucher. Die Forschung zum Klimawandel hatte in den amerikanischen Köpfen Fuß gefasst, die Risiken im Zusammenhang mit dem Anstieg von CO_2 waren bis zu einem Punkt vorgedrungen, an dem das Problem als ernst und dringend wahrgenommen wurde. Und die Kampagne der fossilen Brennstoffindustrien hatte als einziges Ziel, diesen Prozess umzukehren.

Das Dokument der API aus dem Jahr 1998 wurde unter dem unscheinbaren Titel **API Global Climate Science Communications Team Action Plan**[117] als einfacher „Aktionsplan" veröffentlicht und in Folge zur grundlegenden Waffe für die Industrien der fossilen Brennstoffe. Kurz gesagt lautete die Prämisse des Dokuments wie folgt: Die Clinton-Regierung habe sich während der Treffen in Kyoto im Jahr 1997 entschieden, einen Vertrag zur Reduzierung von „Treibhausgasemissionen" zu unterzeichnen, um die „angeblichen" globalen Klimaveränderungen durch die fortlaufende Freisetzung dieser Emissionen zu verhindern. „Treibhausgase haben viele Quellen", erklärt das Dokument weiter, „aber die Maßnahmen der Clinton-Regierung, wenn sie vom amerikanischen Senat genehmigt würden, werden sich ausschließlich auf die Emissionen aus der Verbrennung fossiler Brennstoffe (Öl, Kohle, Erdgas usw.) auswirken." Der Rest des Dokuments konzentriert sich natürlich darauf, die wissenschaftlichen Daten der „Klimawandel-Theorie" (*climate change theory*) zu diskreditieren und sogar darauf hinzuweisen, dass es eine weit verbreitete Ungewissheit (*widespread ignorance*) zu diesem Thema gäbe, gerade weil die „Theorie" nie wirklich in einer Weise „hinterfragt" würde, die die amerikanische Öffentlichkeit erreichen könne. Das Ziel bestand darin, jedem, der den Aktionsplan lesen würde, zu verdeutlichen, dass eine dumme und wissenschaftlich unsichere Theorie, die nicht nur unter Fachleuten, sondern auch in der amerikanischen Öffentlichkeit verbreitet sei, die Regierung dazu bringen könne, das Geschäft mit fossilen Brennstoffen einzuschränken und ihren Status quo ernsthaft zu bedrohen. Hätte die API das jemals zugelassen? Natürlich nicht. Es mussten

drastische Maßnahmen ergriffen werden. Laut dem Plan[118] sollte der „Sieg"
nur dann erreicht werden, wenn:

(I) der Durchschnittsbürger die Ungewissheit/Unsicherheit der
Klimawissenschaft versteht (anerkennt) und die Anerkennung von Zweifeln
Teil des „gemeinsamen Glaubens" wird;

(II) die Medienplattformen die Ungewissheit/Unsicherheit der Klimawissenschaft verstehen (anerkennen);

(III) die Medienberichterstattung das Gleichgewicht in Bezug auf
die Klimawissenschaft widerspiegelt und die Gültigkeit von alternativen Perspektiven anerkennt, die den aktuellen „gemeinsamen Glauben" in Frage
stellen;

(IV) die führenden Kräfte in der Industrie die klimatischen Unge-
wissheiten verstehen und so stärkere Botschafter für diejenigen werden, die
Klimapolitik gestalten;

(V) Diejenigen, die den Kyoto-Vertrag auf der Grundlage der bestehenden Wissenschaft befürworten, als solche brandmarken, die „scheinbar die Realität aus den Augen verloren" haben.

Scheinbar die Realität aus den Augen verloren haben... ist diese Wort-
wahl nicht bemerkenswert? Die Manipulationsaktion der fossilen Brennstoffindustrie erreicht so paradoxe Ausmaße, dass jemand, der die globale
Erwärmung als real, vom Menschen verursacht und mit verheerenden Folgen für den Planeten begreift, stattdessen als jemand beschrieben wird, der
„die Realität aus den Augen verloren hat": ein Verrückter, ein „Alarmist",
ein Paranoiker, jemand, dem nicht zugehört werden sollte. Diese Dynamik
wird in der Psychologie als Gaslighting bezeichnet, eine Form der psychologischen Manipulation, die leider sehr verbreitet ist. An einer Person oder einer Gruppe werden Zweifel gesät, um deren Überzeugungen zu ihrem „Ziel"
zu untergraben und sie unbewusst dazu zwingt, ihr eigenes Gedächtnis, ihr
eigenes Urteilsvermögen, ihre eigenen Wahrnehmungen und Gewissheiten

in Frage zu stellen. Das Gaslighting ist eine der gefährlichsten Formen emotionaler und psychologischer Manipulation, da es schleichend und versteckt geschieht. Es ist eine hinterhältige Taktik und aus dem manipulativen Netz des Gaslightings auszubrechen, ist sehr komplex, aber nicht unmöglich.

Der Begriff entstand durch ein Theaterstück von 1938 mit demselben Namen, in dem ein Ehemann seine Frau fortwährend so manipuliert, dass sie schließlich glaubt, verrückt zu sein. Der Titel **Gaslight** leitet sich von einer Szene im Film ab, in der der Ehemann mit dem Gaslicht in einer Wohnung im Obergeschoss spielt, um es in ihrer eigenen Wohnung im Erdgeschoss auszuschalten. Seine darüber verwunderte Frau überzeugt er davon, dass sie sich das alles nur einbilde, was charakteristisch für diese Art der Manipulation ist. Das Gaslighting hat sich unter Klimawandelleugnern langsam, stetig und vor allem erfolgreich entwickelt. Ihr erklärtes Ziel, ihr „Sieg" wäre es, wenn Klimaschützer in der Wahrnehmung des Durchschnittsbürgers „den Blick auf die Realität verloren zu haben scheinen". In ihrem Aktionsplan sind exakt die fünf Punkte verankert, die die Desinformationskampagne der Industrien zu einem regelrechten Informationskrieg machen. Die wissenschaftliche Unsicherheit wird zur Achillesferse der Klimawissenschaft und falsche Beweise werden als Waffe eingesetzt, um Öffentlichkeit und Politiker davon zu überzeugen, dass der Klimawandel nur eine Theorie ist, nichts weiter als eine Theorie. Das Ziel besteht darin, „Unsicherheit in den Köpfen der Menschen zu säen". Es erscheint beinahe surreal, wie die Anweisungen für den „Sieg" genau so dort aufgeführt sind, im Aktionsplan der API. Es ist das perfekte Manipulationshandbuch. Die Frittata (italienischer Pfannkuchen) wurde erfolgreich umgedreht, aber das Drehen des Pfannengriffs ist das komplexe Ergebnis jahrzehntelanger sozialer Einflussnahme und Propaganda, die weit vor dem Siegesmemo begannen. Es sind Kampagnen und die Propaganda von in Kommunikationtechniken geübten und geschickten Individuen: Den Meistern der Medienmanipulation.

Herbert Schmertz weiß, wie man mit den Medien spricht[119]. Er bezeichnet sich selbst als „liberal" und arbeitet für ein Ölunternehmen. Es ist Ende der 70er Jahre und Schmertz hat gerade bei einer typischen New Yorker Cocktailparty Komplimente für seine Kolumne auf der Op-Ed-Seite der «New York Times» erhalten, der Seite neben dem Leitartikel (Op-Ed: *opposite the editorial*)[120]. Die Komplimente sind willkommen, auch wenn seine „Kolumne" eine Werbung ist, eine Anzeige im Auftrag von Mobil Oil. Mobil Oil, ehemals Standard Oil of New York, wird am 30. November 1999 mit Exxon, ehemals Standard Oil of New Jersey, fusionieren - die Fusion wird zum Unternehmen ExxonMobil führen.

Schmertz wird in einem Artikel der «Washington Post» von 1979 als „der mächtigste und erfolgreichste PR-Mann Amerikas"[121] bezeichnet und hat Mobil ein glänzendes Image verliehen. Im Gegensatz zu anderen Unternehmen in der Branche ist Mobil das „edle" Ölunternehmen, das „dienstleistungsorientierte" Ölunternehmen[122]. Schmertz ist auch der Mann, der die Anzeige im Stil eines Advertorials erfunden hat, die im Auftrag von Mobil jeden Donnerstag für 15 Jahre von 1985 bis 2000 in der «New York Times» veröffentlicht wurden und somit die Medienplattformen, nicht nur die «Times», zu Propagandainstrumenten der fossilen Brennstoffindustrie machten.

Der Begriff Advertorial entsteht aus der Verbindung von „advertising" und „editorial". Im Wesentlichen handelt es sich um Werbung in der Aufmachung eines redaktionellen Inhalts und die Wirksamkeit dieser Form liegt darin, dass der Leser die Botschaft als Teil einer Nachricht oder eines redaktionellen Kommentars wahrnimmt, ohne sofort ihre werbliche Natur zu erkennen.

Laut der Recherche des Podcasts **Drilled** erklärt Schmertz in einem lange verschollenen Briefing[123], das er 1978 für die American Management Association verfasst hat, warum er gerade die «New York Times» für diese Anzeigen gewählt hatte: „Die Times wurde ausgewählt, weil sie in dem wichtigsten Kommunikations- und Geschäftszentrum des Landes veröffentlicht wird; weil sie eine hochintelligente, engagierte und anspruchsvolle Leserschaft hat und weil sie Gesetzgeber und andere Regierungsbeamte erreicht. Kurz gesagt, war sie die Zeitung, die die größte Chance hatte, die meisten Meinungsführer und politischen Entscheidungsträger zu erreichen."

Laut einer Analyse[124] von Mobil über die Auswirkungen von Advertorials hat die «Times» ihre Ansichten zu Bewahrung, Monopolbildung, Desinvestition, Deregulierung, Erdgas, Kohle, Offshore-Bohrungen und Ethanolmischungen (eine Mischung aus Benzin und Alkohol namens Gasohol) signifikant verändert oder abgeschwächt - alles Themen, die in den Advertorials behandelt wurden. Mit Schmertz bei Mobil veränderte sich das Verhältnis zwischen Unternehmen und Medienplattformen von 1966 bis 1988 radikal.

Drilled[125] berichtet, dass laut Geoffrey Supran, einem Forscher am Harvard Department of History of Science, ein Viertel aller jemals auf den Meinungsseiten der «New York Times» veröffentlichten Anzeigen von Mobil oder ExxonMobil in Auftrag gegeben wurden.

Zwischen 1989 und 2004 kommunizierten die Advertorials von Exxon-Mobil die „Ungewissheit" der wissenschaftlichen Forschungen zur globalen Erwärmung. Supran und Oreskes haben in einer Studie[126] gezeigt, dass Mobil sowie Exxon vor der Fusion im Jahr 1999 in wissenschaftlicher Klimaforschung involviert waren, dass sowohl Exxon als auch Mobil direkte und indirekte Kommunikation betrieben haben, um Unsicherheit über den Klimawandel zu schaffen und dass ExxonMobil „die Öffentlichkeit getäuscht hat". Die Kommunikationsstrategie in diesen Jahren bestand darin, Mobil menschlicher zu machen, ein Unternehmen mit Persönlichkeit, das gemeinsame Ideen verbreiten konnte. Schmertz war nicht nur geschickt darin, die Verbindung zwischen der Ölindustrie und den Medien zu verändern, sondern war auch einer der Ersten, der vorschlug, dass Unternehmen nicht unbedingt „nett"[127] zu Journalisten sein müssten. Im Gegenteil, Schmertz erreichte viel mehr, indem er Journalisten und Redakteure „mobbte", um die medialen Interessen von Mobil durchzusetzen. Er handelte somit zuwider der gängigen Methode[128] zu dieser Zeit, dass wenn Journalisten positiv über dein Produkt berichten sollen, du auch freundlich zu ihnen sein, gar eine Freundschafts- und Vertrauensbeziehung aufbauen müsstest. Wenn die Nachrichten also die Ölgesellschaften und ihre Produkte in ein schlechtes Licht rückten, beschuldigte Schmertz sie der Voreingenommenheit, nur einen Teil der „Geschichte" erzählen zu wollen. Für Schmertz war die Strategie die Presse anzugreifen so wichtig, dass er ein ganzes Buch darüber schrieb, mit dem Titel **Goodbye to the Low Profile: The Art of Creative Confrontation**. In diesem Buch erzählt er von einem Treffen, das er 1984 mit einem der Herausgeber des «Wall Street Journal» gefordert hatte. Während des Treffens soll Schmertz laut **Drilled**[129] aufgelistet haben, wie oft und warum das «Wall Street Journal» über Mobil „unfair" berichtet habe, aber der damalige Executive Director Frederick Taylor antwortete ihm: „Alles, was du gesagt hast, ist Bullshit". Schmertz rächte sich dann, so **Drilled**, indem er das «Wall Street Journal» von der Pressemitteilungsliste strich und es niemandem bei Mobil erlaubte, mit deren Journalisten zu sprechen. Er gewährte ihnen auch keinen Zugang mehr zu den Gewinnberichten. Schmertz war geschickt, aber nicht nur er.

Im Jahr 1971 erschien zum ersten Mal die berühmteste Träne im amerikanischen Fernsehen. Sie lief langsam und dramatisch inszeniert über das Gesicht des amerikanischen Ureinwohners Cody am Ende eines Werbespots der Anti-Abfall-Organisation Keep America Beautiful (KAB). Der Spot wurde als „weinender Indianer" (*Crying Indian Ad*) bezeichnet und zeigte einen amerikanischen Ureinwohner, der in einem Fluss voller Müll und von Smog umgeben paddelt. Während er sein Kanu ans Ufer zieht, wird ein Müllsack aus dem Fenster eines vorbeifahrenden Autos geworfen, fällt zu seinen Füßen und verteilt den Müll. Zu diesem Zeitpunkt zoomt die Kamera auf das Gesicht des Indianers und fängt ein, wie eine Träne über seine Wange läuft. Eine Erzählerstimme schließt den Spot mit dem Slogan: „Menschen verschmutzen, Menschen können die Verschmutzung stoppen". Klingt doch vernünftig, oder nicht? Abfall, Verschwendung und Umweltverschmutzung sind alles äußerst negative Dinge, und diese Werbung macht nichts anderes, als dies zu betonen. Was ist daran falsch? Die Wahrheit ist, dass der weinende Indianer nur eine Tarnung ist. Abgesehen davon, dass der Schauspieler, der den amerikanischen Ureinwohner im Werbespot spielte, kein echter Ureinwohner, sondern ein Amerikaner italienischer Herkunft namens Espera Oscar de Corti war, bekannt als Iron Eyes Cody (Cody mit den stählernen Augen), geht die Täuschung der Werbung viel tiefer.

Der Spot war Teil einer Werbekampagne von KAB, einer Organisation, die in den 1950er Jahren von führenden Unternehmen der Getränke- und Verpackungsindustrie gegründet wurde und sehr feindlich gegenüber Umweltschutzinitiativen eingestellt war. Gegründet wurde es 1953 von American Can Co. und Owens-Illinois Glass Co., später schlossen sich weitere Unternehmen wie Coca-Cola, Dixie Cup Co. und Phillip-Morris an. Die Warnungen von KAB vor Abfall waren keine Unterstützung für ökologische Werte, sondern vielmehr die Angst der Industrie vor wachsendem Umweltbewusstsein.

In der Zeit vor dem ersten Earth Day im Jahr 1970 konzentrierte sich die Umweltbewegung in den USA auf das Problem der Einwegverpackungen. Ökologische Bewegungen betrachteten die Industrie als verantwortlich für die Produktion von Artikeln, die natürliche Ressourcen schädigten, nicht die Verbraucher. Bis... zum weinenden Indianer. Hier ist der Trick. Der weinende Indianer lenkte die Aufmerksamkeit von den Praktiken der Verpackungs- und Getränkeindustrie ab und kehrte die Verantwortungsdynamik um. Wer war jetzt verantwortlich für den Abfall und die übermäßige Menge an Plastik, Verpackungen, Dosen und Flaschen? Der Verbraucher. Und nicht einmal der Käufer, sondern derjenige, der seinen Müll auf die Straße warf. Diese Werbekampagne veränderte Amerika. Sie wurde von W. Howard Chase[130], einem der ersten PR-Mitarbeiter des amerikanischen Unternehmens KAB entwickelt und führte das Konzept der individuellen Verantwortung für Abfall und Umweltverschmutzung ein. Die Produktionsunternehmen und die Regierungsbehörden wurden plötzlich entlastet.

Der weinende Indianer war eine grundlegende Waffe, scheinbar unpolitisch und nicht propagandistisch, zur Verfestigung eines wichtigen Mythos des Klimaleugnens. Die hinterhältige Erzählung der individuellen Verantwortung: Sie pflanzte in der amerikanischen und heute weltweiten Öffentlichkeit den Gedanken ein, dass die Lösung des Klimawandels von den Individuen und nicht vom System[131] abhängt. Es mag unglaublich erscheinen, aber die Auswirkungen der Kampagne des weinenden Indianers haben sich tief ins kollektive Denken eingenistet. Die Ölgesellschaften wiederholen dieses Ablenkungsmanöver immer wieder, bis heute.

Es ist „der Mythos des grünen Verbrauchers", schreibt der niederländische Journalist Jaap Tielbeke in seinem neuesten Buch[132], „der seit dreißig Jahren die Debatte über Nachhaltigkeit verwirrt". Unternehmen, wie z.b. Exxon, nutzen Werbung, um Schuldgefühle bei den Verbrauchern zu erzeugen. Die fossilen Lobbyisten „schieben die Schuld auf die Bevölkerung, um von dem eigentlichen Problem abzulenken".

Dies funktionierte so gut, dass der Fernsehspot bei seinem Debüt von führenden Umweltgruppen wie der National Audubon Society und dem Sierra Club unterstützt wurde. Die Antwort auf Umweltverschmutzung hatte laut KAB nichts mit Macht, Politik oder Produktionsentscheidungen zu tun: Es war einfach eine Frage individuellen Handelns. Diese Erzählung ist entscheidend, um zu verstehen, wie die Klimaleugnung fast unsichtbar eindrang, die Kommunikationsdynamik zugunsten der leugnenden Lobbyisten veränderte und die Gesellschaft mit falschen Mythen infiltrierte: Große systemische Probleme sind ausschließlich Fragen individueller Verantwortung. Die Lösungen für diese Probleme sind aber gewiss nicht in der Entsorgung privater Abfälle zu finden, sie müssten zuvor, also bei der Produktion gesucht werden.

In den letzten Jahren haben der Klimaaktivismus von Jugendlichen (*Fridays for Future*) und Proteste wie gegen die Keystone XL-Pipeline, die Dakota Access-Pipeline und andere Projekte der fossilen Brennstoffindustrie „eine starke Ablehnung"[133] der Erzählung des weinenden Indianers betont: Der Kampf gegen Umweltverschmutzung, Umweltzerstörung und globale Erwärmung geht über individuelle Maßnahmen hinaus und fordert die Klimaverantwortung der fossilen Industrie ein.

Wie Westervelt[134] bemerkt, ist es Keep America Beautiful gelungen, das gesamte Abfallproblem in den Köpfen der Verbraucher von einem systemischen Problem der Massenproduktion und -regulierung auf individuelles Handeln umzuformulieren. Und es dauerte eine Weile, bis diese Täuschung offensichtlich wurde. Wir tappen auch immer wieder in diese Falle. Natürlich sind individuelle Maßnahmen wichtig und notwendig, aber die Verantwortung für die „Lösung" des Problems des Klimawandels und der Umweltverschmutzung auf Einzelpersonen abzuwälzen bedeutet auch, ihnen die Schuld zuzuschieben: So wird die fossile Brennstoffindustrie freigesprochen. In **Drilled** sagt der Soziologe Bob Brulle: „Die Vorstellung, dass wir alle wegen unserer individuellen Entscheidungen für den Klimawandel verantwortlich sind, ist ein Beweis für ein tief nicht-soziologisches Verständnis des Verhaltens, das tatsächlich durch kulturelle Einflüsse sowie wirtschaftliche Faktoren geformt wird. Es bedeutet, die Opfer der Entscheidungen, wie wir unsere Städte strukturieren, wie wir Energiepolitik gestalten, wie wir die Kosten für Autos festlegen, zu beschuldigen. Solche Dinge. Es verschleiert die Macht privater Interessen bei der Gestaltung unseres Lebens." Diese Erzählung stellt das Problem des Klimawandels universell dar, indem sie betont, dass nicht nur die Elite[135] der Männer an der Macht, sondern wir alle versagt haben, Maßnahmen zum Umweltschutz zu ergreifen. FALSCH.

Die Vorgehensweise der fossilen Brennstoffunternehmen heute ist ein Indiz für den Erfolg der Erzählung individueller Verantwortung. Die Unternehmen vermeiden es nicht mehr, über die Umwelt zu sprechen, da dies einen *Bumerang-Effekt* hätte. Stattdessen versuchen sie, die Debatte über individuelle Verantwortung aufrechtzuerhalten: „Was kannst DU tun, um den Planeten zu retten?" Und sie versuchen um jeden Preis, sich der Verantwortung zu entziehen und von der dringenden Notwendigkeit eines systemischen Wandels abzulenken.

Viele der Klimaleugnungskampagnen verdanken ihren Erfolg den großen Fähigkeiten der fossilen Brennstoffindustrie, Werbung und Medienkommunikation zu instrumentalisieren. Insbesondere war ihr Trumpf die Schwächen „der vierten Gewalt" auszunutzen. Medienmanipulation ist die Königin der Instrumentalisierungen und waren gerade deshalb so erfolgreich damit, weil sie sich eine ganz bestimmte Schwachstelle des Journalismus zu nutze machten: Den Mythos des „ausgewogenen Berichts" (engl.: *false equivalence)*. Nach diesem Prinzip, das jahrelang als Grundlage für „glaubwürdigen" Journalismus galt, hat jede Perspektive eine andere gültige gegensätzliche Perspektive. Übertragen auf die Medienberichterstattung zum Klimawandel bedeutet dies, dass jedes Mal, wenn über das Klima gesprochen wird, auch klimaleugnende Perspektiven diskutiert werden müssten, um ein „Gleichgewicht" zu wahren. Stellen Sie sich vor, jedes Mal, wenn über die Erde gesprochen wird, müsste auch die „Perspektive" der Flacherdler einbezogen werden. Der ausgewogene Bericht ist in Wirklichkeit nur eine Ausrede.

4.
Die Echokammer

In Saiten- und Schlaginstrumenten gibt es einen Raum namens Resonanzkörper, der dazu dient, die Lautstärke des Klangs zu erhöhen und ihm seinen besonderen Charakter zu verleihen, indem er das physikalische Phänomen der Resonanz nutzt. Bei der Gestaltung des Resonanzkörpers gibt es Variablen wie zum Beispiel das Innenvolumen, die Form und das verwendedete Material. Im Falle von Materialien gibt es eine Variabilität in Bezug auf Dicke, Steifigkeit und Homogenität, und es werden Materialien bevorzugt, die leicht in Schwingung geraten, also dünne, steife und solche von homogener Dichte. Aus diesem Grund ist die Stradivari-Violine so ein wertvolles Instrument, weil für ihre Konstruktion ausschließlich das homogene Holz der Fichten aus dem Val di Fiemme verwendet wird.

Stellen Sie sich nun vor, dass, so wie der Resonanzkörper der Stradivari einen Klang erzeugt, er als Echokammer leugnerische Aussagen wiederholt. Viele Zeitungen, Fernsehsender und Radiosender spielen eine entscheidende Rolle bei der Architektur des Leugnens, weil sie genau so als Echokammer[136] fungieren und ein metaphorisches „Becken" bedienen, in dem Informationen oder Ideen verstärkt und gestärkt werden. Viele Veröffentlichungen haben ihren Lesern falsche Informationen über den Klimawandel mitgeteilt, oft aufgrund der Dynamik des sogenannten „ausgewogenen Berichts", bei dem der Schreibende meinte, beide Seiten der Geschichte berücksichtigen zu müssen. Amerikanische Medienplattformen wie der Fernsehsender Fox News, dessen Produktion oft Botschaften zur Förderung des Klimaleugnertums enthält, und Zeitungen wie das «Wall Street Journal», die «New York Post» oder in Italien «il Giornale» oder «Libero» fungieren allesamt als Echokammern. In den letzten Jahrzehnten ist auch die Blogosphäre zu einem wesentlichen Element der Leugnungsbewegung geworden, ein Beispiel dafür ist die Website **climatedepot.com** von Marc Morano. Am 21. Januar 2021 kritisierte Morano während der Sendung *Fox & Friends First* auf Fox News die Entscheidungen von Präsident Biden, wieder dem Pariser Abkommen beizutreten und die Keystone-Pipeline zu stoppen, und wiederholte dabei die leugnerische Litanei, dass Klimaabkommen „eine Umverteilung des Reichtums, Verträge, die die Souveränität einschränken, und im Wesentlichen die Verwendung des Klimas als Mittel zur Regulierung der Gesellschaft auf eine Weise betreffen, die nichts mit dem Klima zu tun haben"[137]. Es ist keine Überraschung, dass Fox auch während der Biden-Regierung weiterhin die Leugnungsstrategie wählt, um Maßnahmen zum Klimaschutz zu verzögern.

Aufgrund des unterschiedlichen Informationsflusses zum globalen Klimawandel erhalten die Menschen oft widersprüchliche Botschaften, die die politischen Unterschiede verstärken. Wenn ich konservativ bin und glaube, dass der Klimawandel ein Schwindel ist und in meiner Lieblingszeitung lese, dass er tatsächlich ein Schwindel ist, wird meine Überzeugung natürlich gestärkt. Aber nicht nur konservative Medien und rechte Zeitungen tragen zur Echokammer bei, oft fühlen sich auch sogenannte „progressive" Medien verpflichtet, Jongleure zu sein, ohne zu erkennen, dass sie dazu beitragen, eine verzerrte Botschaft über die Klimawissenschaft zu vermitteln. «New York Times», «Washington Post» oder «Newsweek», die als liberale Medien gelten, und viele andere sind in der Vergangenheit in diese Falle getappt, indem sie Leugneraussagen oder -botschaften als Ausdruck einer anderen Sichtweise in der laufenden „wissenschaftlichen Debatte" präsentierten. Standpunkte, die dann von Personen, die an öffentlichen Debatten beteiligt sind, Bloggern, US-Senatoren und nicht zuletzt dem Präsidenten und Vizepräsidenten während der Trump-Regierung, zum Beispiel, immer wieder wiederholt wurden und in der öffentlichen Meinung Fuß fassen konnten. Es handelt es sich hierbei aber nicht um eine tatsächlich stattfindende wissenschaftliche Debatte, sondern um das Ergebnis einer Desinformationsstrategie, die mit Tabak begann und sich beim Klima wiederholt. Heutzutage zirkulieren in Italien immer noch Artikel wie die beschriebenen in Zeitungen wie «La Repubblica» oder der «Huffington Post», Medien mit einer „liberalen" Tradition, die jedoch oft in die Falle des einfachen Klicks geraten, ohne die Konsequenzen zu berücksichtigen, wenn sie leugnende Nachrichten oder „Analysen" veröffentlichen. Aus diesem Grund erscheinen immer noch Schlagzeilen wie: *„Antonino Zichichi: Der Klimawandel hängt zu 5% von menschlichen Aktivitäten ab. Verwechseln wir ihn nicht mit Umweltverschmutzung."*[138] Faktisch sind Luftverschmutzung und Klimawandel eng miteinander verbunden - sie haben eine gemeinsame Ursache-Wirkungs-Beziehung durch die Verbrennung fossiler Brennstoffe - und laut Gavin Schmidt, Direktor des Goddard Institute for Space Studies der NASA, ist der Mensch verantwortlich[139] für etwa 110%[140] der beobachteten globalen Erwärmung.

Wir dürfen auch nicht vergessen, dass die fossilen Brennstoffindustrien und der Lobbysektor die Saiten des Instruments spielen und die negierende Klangkammer orchestrieren. Manchmal handelt es sich dabei um dieselbe Person, Gruppe oder Plattform.

Nehmen wir zum Beispiel die rechtsextreme Website «Breitbart News». «Breitbart» wurde von der Mercer-Familie mitgegründet, die konservative Think Tanks finanziert, z.B. das Heartland Institute, und auch der Hauptinvestor von Cambridge Analytica ist, einem Unternehmen, das aufgrund des Skandals mit Facebook seine Operationen einstellen musste. Ein weiterer Mitbegründer ist Steve Bannon, ehemaliger Manager bei Goldman Sachs, der im August 2020 wegen Betrugs verhaftet wurde[141] (und später von Präsident Trump begnadigt). Über seine Medienplattform fördert er Rassismus, Islamophobie, weißen Suprematismus und Misogynie und bietet in Bezug auf das Klima den Leugnern eine Plattform. Im Jahr 2021 veröffentlichen sie immer noch Artikel betitelt mit: *Eine Studie bestreitet, dass die Erde in einer ,Klimanotlage' ist.*[142] Die Maschinerie von Bannon produziert und verbreitet Verschwörungstheorien und falsche Nachrichten, oft von neonazistischen und weißen Suprematisten-Websites erstellt. „Fox News nahm [die falschen Nachrichten] auf, um sie als ‚Diskussionspunkte' zu verwenden, der Präsident griff sie auf, wiederholte sie und seine Anhänger schluckten sie", schreibt der Journalist Paul Mason in seinem Buch **Eine bessere Zukunft** über die von «Breitbart» geförderten Fake News. So haben sie „eine effiziente Fließbandproduktion hochgradig zielgerichteter Lügen" geschaffen. Es ist nicht schwer, Leugner zu finden, denn irgendwie sind sie alle miteinander verbunden. Es reicht aus, einem einzigen Faden zu folgen, um zum Netzwerk des Leugnens zu gelangen: Finanzierung, politische Interessen und Ideologie. Sobald man einen erkennt, ist es einfacher als es scheint, weitere zu identifizieren.

Im Jahr 2010 haben die Soziologen und Umweltwissenschaftler Riley E. Dunlap und Aaron McCright die verschiedenen Akteure in der Klimaleugnungsarchitektur klassifiziert[143], von den fossilen Brennstoffunternehmen bis hin zu konservativen Politikern. Da fossile Brennstoffe als Hauptquelle von Treibhausgasen identifiziert werden, haben die fossilen Brennstoffindustrien aggressive Kampagnen gegen Klimawissenschaft und staatliche Regulierungen durchgeführt, um die Kontrolle über umweltpolitische Maßnahmen zu behalten. Die fossilen Brennstoffindustrien umfassen nicht nur private Unternehmen wie ExxonMobil und Peabody Coal, sondern auch, wie wir gesehen haben, Industrieverbände wie das American Petroleum Institute (API), die Western Fuel Association und das Edison Electric Institute. Sie rekrutieren „Experten", vom Wissenschaftler Michael E. Mann als „science-deniers-for-hire"[144] bezeichnet, um ihre leugnende Position zu legitimieren und zu rechtfertigen. Die Industrien stellen auch Finanzmittel für konservative Think Tanks bereit, die als Reservoirs zur Förderung der konservativen Ideologie dienen. Think Tanks sind „Aktivitäts-Bienenstöcke"[145]: Neben ihrer Lobbyarbeit produzieren sie Bücher, Pamphlete und Broschüren, unterzeichnen gemeinsame Briefe, organisieren Konferenzen und veröffentlichen Videos; sie haben Büros, Mitarbeiter und sehr, sehr viel Geld. All dies vermittelt ihnen den Eindruck von „Substanz und Autorität".

Neben vielen Energieunternehmen, die sich der Klimawandel-Leugnung verschrieben haben (wie zum Beispiel die Southern Company), leugnen oder ignorieren auch zahlreiche Bergbau-, Stahl- und Automobilunternehmen kontinuierlich den Klimawandel. In den USA gehen auch große nationale Verbände wie die US-Handelskammer und der Verband der Hersteller gegen die Klimawissenschaft und -politik vor, insbesondere gegen den IPCC. Auf Regierungsebene hat die republikanische Bush-Regierung den Klimawandelleugnern erlaubt, institutionalisiert zu werden. In gewisser Weise haben Obama und die demokratische Regierung - trotz einiger Fehler - der Frage des Klimawandels im Entscheidungsprozess Priorität eingeräumt und damit eine aggressive Reaktion von Lobbygruppen hervorgerufen, die immer das Ziel hatten, nationale und internationale Bemühungen zur Reduzierung von Treibhausgasemissionen und zur Milderung der Umweltverschmutzung zu bekämpfen.[146]

Die konservativen Think Tanks (conservative think tanks - CTT) sind ein weiterer Schlüsselbestandteil der Leugner-Architektur. Sie wurden in den 1960er Jahren durch Familienstiftungen des Konservativen Joseph Coors gegründet, um den progressiven Forderungen dieser Zeit entgegenzuwirken. In den 1990er Jahren waren die Hauptfinanziers des amerikanischen „konservativen Labyrinths" Richard M. Scaife und die Koch-Brüder, die durch ihre Beteiligung an der Ölindustrie Reichtum angehäuft hatten. Die Koch-Brüder gründeten das Cato Institute, eine äußerst effektive Komponente der Leugner-Maschinerie, und könnten ExxonMobil bei der Finanzierung von Klimawandelleugnern weit übertroffen haben. Wir werden später darauf zurückkommen. Die CTTs sind für das Netzwerk der Klimawandelleugner von entscheidender Bedeutung, da sie eine institutionelle Basis für die führenden Leugner bieten, die einerseits die Bemühungen der Bush-Regierung zur Bekämpfung der Umweltpolitik unterstützten und andererseits eine Reihe von Anti-IPCC-Konferenzen abhielten (normalerweise beim Heartland Institute; behalten Sie diesen Namen im Hinterkopf, er wird noch öfters auftauchen). Die CTTs interagieren eng mit den Medien und produzieren und verbreiten eine breite Palette von Materialien gegen den Klimawandel über alle Kommunikationsmittel, vom Fernsehen bis zum Internet. Im Vergleich zur fossilen Brennstoffindustrie und den Unternehmen können die CTTs ein scheinbar objektives Erscheinungsbild bewahren, da ihre Verbindung zu wirtschaftlichen Interessen nicht so direkt ist und sie daher mehr Glaubwürdigkeit in der Öffentlichkeit, in Medien und bei vielen Politikern genießen, manchmal sogar den Status einer „alternativen" akademischen Dimension erreichen.

So wie die Unternehmen versuchen auch die CTTs, ihre Glaubwürdigkeit zu steigern, indem sie leugnende Wissenschaftler sponsern, um den eigenen Status zu legitimieren, unabhängig von der Qualität oder Relevanz derer Forschung. Die meisten Unternehmen und CTTs wollen ihre anti-umweltfreundlichen Bemühungen vor der Öffentlichkeit verbergen und schaffen daher Scheingruppen, die in ihrem Namen handeln können. Die Global Climate Coalition (GCC), die in früheren Kapiteln erwähnt wurde, war eine der größten Scheingruppen und wurde 1989 als Reaktion auf die Gründung des IPCC gegründet. Sie wurde von Öl- und Kohlekonzernen wie ExxonMobil, Texaco, BP (ehemals British Petroleum) und Shell sowie von Automobilherstellern wie Chrysler, Ford und General Motors Company (GM) und sogar von nationalen Industrieverbänden wie API, der US-Handelskammer und dem National Association of Manufacturers unterstützt und finanziert. Laut einigen Steuerdaten, die damals an Umweltgruppen weitergegeben wurden, belief sich das Budget der GCC im Jahr 1997, dem Jahr des Kyoto-Protokolls, auf 1,68 Millionen Dollar[147]. Die GCC spielte eine Schlüsselrolle bei der Untergrabung der Glaubwürdigkeit des IPCC-Berichts von 1995, indem sie den unbegründeten Angriff auf den Klimaforscher Benjamin Santer startete, weil er angeblich eines der Kapitel verändert habe. In diesem Szenario zeigt sich erneut die Parallele zwischen der Strategie der GCC, indem sie die Unsicherheiten in der Klimawissenschaft ausnutzte, vor allem zu Beginn, und den Taktiken der Tabakindustrie, die auch jahrzehntelang Zweifel gesät hatten. Die GCC löste sich 2002 auf, weil viele Unternehmen und Industrien (wie BP und Shell), die sie bis dahin unterstützt hatten, angesichts der zunehmenden wissenschaftlichen Beweise für den Klimawandel die Koalition verließen. Der Information Council on the Environment (ICE), ebenfalls bereits erwähnt, ist ein weiteres bekanntes CTT und wurde 1991 von den Kohle- und Dienstleistungsinteressen der Western Fuels Association und des Edison Electric Institute gegründet. Die Gruppe führte eine aggressive Kampagne gegen staatliche Bemühungen zur Eindämmung von Treibhausgasen und gegen die Vorschriften des Earth Summit in Rio 1992. Im Jahr 1991 startete ICE laut dem Journalisten Ross Gelbspan „eine offensichtlich irreführende Kampagne zum Klimawandel, entworfen von einer PR-Firma [...], die klar erklärte, dass das Ziel der Kampagne darin bestand, ‚die globale Erwärmung als Theorie statt als Tatsache neu zu positionieren'"[148]. Gemäß dem Plan[149] sollten drei sogenannte „Treibhausgas-Leugner", Robert Balling, Patrick Michaels und S. Fred Singer, „in Fernsehsendungen, Meinungsseiten und Zeitungsinterviews auftreten". Als die Absichten der Gruppe jedoch an die Presse durchsickerten, brach ICE zusammen. Im Jahr 1998 dann gründete die Western Fuels Association die bereits im vorherigen Kapitel erwähnte Greening Earth Society, um die Idee zu propagieren, dass die globale Erwärmung tatsächlich vorteilhaft für den Planeten sei. Und schließlich kam noch eine weitere bemerkenswerte Gruppe hinzu, die Cooler Heads Coalition, die eine entscheidende Rolle dabei spielte, heftige Angriffe auf einzelne Wissenschaftler zu starten und den *Climategate*-Skandal mitauslöste.

Wie ich zuvor geschrieben habe, ist einer der Gründe, warum die Leugnungsarchitektur oft mit den Strategien der Tabakunternehmen in Verbindung gebracht wird, der Einsatz von Wissenschaftlern, die im Auftrag von Unternehmen und Think Tanks „Unsicherheit erzeugen" sollen. Nicht umsonst hat das Tabakunternehmen Philip Morris viele CTTs wie u.a. das Cato Institute und die Heritage Foundation finanziert, die viele leugnende Wissenschaftler unterstützen, die keine wissenschaftliche Ausbildung oder Kompetenz haben (nur eine Minderheit hat tatsächlich relevante Kenntnisse in der Klimawissenschaft). Die Zugehörigkeit zu CTTs ermöglicht es diesen

„Zweifelshändlern", wie sie von Oreskes genannt werden, von den erheblichen Geldspenden der Unternehmen zu profitieren, ohne direkt der Verschwörung zur Unterstützung fossiler Brennstoffinteressen beschuldigt zu werden.

Im Jahr 2013 führten Riley Dunlap und Peter Jacques eine Studie[150] durch, mit der sie die Verbindungen zwischen CTTs und 108 Büchern zur Klimaleugnung untersuchten, die im Jahr 2010 veröffentlicht wurden. Die Studie ergab, dass 92% dieser Bücher über eine weitere Veröffentlichung oder anderer nachweisbarer Beziehungen von Autor und Herausgeber mit CTTs (z.b. Patrick Michaels und das Cato Institute) verbunden waren. Die Studie zeigte auch einen bestimmten Trend auf: ein langsames Wachstum der veröffentlichten Bücher kurz vor dem Kyoto-Protokoll im Dezember 1997, gefolgt von einer Phase der Stabilität und dann ein rapider Anstieg ab 2007. Dies liegt daran, dass in diesem Jahr Gores Film **Eine unbequeme Wahrheit**, für die er später den Friedensnobelpreis erhielt, und der vierte Bericht des IPCC veröffentlicht wurden. Die einflussreichsten Bücher, die Dunlap und Jacques während ihrer Analyse fanden, waren wahrscheinlich **Shattered Consensus** von Patrick Michaels, der dem Cato Institute angehört, und **Unstoppable Global Warming** von Fred Singer vom Science and Environmental Policy Project, das 1998 und 2000 von ExxonMobil finanziert wurde. Die Studie analysierte auch die akademischen Qualifikationen der Autoren der 108 Bücher und kam zu dem Schluss, dass nur 39% von ihnen über echte wissenschaftliche Kompetenzen verfügten, während 19% von Autoren mit Fachkenntnissen in anderen Disziplinen (hauptsächlich Wirtschaft, Recht und Politik) veröffentlicht wurden und schließlich 42% der Autoren gar keine Spezialisierung hatten.

Aber wer sind genau die Klimawandelleugner? Und was haben sie gemeinsam? In der Analyse *Cool Dudes*[151] von 2011, die auch heute noch vollkommen aktuell ist, identifizierten Dunlap und McCright den weißen konservativen Mann als die am weitesten verbreitete soziale Gruppe unter den

Klimawandelleugnern in den USA und darüber hinaus. Dunlap beobachtete zusammen mit Jacques auch den engen Zusammenhang zwischen konservativer Politik und der Tendenz zur Leugnung; Sie fanden heraus, dass alle Autoren und Redakteure der von ihnen im Jahr 2013 analysierten 108 Bücher, in denen der Klimawandel geleugnet wird, eine konservative Ideologie vertreten. In der Soziologie wird dies als *White male effect* bezeichnet, der Begriff beschreibt eine Dynamik, innerhalb derer der weiße konservative Mann am meisten besorgt ist, seinen Status quo in der Gesellschaft zu verlieren. Viele Anhänger von Donald Trump lassen sich dieser Kategorie zuordnen; tatsächlich leugnen laut einer Umfrage[152] von MSNBC 65% seiner Wähler den anthropogenen Klimawandel – genauso wie er selbst. Nur die Hälfte glaubt, dass die globale Erwärmung stattfindet.[153] Je jünger die Wähler sind, desto mehr sinkt auch der Anteil der Leugner. Unter den jungen Republikanern der Generation Millennial und Generation Z (die Altersgruppe von 18 bis 39 Jahren) glauben 52%, dass die amerikanische Regierung zu wenig für das Klima tut, im Vergleich zu 41% der Generation X und 31% der *Baby Boomer*. Auch republikanische Frauen (46%) sind eher als republikanische Männer (34%) geneigt zu denken, dass die Bemühungen der Regierung in Bezug auf das Klima unzureichend sind[154]. Diese Tendenz war besonders deutlich im Jahr 2020, wo junge republikanische Wähler durch ihre Haltung zum Klimawandel auffielen. Im Vergleich zu älteren Republikanern sind Millennials und GenZ beispielsweise eher bereit zu sagen, dass der Klimawandel Auswirkungen auf ihre lokale Gemeinschaft hat (43% gegenüber 33%) und dass die US-Bundesregierung zu wenig tut, um die Auswirkungen des Klimawandels zu reduzieren (49% gegenüber 25%)[155]. Trump und seine Anhänger behaupten, dass Klimapolitik mehr Schaden als Nutzen anrichtet, weil sie der Wirtschaft schaden würde oder vielleicht, könnte man sagen, weil sie jede Veränderung der freien Marktwirtschaft fürchten, die bisher ihrer Gruppe am meisten genutzt hat. In Trumps eigenen Worten: „Die Agenda der Linken zielt nicht darauf ab, die Umwelt zu schützen. Sie zielt darauf ab,

Amerika zu bestrafen"[156].

Als Beweis dafür, dass die Studie von 2001 immer noch gültig ist, bestätigt eine weitere Analyse[157] norwegischer Soziologen aus dem Jahr 2018,
finanziert vom Forschungsrat und dem Norwegischen Institut für Natur-
forschung, dieselbe Hypothese auch hier in Europa. „Es ist interessant, inwieweit der Effekt des ‚weißen männlichen' Konservatismus beim Leugnen
des Klimawandels auch außerhalb der USA existiert", schreiben die norwegischen Autoren. McCright und Dunlap argumentieren, dass das Leugnen des
Klimawandels verstanden werden kann als Ausdruck der Beschützung von
Gruppenidentität und der Rechtfertigung eines sozialen Systems, das einem
die gewünschten Vorteile bietet. Die Ergebnisse der Norweger ähneln tatsächlich sehr denen der US-Studie. In Norwegen glauben insgesamt 63% der
konservativen Männer nicht an den anthropogenen Klimawandel, während
es bei der restlichen Bevölkerung nur 36% sind, die den Klimawandel und
die globale Erwärmung leugnen.

Die leugnende Identität des weißen konservativen Mannes ist auch
mit der Analyse verbunden, die den Klimawandelleugnern Misogynie vor-
wirft. Forscher der Chalmers University of Technology in Schweden, die das
weltweit erste akademische Forschungszentrum zum Studium des Klimawandel-Leugnens ins Leben gerufen haben, untersuchten den Zusammenhang zwischen Klimawandelleugnern und der antifeministischen extremen
Rechten: Der Grund für diese Überschneidung liegt in der Angst, das eigene
Identitätsgefühl zu verlieren, das bedroht ist, ebenso wie den Status quo und
„die Männlichkeit der industriellen Moderne im Niedergang". Rechtsextre-
mismus, Misogynie und Klimawandel-Leugnung nähren und stärken sich
gegenseitig. Man denke nur an die Verbalattacken gegen die Abgeordnete
Alexandria Ocasio-Cortez oder jene gegen die kanadische Umweltministe-
rin Catherine McKenna, die berichtete, sie sei als „Klima-Barbie" bezeichnet
und auf Twitter als „Schlampe" beschimpft worden[158], oder auch an die aggressiven Denunzierungen von Greta Thunberg.

Zurück zur norwegischen Studie, die interessanterweise noch einen weiteren Faktor berücksichtigt: Der konservative weiße Mann hat oft xenophobe Standpunkte oder sogar xenophobe Tendenzen, ein Element, das laut der Studie von 2018 zum *Cool-Dudes-Effekt* beiträgt. Wenn man Fremdenfeindlichkeit als eine repräsentative Variable für rechte Ansichten interpretiert, scheint die Klimawandel-Leugnung in Norwegen mit rechtem Nationalismus zu verschmelzen. Das ist kein Zufall. In vielen Fällen gibt es eine Übereinstimmung von Leugnungspositionen und nationalistischen Haltungen, nicht nur in den USA oder Norwegen.

5.

Die Rolle der Politik

Im Mai 2019 sagte der ehemalige Vizepremier Matteo Salvini während einer Kundgebung in Sassuolo: „Seitdem sie vor der globalen Erwärmung gewarnt haben, ist es kalt, es gibt Nebel... Ich warte immer noch auf diese globale Erwärmung."[159] Die Aussage wurde von lautem Gelächter des Publikums begleitet. Der Kommentar ist typisch für populistische Rhetorik, etwas ist schnell gesagt und durch Witze, Tweets und leicht verständliche Slogans gekennzeichnet. Aus einer rein sachlichen Sichtweise ignoriert diese Aussage die grundlegende Unterscheidung zwischen Klima und Wetter und ist daher eine Quelle schwerwiegender Fehlinformationen. Der Klimawandel zeigt sich nicht in lokalen Wetterveränderungen, sondern in langfristigen Trends von Phänomenen. Die Episode erinnert an einen Moment vor einigen Jahren, als der republikanische Senator James Inhofe während einer Rede im amerikanischen Senat im Jahr 2015 einen Schneeball aus einer Tasche zog, um zu beweisen, dass es „sehr kalt" sei und daher keine globale Erwärmung existieren könne[160] (im selben Jahr sagte er auch, dass Papst Franziskus sich „auf seine Arbeit" konzentrieren solle und „wir uns auf unsere"[161]). In einem anderen Senatsvortrag im Jahr 2003 behauptete er, dass die globale Erwärmung „die größte Lüge ist, die dem amerikanischen Volk jemals aufgetischt wurde"[162].

Es scheint also, dass das bevorzugte Argument der Populisten zum Thema Klimawandel lautet: Kälte = keine globale Erwärmung. Die Behauptung einer solch logisch anmutenden Ursache-Wirkungs-Beziehung ist natürlich problematisch, allerdings wird es angesichts der immer greifbareren Beweise für den Klimawandel auch immer schwieriger, diese aufrecht zu erhalten. Derartige rhetorische Argumentationen vermögen aber die öffentlichen Auftritte einiger Politiker zu stützen, da sie sich als einfache Witze auslegen lassen und das Publikum amüsieren. Während eines weiteren Auftritts im Juni 2019 in der Sendung **Non è l'arena**, moderiert von Massimo Giletti auf «La7», sagte Salvini: „Endlich scheint heute wieder die Sonne. Monatelang wurde uns erklärt, es gäbe eine globale Erwärmung und wir haben den ganzen Mai mit Regenschirm, Sturmhaube und Wollhandschuhen verbracht." Populistische Gleichungen lassen sich leicht als solche entlarven, sind aber innerhalb der populistischen Blase sehr effektiv, da sie in jene mentalen Rahmen passen, die im Laufe der Zeit von der Rechten durch erfolgreiche Kommunikationsstrategien gestärkt wurden. Mentale Rahmen (Framing) „bestimmen unsere Sichtweise auf die Welt und folglich unsere Ziele", schreibt Lakoff in seinem Buch **Don't Think of an Elephant**[163]. Wenn Fakten nicht in den mentalen Rahmen passen, vermögen sie keine Gesinnungsänderung zu bewirken, die Fakten werden einfach ignoriert, angefochten oder heruntergespielt. Der Klimawandel passt nicht in das populistische mentale Framing.

Im Winter 2018, als der Mittlere Westen und die Ostküste der USA von einem stürmischen Winter heimgesucht wurden, twitterte Donald Trump: „Was zum Teufel ist mit der globalen Erwärmung los? Komm bald zurück, wir brauchen dich." Im Mai 2019 veröffentlichte «Libero» die Schlagzeile: „Klimaerwärmung? Aber es ist kalt", wobei sie erneut das Konzept des Wetters mit dem des Klimawandels verwechselte, sich somit der Leugnung der populistischen Blase anschloss und auch ihre eigenen Leser verwirrte. Auf den Artikel von «Libero» antwortete «Wired» mit „Lieber Libero, wir erklären dir den Unterschied zwischen Wetter und Klima (und warum ein kalter Mai die globale Erwärmung nicht widerlegt)"; richtig so, obwohl das eigentlich Problematische nicht die fehlende Unterscheidung war, sondern dass eine bestehende Verwirrung über die Unterscheidung zugunsten der Leugner ausgenutzt wurde.

Die Propagandaformel funktioniert, weil es im Bereich des Populismus nicht darauf ankommt, wie offensichtlich die Gleichung falsch ist, sondern dass die Rechnung innerhalb der Blase aufgeht. Lakoff erklärt, dass selbst wenn wir uns der Fakten bewusst sind, diese jedoch nicht mit unseren internalisierten konzeptuellen Strukturen übereinstimmen, sie uns entgehen und wir sie nicht „verarbeiten" können, weil wir sie einfach nicht als solche akzeptieren (können). „Das passiert, wenn Progressive ‚Konservative mit Fakten konfrontieren'. Die von Progressiven präsentierten Fakten haben kaum Auswirkungen auf Konservative, wenn diese keine Schemata besitzen, um sie zu interpretieren", schreibt Lakoff und bezieht sich dabei auf die Kommunikationsdynamik zwischen der amerikanischen Rechten und Linken. Auf kommunikativer Ebene sind die Dinge in Europa oder Italien nicht viel anders, wo populistische Propaganda auf die gleiche Weise funktioniert. Die Art und Weise, wie über die Klimakrise und Klimapolitik gesprochen wird, löst kognitive Prozesse aus, oft unbewusst, die die Reaktionen der Öffentlichkeit zu diesen Themen bestimmen. In populistischen und rechtsnationalen Blasen richtet sich die Kommunikation über den Klimawandel an den Bauch der Wähler und ist mit politischen Konnotationen beladen, die an Ideologien appellieren. In einem Facebook-Beitrag im März 2018 kommentierte Salvini einen Artikel der «La Stampa» über Migration aufgrund der Klimakrise und schrieb: „Verrückt... Ein so ernstes Thema wie die Umwelt zu nutzen, um illegale Einwanderung zu legitimieren". In diesem Fall bezeichnet Salvini die Umwelt als „ein ernstes Thema", um der zweiten Hälfte des Satzes Glaubwürdigkeit zu verleihen; das Ziel ist nicht nur Verwirrung zu stiften, sondern auch den Klimawandel mit Einwanderung in Verbindung zu bringen und das Thema des Klimawandels im Rahmen der Einwanderung zu *framen*. Aufgrund dieser *Framing*-Dynamik sind wissenschaftliche Fakten irrelevant für die populistische Blase, die die Rhetorik des „Klimaschwindels"[164] vorantreibt und uns dazu auffordert, „aufzuwachen", weil uns „die Katastrophenpropheten"[165] ja eine Menge Lügen erzählen.

Einige Experten haben vermutet, dass der Klimawandel zu den Themen gehört, die unter das Dach des logischen Schismas fallen, ein Mechanismus, bei dem zwei gegnerische Parteien unterschiedliche Positionen zu einem Thema einnehmen und keine wissenschaftlichen Daten die beiden Parteien versöhnen können. Die wissenschaftlichen Beweise für den Klimawandel sind jedoch eindeutig: Die Konsenswissenschaft hat 98% erreicht.

Warum also bemühen sich die Leugner dann immer noch so sehr darum, zu manipulieren, zu lügen und Desinformation zu verbreiten? Und warum gehören diejenigen, die den Leugnern angehören, oft den Kategorien der Konservativen oder Populisten an? Diese Polarisierung legt nahe, dass wir alle dazu neigen, nach Informationen zu suchen und sie entsprechend unserer politischen Ideologie zu interpretieren. Wir neigen dazu, dass wenn wir uns mit einer Ideologie oder einer Partei identifizieren, wir selektiv Medien konsumieren, die mit deren Werten übereinstimmen. Das Ergebnis ist oft, dass der Vergleich mit anderen Informationsquellen fehlt und wir anfälliger für Vorurteile und Fehlinformationen werden. Nach Interpretation einiger Forscher ist diese Einstellung im populistischen Denken einerseits Ausdruck des Wunsches, die eigene Gruppenidentität zu schützen und andererseits das Funktionieren eines sozialen Systems zu rechtfertigen, das einem die gewünschten Vorteile bietet. Das Handeln gegen den Klimawandel, wie Ressourcen teilen und Reichtum „umverteilen", ist eine Operation, die nicht in das Konzept der Gewinnmaximierung der Konservativen passen kann. „Eine wachsende Zahl von Menschen auf der extremen Rechten versteht dies nur allzu gut, daher entwickeln sie verschiedene verdrehte Theorien über den Klimawandel, um zu erklären, warum nichts davon geschehen darf", schreibt die kanadische Autorin Naomi Klein in ihrem neuesten Buch **On Fire**.

„Die grüne Agenda ist tatsächlich sehr ehrgeizig; sie fördert zahllose neue Beschränkungen und Vorschriften, die darauf abzielen, die Gesellschaft von oben bis unten neu zu ordnen."[166] Diese Worte, die die große Angst der Leugner vor der Umverteilung des Reichtums zeigen, stammen von Steve Milloy, einem Klimaleugner und dem Gründer der Website namens «Junk Science». Seine engen Verbindungen zu Öl- und Tabakunternehmen sind bezeichnend, denn Milloy hat den wissenschaftlichen Konsens zum Klimawandel und die Risiken des Passivrauchens immer bestritten. Ja, Sie haben richtig gelesen, er hat die Risiken des Passivrauchens für die Gesundheit geleugnet. Milloy war Teil des Übergangsteams der US-Umweltschutzbehörde (EPA) unter Trump und ist auch Kommentator beim Fernsehsender «Fox News»; die Verbindungen zwischen Klimawandelleugnern und konservativen politischen Gruppen sind wichtig, weil diese Verbindung immer präsent ist. Milloy war auch Executive Director der TASSC[167] und Berater für Philip Morris, deren Bilanzen zeigen, dass ihm sowohl 2000 als auch 2001[168] Honorare und Spesen in Höhe von 92.500 US-Dollar prognostiziert wurden. Zwei weitere Organisationen, die an Milloys Adresse registriert sind, erhielten außerdem 40.000 bzw. 50.000 US-Dollar von ExxonMobil[169]. Im Jahr 2020 erlangte er eine prominente Position in der Leugner-Szene, als er in den Vorstand des Heartland Institute aufgenommen wurde, einer konservativen Denkfabrik, die von Big Tobacco und fossilen Lobbygruppen finanziert wird. Schließlich war Steve Milloy einer der Autoren des Siegesmemorandums[170]: „Der Sieg wird erreicht sein, wenn [...] Unsicherheit auf aller Lippen ist". Milloy greift heute nicht nur die Klimawissenschaft an, sondern auch diejenigen, die sich für dringende Maßnahmen zur Bewältigung der Klimakrise einsetzen.

Die wachsende politische Kluft zum Thema Klimawandel hat bedeutende Auswirkungen auf die Klimagesetzgebung. Zum Beispiel unterstützen in den USA 77% der Demokraten die Ausgaben und Kosten von umweltpolitischen Maßnahmen, während nur 36% der Republikaner glauben, dass sich diese Kosten lohnen könnten.[171]

Dieser Trend ist auch auf europäischer Ebene erkennbar. Laut einer Studie des Berliner Instituts Adelphi mit dem Titel **Convenient truths. Mapping climate agendas of right-wing populist parties in Europe**[172], die eine Kartierung der Klimaagenden rechtspopulistischer Parteien in Europa enthält, gibt es nach 2019 eine leichte Zunahme anti-umweltorientierter Positionen. Fortschritte in Bezug auf Klimagesetzgebung sind immer mehr gefährdet, wenn man die zunehmende Anzahl von Klimawandelleugnern innerhalb der europäischen Institutionen betrachtet. Die Studie zielte darauf ab, die empirische Lücke zwischen Rechtspopulismus und Klimawandel zu schließen, indem sie entsprechende Beweise lieferte. Um Standpunkte zum

Klimawandel zu identifizieren, beginnt die Kartierung mit den offiziellen nationalen Wahlprogrammen, öffentlichen Aussagen von Parteiführern und -sprechern, Pressemitteilungen und Informationsquellen der 21 stärksten rechtspopulistischen Parteien in Europa. Die Studie der Adelphi-Forscher zeigt, dass im August 2018 von den 751 Mitgliedern des Europäischen Parlaments (MEP) 151 Mitglieder politischen Gruppen angehörten, die „offen kritisch oder feindlich gegenüber der EU" eingestellt waren. Rechtspopulismus ist tatsächlich ein Trend, der in den letzten Jahren sowohl in den USA als auch in Europa Fuß fasste, mit dem Aufstieg zur Macht in Italien und Österreich sowie der Festigung in Polen, Ungarn und Bulgarien. In Bezug auf das Europäische Parlament hat die Lega gegen alle Vorschläge zur Klimapolitik und Förderung nachhaltiger Energie gestimmt (mit Ausnahme einer Richtlinie zur Energieeinsparung im Bauwesen). Im italienischen Parlament hat sich jedoch auch Giancarlo Giorgetti, Leiter des Ministeriums für wirtschaftliche Entwicklung in der Regierung Draghi, bei der Ratifizierung des Pariser Abkommens enthalten[173]: „Nicht weil er mit dessen Zielen nicht einverstanden ist, sondern weil die erreichte Vereinbarung ein Kompromiss nach unten ist; China und den Entwicklungsländern wird es weiterhin ermöglicht, in unfairer Konkurrenz mit italienischen Unternehmen zu handeln, während diese vollständig umweltfreundlich produzieren.", erklärte der Lega-Abgeordnete Gianluca Pini im Oktober 2016. Es ist interessant festzustellen, dass sowohl Pini als auch Giorgetti im Jahr 2016[174] als Tagesordnung im Parlament vorgeschlagen haben, „die Finanzierung von Studien und Forschungen zur Hypothese der globalen Abkühlung durch die Verlangsamung der Sonnenaktivität"[175] vorzusehen. Die Aussage des Lega-Abgeordneten zeigt auch, dass in der populistischen Blase Klimapolitik mit globaler Zusammenarbeit verbunden ist, von der sich die Politik der Lega klar abgrenzt. Laut der Ergebnisse des Adelphi-Berichts ist das Framing der nationalen Unabhängigkeit typisch populistisch und wird unter dem Vorwand verwendet, die Souveränität des Volkes zu verteidigen oder wiederherzustellen, die der in-

ternen Parteilinie nach durch internationale Abkommen bedroht wird.
Im Zusammenhang damit argumentieren rechte Parteien, dass Klimapolitik „ungerechte" Auswirkungen habe: Die Reduzierung von Emissionen
führe zu steigenden Energiepreisen und koste Menschen ihre Arbeitsplätze. Klimapolitik bedrohe somit nicht nur die soziale Gerechtigkeit, sondern
auch die nationale Souveränität. Die Lega behauptet zum Beispiel, dass Klimapolitik nur den „großen ausländischen multinationalen Unternehmen mit
ihren Mega-Anlagen" zugutekommt.

Es wurde zwar auch über ein Programm zur Umstellung auf Erneuerbare Energien für eine nachhaltige Wirtschaft gesprochen, aber die wenigen umgesetzten Maßnahmen haben eine wirkliche Energiewende ausge-
bremst und dem Gassektor Priorität eingeräumt. Es gab zwar wenige offene
Klimawandel-Leugnungen, aber konkrete Maßnahmen zum Klimawandels
wurden stetig bekämpft, sodass der Adelphi-Bericht Italien unter der Lega
in ihrer Kommunikation zum Klima in die Kategorie „unverbindlich" und
„inkonsequent" einordnet. Die Lega und andere populistische Parteien der
europäischen Rechten rühmen sich eines „grünen Patriotismus", der auf den
Umweltschutz abzielt, aber kein echtes politisches Engagement für das Klima darstellt. Die Ultranationalisten nutzen diese Erzählung, um ihren ideologischen Inhalt zu „verzieren" und so die „patriotische" emotionale Sphäre
der Wähler anzusprechen, betont der Bericht. Laut der Adelphi-Analyse unterstützen diese Parteien, einschließlich der Lega, erneuerbare Energien im
Parteiprogramm und in öffentlichen Erklärungen nur, weil sie als Vorteil für
nationale Industrien und Bevölkerung wahrgenommen werden. Die populistische *Framing*-Strategie greift in diesem Fall die Konzepte der Energieab-
hängigkeit oder der Verbesserung der Lebensqualität auf; ein Beispiel dafür
ist das Argument der Lega zugunsten von „kleinen (solar- und windbetriebe-
nen) Systemen mit hoher technologischer Wertigkeit, bei denen italienisches
Know-how an erster Stelle steht"[176]. Dies führt jedoch nicht zwangsläufig zu
Stimmen für erneuerbare Energien im Europäischen Parlament.[177]

In Bezug auf andere europäische Länder ist diese Studie wichtig, weil sie die Verbindungen zwischen europäischen Rechtsparteien und den bereits in früheren Kapiteln erwähnten amerikanischen CTTs aufzeigt. Zum Beispiel behauptet die deutsche rechtspopulistische Partei Alternative für Deutschland (AfD), dass „Kohlendioxid keine Schadstoffsubstanz"[178] und der Klimawandel eine Lüge sei. Die Partei ist mit zahlreichen österreichischen Forschungsinstituten verbunden, darunter das Austrian Economic Centre, das wiederum mit dem Heartland Institute verbunden ist, von dem wir bereits wissen, dass es vor der Förderung des Klimaleugnens Kampagnenstrategien für die Tabakindustrie umgesetzt hat. Im Mai 2019 berichtete[179] die deutsche Zeitung «Spiegel», dass die AfD eng mit dem European Institute for Climate and Energy (EIKE) zusammengearbeitet und systematisch die Klimawissenschaft angegriffen habe. Es wird auch darauf hingewiesen, dass EIKE auf seiner Website behauptet, dass die Klimapolitik ein „Vorwand" für die Regierenden sei, um „die Wirtschaft und die Bevölkerung kontrollieren" und „die Menschen mit Steuern belasten" zu können[180]. EIKE schürt Hass gegen Fridays for Future Demonstrationen und insbesondere gegen Greta Thunberg, die von einigen Mitgliedern als „Klimaschutzschlampe" bezeichnet wird. Das Heartland Institute ist allerdings auch heute noch eine der aggressivsten Gruppen der Klimaleugnergemeinde. Um die Botschaft des Leugnens voranzutreiben, ist es bereit, alles zu tun. Zwischen 2019 und 2020 rekrutierte es Naomi Seibt, eine 19-jährige deutsche YouTuberin: die perfekte Figur, um sie Greta Thunberg entgegenzusetzen. So hat Seibt den „Klimaalarmismus" von Greta und Wissenschaftlern angeprangert und sich dagegen für „Klimarealismus" stark gemacht, für Menschen, die wie sie selbst skeptisch gegenüber dem Klimawandel sind.

Die zunehmenden Beweise für den Klimawandel und das wachsende Bewusstsein, das von Bewegungen wie Fridays for Future und Extinction Rebellion gefördert wird, scheinen eine Veränderung in der Herangehensweise der Klimawandelleugner erzwungen zu haben, die heute von der Manipulation der Sprache begünstigt wird. Die Leugner haben eine neue Kommunikationsstrategie gefunden, indem sie eine Erzählung von „uns gegen sie" aufbauen, die auf der Schaffung von zwei polarisierenden Rollen basiert: Realisten und Alarmisten. Indem sie die negative Konnotation des Begriffs „Alarmist" ausnutzen, diskreditieren die Klimawandelleugner eine legitime wissenschaftliche Warnung und geben sich als „Realisten". In dieser verdrehten Situation scheinen die Leugner vernünftig, rational und organisiert zu sein. Ein Artikel auf der Website des Heartland Institute zeigt deutlich diese manipulative Gaslighting-Taktik: „Es gibt immer mehr Beweise dafür, dass die Klima-Alarmisten - diejenigen, die die Illusion verbreiten, dass der vom Menschen verursachte Klimawandel die Erde zerstört - immer verzweifelter werden."

Darüber habe ich ausführlich für das amerikanische Magazin «The New Republic» (TNR)[181] geschrieben. Zusammen mit meinem Kollegen Giulio Corsi, Doktorand an der Universität Cambridge, haben wir die Entwicklung dieser Kommunikationsstrategie in den sozialen Medien verfolgt und alle englischsprachigen Tweets gesammelt, die seit dem Start von Twitter im Jahr 2006 eine Reihe von Schlüsselwörtern zum Alarmismus und Klimarealismus enthielten. Wir fanden insgesamt 66.561 Tweets, wobei der erste Tweet, der den Schlüsselwörtern entspricht, erstmals im Dezember 2007 erschien. Während die Verwendung beider Ausdrücke auf Twitter bis 2016 vernachlässigbar ist, mit einer durchschnittlichen Anzahl von weniger als 200 Tweets pro Jahr, begann die Verwendung der beiden Begriffe im Jahr 2016 langsam und erst im Jahr 2019 zuzunehmen. Die gesammelten Daten zeigen, dass zwischen Januar 2016 und März 2020 die Verwendung dieser Begriffe um 900% gestiegen ist, wobei der größte jährliche Anstieg zwischen 2018 und 2019 verzeichnet wurde. Dies ist, wie Sie sich vorstellen können, kein Zufall. Wie schon zuvor beschrieben, war 2019 ein Wendepunkt für das Handeln und das Bewusstsein der Öffentlichkeit in Bezug auf die Klimakrise.

Die Ergebnisse zeigen auch, dass Spitzenaktivitäten von Tweets über

Alarmismus und Realismus oft mit öffentlichen Auftritten von Greta Thunberg zusammenfielen. Tatsächlich wurde der höchste Aktivitätsgrad[182] am Tag ihrer berühmten „How dare you"-Rede auf dem Klimagipfel der Vereinten Nationen in New York, September 2019, verzeichnet. Dieses wiederkehrende Muster des Leugnens hat System: Immer wenn globales Handeln zum Klimawandel eine größere Rolle auf der internationalen Agenda spielt, intensiviert sich die Leugnungskampagne. Die Maschinerie läuft auf Hochtouren, wenn dem Thema in der Poltik höhere Priorität eingeräumt wird, ähnlich wie die Tabakindustrie und ihre Desinformationskampagne ihren Höhepunkt erreichten, als staatliche Regulierungen erlassen werden sollten. Der Begriff „Alarmisten" wurde von Leugnern, wie vorab beschrieben, insbesondere verwendet, um Klimawissenschaftler zu diskreditieren. Aber heute scheint die Dichotomie von Alarmismus und Realismus sorgfältig um die Figur von Greta Thunberg herum aufgebaut zu sein, die von Leugnungslobbys als Stereotyp eines „Klima-Alarmisten" betrachtet wird. Es ist auch bezeichnend, dass im März 2020 die Website «Friends of Science», eine Leugner-Website, die die Theorie vertritt, dass die Sonne für den Klimawandel verantwortlich ist, ein Video mit einem Titel veröffentlicht hat, der die offensichtliche Kommunikationsstrategie zusammenfasst: *Greta oder Naomi: Klimaalarmismus gegen Realismus.*

Wenn die fossile Brennstoffindustrie die Öffentlichkeit überzeugen wollte, oder zumindest einen Teil davon, dass der Klimawandel nicht nur nicht vom Menschen verursacht würde, sondern dass er nicht existiere, mussten sie kreativ werden, um die Wissenschaft zu diskreditieren, die ihr „Produkt" bedrohte. Zweifel säen, verwirren, manipulieren, berechnen, täuschen und desinformieren waren die Vorgehensweisen der Klimaleugnungsmaschine und sind es auch heute noch. Die zunehmenden Beweise für anthropogene globale Erwärmung und Klimaveränderungen in unseren Ökosystemen haben die Aufgabe immer schwieriger gemacht, selbst für Leugner mit tiefen Taschen. Angesichts von Rekordtemperaturen, intensiveren und häufigeren

Bränden, Überschwemmungen und extremen Wetterereignissen, dem Abschmelzen der Eiskappen und dem Anstieg des Meeresspiegels - wie konnte man die Öffentlichkeit weiterhin davon überzeugen, dass der Klimawandel nicht nur keine unmittelbare Priorität hat, sondern auch jenseits der menschlichen (sprich: der fossil-industriellen) Verantwortung liegt? Indem man eine alternative Erzählung schafft, eine parallele Weltsicht, in der Fakten fabriziert werden, Desinformation verbreitet wird, Wissenschaft untergraben und die Wahrheit verzerrt wird. Die Ergebnisse unserer Analyse in „TNR" zeigen, dass zwischen 50% und 60% der Nutzer, die am häufigsten über den Realismus und Alarmismus des Klimawandels twitterten, dem Heartland Institute folgten. Auch dessen liberaler Think Tank verwendete die Begriffe sowohl auf seinem Twitter-Account als auch auf der Website häufig und startete Ende 2019 sogar die Website climaterealism.com, eine klare Investition in diese Strategie.

Die „Youtuber-Phase" des Heartland Institute ist entscheidend für das Verständnis der Leugnungsmaschine. Die Schaffung einer repräsentativen Figur mit starker Online-Präsenz, um Greta Thunberg entgegenzuwirken, war durchweg zielgerichtet. Sie erweckten so den Eindruck, dass nicht nur eine Debatte über den Klimawandel im Gange sei, sondern auch über dessen Ausmaß und der zeitlichen Einordnung seiner Auswirkungen, indem sie Falschinformationen in sozialen Medien verbreiteten und die Polarisierung des Themas verschärften. Die Umdeutung des Klimawandels in eine politische Frage anstatt einer wissenschaftlichen ermöglicht es der Leugnungsmaschine - der fossilen Brennstoffindustrie, konservativen Think Tanks, ultrakonservativen Politikern und ihren Kommunikationsplattformen -, die öffentliche Polarisierung des Themas auszunutzen und weiterhin ihre „eigene Version der Fakten" zu erzählen. Dadurch wird die Wissenschaft irrelevant und die Wahrheit kann verbogen und manipuliert werden, um globale Maßnahmen zum Klimawandel und einen politischen Konsens zur Bewältigung der Klimakrise zu verhindern.

Wie unsere Analyse zeigt, nährt sich die Leugnungsmaschine wie jede Propaganda von Emotionen und nutzt die Angst der Öffentlichkeit vor einer veränderten Erde und dem Gefühl, die Kontrolle über unsere Zukunft zu verlieren. Aber die Rechtfertigung der Leugner-Kampagnen ist immer wirtschaftlicher Natur: Es geht um Macht und Geld. Die Taktiken sind auf dem gesamten wissenschaftlichen Spektrum dieselben, vom Klima bis zur Impfgegnerschaft. Die Themen sind wissenschaftlich, aber die Leugnung macht sie politisch.

Giuseppe Civati schreibt[183]: „Es ist ein politisches Spiel und zuerst ein sprachliches Spiel, das wir erkennen und auch lernen müssen, gegen diejenigen zu spielen, die die Wörter umdeuten und sie nach ihren eigenen Interessen verdrehen". So ist der Klimawandel also zu einer politischen Frage geworden. Deshalb betont auch Naomi Oreskes: „Wenn es um das Streuen von Zweifeln geht, kann man nicht mit Feuer auf Feuer antworten. Man muss die Bedingungen der Debatte ändern; und eine Möglichkeit dies zu tun, besteht darin, die ideologischen und wirtschaftlichen Motivationen aufzuzeigen, die dazu führen, die Wissenschaft zu leugnen, um zu zeigen, dass diese Einwände nicht wissenschaftlich, sondern politisch sind"[184]. Das ist es, was die Leugnung tut: Sie manipuliert Wissenschaft und Fakten und formt die Realität um wie ein Zirkusspiegel, der ein Spiegelbild verfälscht, damit um jeden Preis globale Maßnahmen zur Bewältigung der Klimakrise verhindert werden.

Diejenigen, die sich um die schlimmsten Szenarien sorgen, als „Alarmisten" zu bezeichnen, nutzt außerdem eine der grundlegenden Prinzipien der Wissenschaft zum eigenen Vorteil aus: Die Unsicherheit. Zum Beispiel können Wissenschaftler mit Sicherheit eine Ursache-Wirkungs-Beziehung oder eine Reihe von Szenarien vorhersagen, aber es ist möglich, dass sie nicht genau wissen, welche tatsächlich eintreten werden. Ausserdem können verschiedene Modelle zu unterschiedlichen Ergebnissen führen. Das bedeutet keineswegs, dass die Wissenschaftler keine Ahnung haben, was passieren wird, aber für die Klimaleugner ist diese prinzipielle Unsicherheit Anlass zu der Behauptung, dass Klimawissenschaftler nicht wissen, wovon sie sprechen. Die wissenschaftliche Unsicherheit wird einfach in ihrer gebräuchlichsten und umgangssprachlichen Bedeutung von „Unwissenheit" uminterpretiert, anstatt in der korrekten Bedeutung verstanden, nämlich dass Wissenschaftler sie verwenden, um eine Bandbreite von Möglichkeiten darzustellen.

Unsere Analyse in der «TNR» wurde von den Klimaleugnern nicht gut aufgenommen. Die klimaleugnende Website «Friends of Science» veröffentlichte einen ganzen Artikel, um das zu diskreditieren, was wir über die neue klimaleugnende Strategie festgestellt hatten, und Steve Milloy, über den ich bereits in diesem Kapitel gesprochen habe, twitterte: „Herzlichen Glückwunsch an @SeibtNaomi und @HeartlandInst dafür, dass ihr die Klima-Hosenscheißer weiterhin verrückt macht". Eine Bezeichnung, die Klimaleugner auf Twitter verwendet haben, um unseren Artikel oder vielmehr uns zu diskreditieren, war „climate cultist", was mit „Anhänger einer Klimasekte" übersetzt werden könnte.

Der Begriff „Sekte" impliziert automatisch, dass es um eine Gruppe geht, die außerhalb des *Mainstreams* steht, nur eine Randerscheinung ist und sich aus Menschen mit begrenzter Sichtweise zusammensetzt. Verweise auf pseudoreligiöse Sphären treten erstaunlich häufig auf und werden auch in Italien verwendet, um die Öffentlichkeit in Bezug auf die Klimakrise zu beeinflussen, um Positionen, die die Klimawissenschaft unterstützen, an den Rand des Spektrums zu drängen und den weltweiten Konsens über die Klimawissenschaft herabzusetzen. Ausdrücke wie „Umweltfanatismus" oder Begriffe wie „Fundamentalist" oder „Integrist", die heute eine negative Konnotation in der sozialen Wahrnehmung haben, werden mit Worten wie „Ökologie" kombiniert, um den Eindruck zu erwecken, dass es sich um jemanden mit extremen Ansichten handelt und dieser daher an Glaubwürdigkeit im Kontext eines Themas von öffentlicher Bedeutung verliert. In der Zeitung «Foglio» werden Begriffe wie „Klimapropheten"[185] spöttisch verwendet und die Theorien zum Klimawandel werden zu „Dogmen", bei denen „Widerspruch nicht erlaubt ist"[186]. Das Engagement der Jugendlichen für mehr Klimaschutz wird zum „Kreuzzug der Greta-Jünger"[187]. Zusätzlich verstärkt die Verbindung von Klimawandel mit Religion die Botschaft, dass die Klimakrise eine Glaubensfrage sei und nichts mit realen und physischen Fakten zu tun hat. Mit anderen Worten, die Glaubensfrage neutralisiert den wissenschaftlichen Konsens zum Klimawandel. Manchmal ist der Bezug unverblümt direkt und es wird von der „Religion der globalen Erwärmung" gesprochen. Das Bruno Leoni Institut (IBL) zum Beispiel veröffentlichte auf seiner Website einen Artikel aus dem Jahr 2007 mit dem Titel **Die globale Erwärmung ist die Religion unserer Zeit**, in dem steht: „Die Klimawissenschaft ist momentan nicht in der Lage, das Phänomen der globalen Erwärmung vollständig zu erklären und jedes Alarm-Schlagen spiegelt keine wissenschaftliche Gewissheit wider, sondern eine politische oder ideologische Agenda." Das IBL ist ein italienischer Think Tank, der den freien Markt und eine nicht-interventionistische staatliche Politik[188] unterstützt; außerdem ist es Mitglied[189] der Cooler Heads Coalition, deren Website vom Competitive Enterprise Institute (CEI) bezahlt und betrieben wird, das zuvor als Think Tank mit entscheidender Rolle beim Rückzug der USA aus dem Pariser Abkommen erwähnt wurde. Weitere Mitglieder der Cooler Heads Coalition sind das Marshall Institute, das Heartland Institute und das kanadische Fraser Institute, allesamt zentrale Think Tanks im Netzwerk des Leugnens.[190]

Milloys Reaktionen (auf unsere Studie) sind auch nicht nur im Einklang mit den Leugnungsstrategien, sondern auch mit populistischen Strategien. Schnelle Beleidigungen, vulgäre Sprache, alles, um nicht auf die Inhalte einzugehen und um Aufmerksamkeit umzulenken. Automatisch entsteht ein „wir" gegen „sie". Die negative Etikettierung derjenigen, die wissenschaftliche Fakten und Daten genau analysieren, vertiefen und rekonstruieren, ermöglicht es, sich mit den Inhalten nicht auseinanderzusetzen und unangenehme Gespräche zu vermeiden. Ein wenig konnte diese heftige Reaktion der Leugner aber auch beruhigend wirken: Wenn sie sich aufregen, hast du ins Schwarze getroffen.

Laut dem amerikanischen Blog «Daily Kos»[191] hat Seibt angeblich beschlossen, ihren Vertrag mit Heartland ab April 2020 nicht zu verlängern, da sie möglicherweise mit Geldstrafen von einer regionalen Rundfunkbehörde konfrontiert worden wäre.

James Taylor, Direktor des Arthur B. Robinson Center for Climate and Environmental Policy am Heartland Institute, sagte der «Washington Post» über Seibt: „Sie ist eine fantastische Stimme für den freien Markt und den Klimarealismus"[192]. Ende 2019 veröffentlichte Heartland ein Video mit dem Titel **Naomi Seibt gegen Greta Thunberg: Wem sollten wir vertrauen?**. Das Hauptziel war erneut, die Wahrnehmung einer Debatte zu schaffen, die in Wirklichkeit nicht existiert. Seibt bestritt, etwas mit der AfD zu tun zu haben, aber der «Independent»[193] berichtet, dass einige Berichte darauf hindeuten, dass sie Mitglied der Jugendorganisation der Partei war und bei verschiedenen von der AfD organisierten Veranstaltungen gesprochen hat. Der Artikel weist auch darauf hin, dass Seibts Mutter Anwältin ist und Politiker der AfD vertreten hat.

Am 27. Februar 2020 äußerte Naomi Seibt ihre Meinung zum Klimawandel in einem Interview[194] für Fox News: „Ich glaube absolut, dass der Klimawandel real ist. Man sollte nicht fragen ‚Ist der Klimawandel real?', denn der Klimawandel war schon immer real. Das Klima verändert sich seit Millionen und Milliarden von Jahren. Aber was man wirklich fragen sollte, ist, ob die Menschen tatsächlich den Planeten mit den vom Menschen verursachten CO_2-Emissionen zerstören."

Dana Perino von «Fox News» fragte: „Und wie ist deine Position dazu?"

Seibt antwortete: „Meine Position dazu ist, dass, nein, CO_2-Emissionen dem Planeten nicht schaden. Wenn Sie möchten, kann ich das genauer erklären…"

Perino daraufhin: „Nein, das reicht. Wir haben nicht genug Zeit, um das alles zu vertiefen. Ich wollte nur sicher gehen. Also glaubst du nicht, dass der Klimawandel real ist oder aber glaubst du, dass der Mensch nicht zum Klimawandel beigetragen hat?"

Seibt: „Vielleicht hat er ein bisschen dazu beigetragen, aber ich denke, dass es so unbedeutend ist, dass wir uns nicht darauf konzentrieren sollten. Vor allem sollten wir nichts überstürzen und vermeintliche Lösungen umsetzen, die langfristig nicht wirklich nachhaltig sind."

Die Leugnung des Klimawandels an sich, angesichts der kontinuierlichen und zunehmenden Beweise für die Auswirkungen der globalen Erwärmung auf den Planeten, ist ein Ansatz, den die Leugner in vielen Fällen aufgeben mussten. Aber der neue „weichere" Leugnungsansatz basiert auf Ideen, die nicht weniger gefährlich sind und sich möglicherweise als politisch effektiver erweisen werden, um Untätigkeit beim Klimaschutz zu rechtfertigen. Die Aufmerksamkeit wird in diesen Fällen auf die Verantwortung gelenkt: Es ist nicht unsere Schuld, es ist eine natürliche Tatsache. Und auf die unmögliche Problemlösung: Sich von fossilen Brennstoffen zu verabschieden, funktioniert nicht und wird uns schaden.

Wer glaubt, dass es die Klimaleugnung nicht mehr gibt, ignoriert eine grundlegende Tatsache: Ein Phänomen muss nicht unbedingt klar erkennbar sein, um zu existieren. Man muss nicht offen erklären, dass der Klimawandel nicht existiert, um ein Leugner zu sein. Es gibt heute Formen des „weicheren" Leugnens, die oft eine zentrale Rolle in der öffentlichen Diskussion über die Klimakrise spielen. „Weicher" bedeutet versteckter, schwerer zu erkennen und daher gefährlicher. Zumal diese Positionen oft hinter dem Anschein von Objektivität und Glaubwürdigkeit versteckt sind. Ebenso ist das europäische Netzwerk der Klimaleugner, obwohl weniger strukturiert und sichtbar als das in den USA, ebenfalls sehr aktiv. Die Verbindungen zwischen den fossilen Brennstoffunternehmen, den klimaleugnenden „Akademikern" und der Politik sind weniger institutionalisiert und daher schwerer zu identifizieren. Aber es ist klar, dass die amerikanischen Lobbyisten ihre Tentakel nach Europa ausgestreckt haben. Die dänische Partei Dansk folke-parti (Dänische Volkspartei, DF) leugnet in ihren Erklärungen, dass der Klimawandel anthropogenen Ursprungs ist. Marine Le Pen, die Vorsitzende der rechtsextremen Partei in Frankreich, behauptet, dass der Kampf gegen den Klimawandel eine „kommunistische Verschwörung" sei. Die niederländische Partei für die Freiheit (PVV), bekannt für die stark antimuslimischen und xenophoben Positionen ihres Anführers Geert Wilders, behauptet, dass es keine Beweise dafür gibt, dass der Klimawandel anthropogenen Ursprungs ist. Es wird immer deutlicher, dass es eine enge Verbindung zwischen dem Klimaleugnertum und rechtsextremen nationalistischen Parteien gibt. Ein weiteres wichtiges Element zur Verknüpfung von Rechtsextremen und Klimaleugnern ist die Existenz einer „Verschwörungsgeschichte", wie sie zum Beispiel von Le Pen erzählt wird, bei der die Klimakrise ein quasi „sozialistischer Betrug" von Liberalen oder Progressiven ist und jeglicher Eingriff bzw. das Ergreifen von Klimaschutzmaßnahmen Teil desselben. Personen, die sich als Klimaaktivisten identifizieren oder Aufmerksamkeit und Sensibilisierung für die Klimakrise schaffen, werden oft abwertend als „Umweltaktivisten" oder „Kommunisten" bezeichnet.

Laut einer Studie des Adelphi-Instituts gibt es jedoch eine Unterscheidung zu treffen. Verschiedene Parteien stellen eine Art „grünen Patriotismus" zur Schau, der den Umweltschutz stark unterstützt, lassen aber kein politisches Handeln für den Klimaschutz folgen. Obwohl rechtspopulistische Parteien sich größtenteils gegen Klimaschutzmaßnahmen und Energiewende aussprechen, gibt es gewisse Nuancen, da einige Parteien zum Beispiel erneuerbare Energien unterstützen, um die Luftverschmutzung zu begrenzen und national energieunabhängig zu bleiben oder zu werden. Im Rahmen des Pariser Abkommens von 2015 hat sich die Europäische Union das Ziel gesetzt, ihre Emissionen bis 2030 um 40% zu reduzieren. Das bedeutet in der Praxis, den Übergang zu erneuerbaren Energien zu beschleunigen und den

Verbrauch von fossilen Brennstoffen wie Öl, Gas und Kohle zu reduzieren.

In den Vereinigten Staaten war die Klimaleugnung ein Markenzeichen der Trump-Administration, ebenso wie es bei der Bush-Administration der Fall war, da beide Vertretern der CTT und der fossilen Brennstoffindustrie erlaubten, direkt von innen zu agieren. Im Januar 2021 berichtete die «New York Times»[195], dass ein Beamter der Trump-Regierung, der Klimatologe David Legates, der für die wissenschaftliche Arbeit zum Klimawandel zuständig war, eine Reihe von Dokumente auf einer leugnenden Website veröffentlichte, die die Klimawissenschaft in Frage stellten. Die Dokumente trugen das Logo der Regierung, aber das Weiße Haus bestritt, sie autorisiert oder genehmigt zu haben. Legates, der bereits als einer der Empfänger der E-Mail erwähnt wurde, die vom Leugner Willie Soon geschickt wurde, um den vierten IPCC-Bericht zu schwächen, wurde von seinem Posten entbunden, blieb aber weiterhin in der Trump-Regierung beschäftigt. Das Leugnen war auf der Regierungsebene der USA unter Trump omnipräsent, auch wenn es nicht im Zentrum der öffentlichen Debatte stand.

Der Senator aus Oklahoma, James Inhofe, der zu Beginn des Kapitels erwähnt wurde und den berühmten Schneeball in den Senat gebracht hatte, ist vielleicht der Leugnerpolitiker schlechthin und hat eine starke Kampagne über die von Morano betriebene Website climate-depot.com geführt, die ebenfalls in früheren Kapiteln erwähnt wurde. Inhofe war Mitautor eines Briefes von 22 Senatoren an den damaligen Präsidenten Trump, in dem dieser aufgefordert wurde, die USA aus dem Pariser Abkommen zurückzuziehen. Eine Untersuchung des «Guardian»[196] basierend auf Daten der Federal Elections Commission, durchgeführt vom Center for Responsive Politics, ergab, dass die Öl-, Gas- und Kohleindustrien insgesamt 10.694.284 Dollar an diese Senatoren gespendet hatten, über einen Zeitraum, der mit den letzten drei amerikanischen Wahlzyklen zusammenfällt - mehr als zehn Millionen in vier Jahren. Laut derselben Untersuchung soll Inhofe 465.950 Dollar aus der Gas- und Ölindustrie und 63.600 Dollar aus der Kohleindustrie erhalten haben, insgesamt also 529.550 Dollar in den amerikanischen Wahlzyklen von 2012, 2014 und 2016. Mindestens 90 Millionen Dollar an nicht nachverfolgbarem Geld wurden in den letzten drei Wahlzyklen von Öl-, Gas- und Kohleinteressen an republikanische Kandidaten geleitet, so die Daten der Federal Elections Commission, die vom Center for Responsive Politics analysiert wurden.

Eine im Jahr 2006 veröffentlichte Studie in der «Yale Law & Policy Review»[197] verwendet individuelle Erwartungen und politisch-kulturelle Weltanschauungen als Framing, um die bestehende Polarisierung in Bezug auf die globale Erwärmung zu analysieren. Laut dieser Analyse sind Personen mit einer individualistischen und hierarchischen Weltsicht weniger bereit, Informationen anzuerkennen, die belegen, dass es eine vom Menschen verursachte globale Erwärmung gibt, die bedeutende Gefahren für den Planeten birgt. Personen hingegen, die eine stark egalitäre und gemeinschaftsorientierte Sichtweise haben, akzeptieren den wissenschaftlichen Konsens zum Klimawandel. Die erste Weltsicht repräsentiert die Interessen der Industrie und die Ablehnung des sogenannten Wohlfahrtsstaates, während die zweite soziale Gerechtigkeit, kollektives Handeln und Misstrauen gegenüber multinationalen Unternehmen verkörpert. Die Klimawandelleugnung bleibt eine politische Frage und die Rechten in den USA (und nicht nur dort) erkennen das Thema als einen Grundpfeiler der republikanischen politischen Ideologie an, ähnlich wie Abtreibungsgegner oder Einwanderungsgegner.

Während der Obama-Regierung blühten viele sogenannte Astroturf-Gruppen auf, zunächst gegen die demokratische Gesundheitsreform und später gegen Maßnahmen zum Klimawandel. Der Begriff *astroturf* stammt von einer amerikanischen Marke mit demselben Namen, einem Hersteller von Kunstrasen, der in amerikanischen Stadien verwendet wird. Der daraus abgeleitete Begriff *astroturfing* wurde als Antonym zu *grassroots* (wörtlich „Graswurzeln") geprägt, die Bezeichnung für eine Bewegung oder Politik, die „von unten", also aus der Bevölkerung, kommt. Dieses Konzept, angewendet auf die Realität des Klimawandel-Leugnens, führt dazu, dass Astroturf-Gruppen als Umweltschutzgruppen erscheinen, tatsächlich aber mit dem klaren Ziel gegründet werden, genau jene wirtschaftlichen Interessen zu schützen, die dem Umweltschutz entgegenstehen. Schließlich bleibt Kunstrasen trotz seiner Ähnlichkeit mit echtem Gras immer noch Kunstrasen.

Der Soziologe Bob Brulle sagte im Podcast **Drilled**[198] folgendes über Astroturfing: „Ich glaube, dass man es als nichts anderes als Propaganda bezeichnen muss, Propaganda vermittelt eine einseitige Botschaft, die einen bestimmten Eindruck erzeugen soll, und genau das macht Astroturfing. Und es ist sehr konzentriert, gezielt, extrem gut gemacht und anscheinend ziemlich effektiv."

Heute, in der Welt der sozialen Medien, findet Astroturfing auch auf automatisierte Weise statt: Bezahlte Bots oder Trolle oder eine Kombination aus beiden, vermitteln den Eindruck, als ob eine ganze Gruppe oder Politik erhebliche Basisunterstützung hätte. Ursprünglich war der Begriff Astroturfing verwendet worden, um das Verhalten von Personen zu beschreiben, die online gefälschte Produktbewertungen schreiben oder versuchen, eine „Followerschaft" oder Fangemeinde größer erscheinen zu lassen als sie es tatsächlich ist.

Traditionell spielten die Koch-Brüder eine Schlüsselrolle bei der Finanzierung von Scheinorganisationen wie Americans for Prosperity and Freedom Work und unterstützten die republikanische Tea Party Bewegung und andere republikanische Gruppen beim Klimawandelleugnen. Washington und Cook[199] sprechen in diesem Zusammenhang auch von *greenscamming* (dtsch. „grünes Betrügen") Das Betrügerische hierbei ist, dass sich diese Gruppen als umweltbewusste Organisationen darstellen, aber verdeckt gegen die Interessen arbeiten, die in ihrem eigenen Namen impliziert sind. Eine Studie, die im «Global Environmental Change Journal»[200] veröffentlicht wurde, analysierte über 16.000 online veröffentlichte Dokumente zwischen 1998 und 2013 von US-amerikanischen Gruppen wie dem Heartland

Institute, dem Cato Institute und dem American Enterprise Institute. Die Studie ergab, dass Klimawandelleugner in den USA ihre Angriffe auf die Wissenschaft verstärkten, um die Leugnungsbewegung am Leben zu erhalten. Laut vielen Autoren nahmen die zunehmenden Angriffe auf die Klimawissenschaft in diesen Jahren als Reaktion auf die Wahl des demokratischen Kandidaten Obama zu.

Die Dynamik des Profits und die Rolle des Geldes in Interessen- und Machtpolitik stellen das größte Hindernis im Kampf gegen den Klimawandel dar. Anlässlich eines Interviews[201], das ich mit Amitav Ghosh führte, sagte der Schriftsteller, dass „die Bewertung globaler Machtverhältnisse ein entscheidender Faktor für unser Schicksal in Bezug auf fossile Brennstoffe war und weiterhin ist. Es genügt zu sagen, dass fossile Brennstoffe - ihre Förderung und ihr Transport - zentral für die globale Machtstruktur sind."

Deshalb haben diejenigen, die an der Macht sind, so viel Angst vor dem ökologischen Wandel. „Eine Veränderung würde den Vereinigten Staaten und dem Westen im Allgemeinen einige der entscheidenden wirtschaftlichen und strategischen Vorteile nehmen, die gerade durch die Kontrolle des globalen Ölkreislaufs entstanden sind", fügte Ghosh hinzu. Und deshalb begünstigt das politische Spiel oft einige Gruppen auf Kosten anderer und schafft einen Mechanismus, bei dem bestimmte Fragen zwangsläufig vom politischen Entscheidungsprozess ausgeschlossen werden.

6.
Das Netzwerk der Finanzierung
von Big Oil zu Big Tech

Die Leugner-Architektur steht vor allem dank des komplexen Netzwerks von Finanzierungen auf einem festen Fundament. Ein Netzwerk, das um die Ölgesellschaften und privaten Stiftungen kreist, deren Gewinne aus Produkten stammen, die zur globalen Erwärmung führen. Laut einem Bericht[202] von InfluenceMap geben die fünf größten Öl- und Gasunternehmen fast 200 Millionen Dollar pro Jahr aus, um Druck auszuüben und um Klimapolitik zu verzögern, zu kontrollieren oder zu blockieren. Darüber hinaus haben sie in den drei Jahren nach dem Pariser Abkommen über 1 Milliarde Dollar in Aktienfonds investiert, um irreführendes Klima-Branding zu entwickeln[203].

Wie bereits erwähnt wurde, ist ExxonMobil das bekannteste Unternehmen, das diese Art von Lobbyarbeit betreibt und seit 1998 mehr als 31 Millionen Dollar für die Förderung der negationistischen Industrie ausgegeben hat[204]. Im Jahr 2007, nach Jahren negativer Publicity für ihre Finanzierungspolitik des Leugnens, kündigte ExxonMobil die Einstellung der Finanzierung einiger Leugnergruppen an[205] und 2015 tat dies auch BP. Im Februar 2015 gaben BP und Shell ihre Absicht bekannt, sich für die Reduzierung von Emissionen und Investitionen in erneuerbare Energien einzusetzen. Zumindest in Worten. Tatsächlich hat BP nicht nur weiterhin amerikanische Politiker finanziert, die die Klimawissenschaft leugnen, wie Senator James Inhofe, sondern auch ExxonMobil hat „heimlich"[206] mehr als 300.000 Dollar zwischen 2005 und 2010 für die Finanzierung der Arbeit des Leugners Willie Soon bereitgestellt, lange nachdem das Unternehmen angekündigt hatte, diese Finanzierungen zu kürzen[207]. Eine Untersuchung[208] von Greenpeace hat unter anderem enthüllt, dass Willie Soon nicht angegeben hat, dass Exxon und andere Unternehmen im Bereich fossiler Brennstoffe seine Arbeit finanziert haben. Seit 2007 hat das Ölunternehmen zudem 1,87 Millionen Dollar an republikanische Mitglieder des amerikanischen Kongresses und weitere 454.000 Dollar an den American Legislative Exchange Council (ALEC)[209] geleitet, eine amerikanische Organisation mit immenser Macht, die fast ausschließlich von privaten Unternehmen finanziert wird und als Brücke zwischen

Gesetzgebern und Unternehmen dient, um Gesetze zu fördern, die ihre Gewinnmargen begünstigen können[210]. In einem Modellgesetzentwurf, der am 1. Januar 2002 eingeführt und später am 12. Januar 2017 geändert wurde, erklärt ALEC, dass „der Klimawandel ein historisches Phänomen ist und die Debatte über natürliche und menschengemachte Ursachen weitergehen wird. ALEC wird diese Frage weiterhin beobachten und die Anwendung von *Sound Science* unterstützen.“[211] Es ist bemerkenswert, dass hier die Begriffe „Debatte“ und „Sound Science“ verwendet werden.

Die Millionen Dollar, die Exxon seit den 90er Jahren für Klimawandelleugner ausgegeben hat, übersteigen sogar den Betrag, den das Unternehmen in seine bahnbrechende Klimaforschung an Bord der Esso Atlantic investiert hatte. „Sie hatten dafür so viel Geld ausgegeben und waren das einzige Unternehmen, das diese Art von Forschung betrieben hat, soweit ich weiß", sagte Edward Garvey, Forscher im Ölprojekt von Exxon, in einem kürzlichen Interview mit «Inside Climate News» und «Frontline»[212]. „Das wäre nicht nur eine Möglichkeit gewesen, einen Platz am Tisch zu bekommen, sondern auch, in vielerlei Hinsicht die Führung über einige der Diskussionen [über das Klima] zu übernehmen. Und die Tatsache, dass sie sich entschieden haben, dies in Zukunft nicht mehr zu tun, ist traurig.“ Es ist ein recht beunruhigender Gedanke, dass wenn Exxon damals weiterhin in Forschung, Wissenschaft und erneuerbare Energien investiert hätte, wir heute eine sehr unterschiedliche Welt kennen würden und eine sehr unterschiedliche Zukunft vor uns hätten. Aber der sofortige Profit hatte wohl schwerer gewogen und diese Prämisse führte zur direkten Einmischung in das reibungslose Funktionieren von Umweltschutzmaßnahmen.

Wie bereits erwähnt, haben Untersuchungen acht Jahre nach der Ankündigung, die Finanzierung der Klimawandelleugnung einzustellen, ergeben, dass ExxonMobil weiterhin Millionen von Dollar ausgegeben hat, um Versuche zur Bekämpfung der Klimakrise zu blockieren. Greenpeace hat auf seiner Website «Exxon secrets»[213] eine Liste von 124 Organisationen veröffentlicht, die im Laufe dieser Zeit von Exxon finanziert wurden. Es ist ganz klar, dass das Geld, das von fossilen Brennstoffunternehmen zu Leugner Think Tanks fließt, im Interesse dieser Unternehmen eingesetzt wird. Auch **Climate CoverUp**[214] von James Hoggan, Autor und Mitbegründer der kanadischen Website «DeSmogBlog», die das Leugnen des Klimawandels anprangert, verfolgte den Kapitalfluss von Unternehmen wie Exxon zu CTTs und Frontgruppen, die Manipulationskampagnen durchführten. Aber seit der Veröffentlichung von **Climate CoverUp** im Jahr 2009 hat sich einiges geändert: Erstens sind die betreffenden Geldsummen erheblich gestiegen und zweitens werden die Finanzierungen über nicht zurückverfolgbare Transaktionen über Dritte getätigt, so dass der Geldgeber verborgen und nicht so leicht zu identifizieren ist[215]. Viele Unternehmen haben also weiterhin verdeckt investiert, um Kampagnen gegen die Umsetzung jeglicher Art von Umweltpolitik zu fördern.

Im Jahr 2015 sagte Dunlap[216]: „Alle diese Unternehmen, die negative Schlagzeilen bekamen, erkannten, dass sie immer noch konservative Think Tanks finanzieren konnten. Exxon und BP können weiterhin Geld bereitstellen und gleichzeitig Schritte im Kampf gegen den Klimawandel unternehmen, um ihre Emissionen zu verringern."

Dieser *Kniff* erlaubt es den Unternehmen der fossilen Brennstoffindustrie, weiterhin ihre Profite zu maximieren, ohne negative Schlagzeilen zu erzeugen. Die Unternehmen haben so gelernt, „die Öffentlichkeit zu besänftigen"[217]. Der Umweltsoziologe Robert Brulle war einer der ersten, der das weitreichende Netzwerk versteckter Finanzierungen untersuchte und feststellte, dass man „hinter die Kulissen"[218] schauen müsse, um die treibende Kraft der Leugnungsmaschine wirklich zu verstehen. Laut seiner Analyse[219] haben von 2003 bis 2010 140 Stiftungen insgesamt 558 Millionen Dollar an fast 100 leugnende Organisationen weitergeleitet. Der größte Geldfluss stammt von zwei bestimmten Gruppen, die im Verborgenen agieren: dem Donors Trust und seinem verbundenen Donors Capital Fund, auch bekannt als der „Geldautomat des dunklen Geldes" (Engl.: *dark money ATM*) der konservativen Bewegung. Die Hauptempfänger des „dunklen Geldes" sind die Heritage Foundation, das Cato Institute, das American Enterprise Institute und die Americans for Prosperity Foundation, die von den Ölmagnaten Charles und David Koch gegründet wurde. Bei den Präsidentschaftswahlen 2012, als der Demokrat Obama seinen republikanischen Gegner Mitt Romney besiegte, wurden mehr als 49 Millionen Dollar oder 51% der Finanzierung von Donors Trust und Donors Capital Fund für die Förderung des Klimaleugnens und zur Bekämpfung von Umweltschutzpolitik eingesetzt. Donors Trust und sein verbundener Fonds wurden 1999 als Anhang der Koch-Industrien gegründet und die Führungskräfte des Koch-Konzerns erkannten schnell, dass eine Regulierung von Kohlenstoffemissionen ein finanzielles Desaster für das Unternehmen wäre, da es Milliarden von Dollar in teure Ölverarbeitungsinfrastruktur investiert hatte. Sie verstanden sofort, dass eine Begrenzung der Treibhausgasemissionen die Nachfrage nach Öl verringern und den Wert des Gutes sowie zukünftige Verkäufe senken würde.

Laut einer im Jahr 2015 in der Zeitschrift «Proceedings of the National Academy of Sciences» (PNAS) veröffentlichten Studie[220] waren Organisationen, die von Unternehmen wie Exxon finanziert wurden, mit größerer Wahrscheinlichkeit negativ gegen die Konsens-Klimawissenschaft eingestellt als solche, die keine solche Finanzierung erhielten. Im selben Jahr entdeckte eine weitere Studie[221] in «Nature Climate Change», dass Organisationen, die von Exxon und den Koch-Brüdern finanziert wurden, am erfolgreichsten darin waren, die Kommunikation des Klimawandel-Leugnens in den Medien zu platzieren.

Alle wollen dieselbe Botschaft vermitteln: Dass Regierungsprogramme mehr Schaden als Nutzen anrichten können und dass nur die Kräfte des Marktes die Macht und das Privileg haben, die Gesellschaft zu formen. Koch kontrolliert eine „Armee von Marionetten"[222], die zur Americans for Prosperity Foundation gehören: Es gibt diejenigen, die damit beauftragt sind, sich gegen Klimaschutzgesetze zu stellen, und es gibt diejenigen, die Druck auf Gesetzgeber ausüben. Laut Greenpeace belaufen sich die Finanzmittel der Koch Family Foundations seit 1997 (dem Jahr von Kyoto) auf über 145 Millionen US-Dollar.[223] Darüber hinaus ist es interessant festzustellen, dass seit dem Wahlzyklus von 1990 mehr als zwei Drittel der Beiträge aus der fossilen Brennstoffindustrie an Republikaner[224] gegangen sind. Im Jahr 2020 haben insbesondere Unternehmen der fossilen Brennstoffindustrie 83% ihrer Finanzmittel an republikanische Gruppen und nur 17% an demokratische Gruppen geleitet[225]. Im Jahr 2016, dem vorherigem Präsidentschaftswahljahr, lagen die Prozentsätze bei 87% bzw. 12%[226]: Es ist also zu erkennen, dass die Finanzierung aus der fossilen Brennstoffindustrie für Demokraten leicht zunimmt.

Schon diese Daten machen deutlich, dass fossile Brennstoffunternehmen nicht mit der Absicht finanzieren, Stimmen zu kaufen, sondern in Kandidaten investieren, die bereits einen anti-umweltorientierten Kurs eingeschlagen haben. Dieser Trend wird in einem Artikel[227] bestätigt, der im März 2020 in «Proceedings of the National Academy of Sciences» veröffentlicht wurde und die finanziellen Beiträge zum Kongress untersucht, indem er die Daten der Wahlkampfspenden über einen Zeitraum von 28 Jahren von 1990 bis 2018 verwendet. Das bedeutet, dass die fossile Industrie statt zu versuchen, Stimmen zu beeinflussen, eher dazu neigt, Kongressabgeordnete zu unterstützen, die bereits politische Positionen vertreten, die mit ihren eigenen übereinstimmen.

Die Ergebnisse der Studie unterstützen tatsächlich stark die Investitionsthese: Umso mehr ein Gesetzgeber gegen Gesetzesvorschläge zum Umweltschutz stimmt, desto mehr Geld erhält er später von Öl- und Gasunternehmen zur Unterstützung seiner Wiederwahl. Zum Beispiel führte die Reduzierung der Zustimmung zu Umweltschutzpolitik um 10% im Jahr 2014 zu einer zusätzlichen finanziellen Unterstützung von 5.400 Dollar für Wahlkampagnen seitens der Öl- und Gasunternehmen im Jahr 2016.[228]

Der Einfluss der fossilen Brennstoffindustrie durchdringt die gesamte Gesellschaft und betrifft sogar die akademische Forschung. Benjamin Franta, Forscher an der Stanford University und Autor der zuvor zitierten Studie über die Beteiligung des API an der Klimawandelleugnung seit den 80er Jahren, hat weiter gegraben, um mehr über den Einfluss der Ölunternehmen auf die Klimawissenschaft und die politische Forschung herauszufinden. Einen ersten Hinweis bekam er, als er noch Student an der Harvard University war und sich der Bewegung anschloss, den Campus zum Ausstieg aus fossilen Brennstoffen zu ermutigen. In einem Interview mit Amy Westervelt für die Untersuchung **Drilled**[229] erklärte Ben Franta, dass Dozenten, die sich aktiv gegen das Engagement der Gruppe aussprachen, fast immer von der fossilen Brennstoffindustrie finanziert wurden. Eines Tages rief der Forschungsdirektor der Kennedy School of Government die Forscher in sein Büro und bat sie, keine Fragen zum Finanzierungshintergrund ihrer Forschung zu beantworten. Dieses Ereignis veranlasste Franta dazu, herauszufinden, welche Finanzierungen von den Ölunternehmen auf dem Universitätsgelände denn genau stattfanden und wie viel Einfluss diese Finanzierungen innerhalb der Universität hatten. In Zusammenarbeit mit Jeffrey Supran an der Harvard University fand Franta heraus, dass die Mehrheit der Sponsoring-Gelder von fossilen Brennstoffgruppen stamme und die größten Geldgeber in der Regel selbst Produzenten seien. „Wir sprechen hier nicht von unbekannten Universitäten, die im Herzen des Kohlelandes versteckt liegen", betont Franta während des Interviews.[230] „Für die fossile Industrie gilt, umso renommierter die Universität, desto besser [...] mit Forschungszentren an Stanford, MIT, Harvard und anderen."

Die MIT Energy Initiative, das führende Energieforschungsinstitut, wurde von den fossilen Brennstoffproduzenten ExxonMobil, Shell und Eni gegründet[231], dem italienischen multinationalen Unternehmen in den Bereichen Öl und Gas. Laut der Untersuchung von Franta und Supran[232] hat das MIT auch 185 Millionen Dollar von David Koch erhalten. In Stanford, Kalifornien, hat ExxonMobil[233] eine Spende von 100 Millionen Dollar für das Global Climate and Energy Project[234] angekündigt. Das Energy Biosciences Institute an der University of Berkeley hingegen ist das Produkt[235] eines 500-Millionen-Dollar-Abkommens mit BP, einem Abkommen, das dem Unternehmen die Möglichkeit gibt, zu entscheiden, welche Forschungsprojekte finanziert werden und welche nicht. Sie können sich vorstellen, wie problematisch dies im akademischen Bereich sein kann. Es gibt ein wiederkehrendes Muster, das von Franta und Supran identifiziert wurde, bei dem Experten, die objektiv sein sollten, und Forschungszentren, die unabhängig sein sollten, faktisch mit der Industrie verbunden sind, die Gegenstand ihrer Studien ist. Sie schreiben: „Es wäre stark untertrieben zu sagen, dass diese Experten und Forschungszentren Interessenkonflikte haben. Viele von ihnen existieren nur dank der fossilen Brennstoffindustrie und sind industrielle Projekte mit dem Anschein von Neutralität und Glaubwürdigkeit, die ihnen durch die akademische Welt verliehen werden."[236] Und sie fügen hinzu: „Zum Vergleich: Stellen Sie sich vor, die öffentliche Gesundheitsforschung würde hauptsächlich von der Tabakindustrie finanziert werden."

Diese Verbindungen stärken den Mechanismus, durch den viele fossile Brennstoffunternehmen die Klimawissenschaft und den Konsens über die globale Erwärmung öffentlich akzeptieren, aber weiterhin im Verborgenen handeln, indem sie leugnende Kampagnen gegen die Wissenschaft unterstützen oder die Kontrolle über die Energie-Forschung durch ihre Lobbyarbeit aufrechterhalten.

Aber die Kolonisierung der akademischen Welt durch die fossile Brennstoffindustrie ist nicht nur ein amerikanisches Problem. In Italien haben einige Universitäten Kooperations- und Beratungsverträge mit dem Ölmulti Eni unterzeichnet. Im akademischen Jahr 2019-2020 bot die Universität Mailand zum Beispiel in Zusammenarbeit mit Eni einen Masterstudiengang in „Erdwissenschaften" (Scienze della Terra) an, dessen Ziel es war, „fortgeschrittene Fähigkeiten für die Arbeit im Bereich geologischer Dienstleistungen für Erdölexploration und -produktion zu vermitteln"[237].

Auch im Bereich von Social Media lassen sich Geldflüsse identifizieren, die die Aktivitäten der Klimawandelleugner unterstützen. Laut einer Analyse von 2019 haben die Ölriesen allein auf Facebook und Instagram zwei Millionen Dollar für gezielte Anzeigen zur Förderung einer erhöhten Produktion fossiler Brennstoffe ausgegeben[238]. Die Analyse[239] legt außerdem nahe, dass Öl- und Gasunternehmen sowie ihre verbundenen Handelsgruppen seit Mai 2018 allein in den USA 17 Millionen Dollar für politische Werbung auf Facebook ausgegeben haben.

Laut Robert Brulle, einem Umweltsoziologen an der Drexel University, „ist Facebook mitschuldig an der Verbreitung von Desinformation über das Klima"[240]. Diese Worte kommen nach der Entscheidung der Plattform im Juni 2020, ein Schlupfloch in ihr Faktencheck-System einzubauen. Und raten Sie mal, wer Druck gemacht hat, um dieses Schlupfloch zu bekommen? Die Klimawandelleugner. Insbesondere die CO_2 Coalition, die enge Verbindungen zur fossilen Brennstoffindustrie hat und plant, Facebook aggressiv zur Verbreitung von Klimadesinformationen zu nutzen, ohne sich um den Faktencheck durch Klimawissenschaftler kümmern zu müssen[241]. Bis zum Sommer 2020 arbeitete Facebook mit der Organisation Science Feedback zusammen, einer Schwesterorganisation von «Climate Feedback», die die Genauigkeit von Inhalten bewertet. Die neue Facebook-Methodik besteht nun darin, zweifelhafte Inhalte intern als „Meinung" zu kennzeichnen, um sie dem Faktencheck zu entziehen und alles durchzulassen, einschließlich der Desinformation der Leugner. Ein Artikel des Klima-Newsletters «Heated», verfasst von der amerikanischen Journalistin Emily Atkin[242] geht auf diese Masche genauer ein und erklärt, wie die Schaffung einer „Ausnahme" für „Meinungs"-Inhalte eine gefährliche Hintertür für Desinformation schafft, die von den Leugnern zu ihrem Vorteil genutzt wird.

Im Oktober 2020 kündigte Facebook an, Inhalte zu verbieten, die den

Holocaust „leugnen oder verzerren"[243]. Außerdem sollten einige Inhalte entfernt werden, die die QAnon-Verschwörungstheorie fördern, deren Anhänger unter anderem glauben, dass Demokraten Satan anbetende Hollywood-Stars sind und Milliardäre die Welt durch Pädophilie, Menschenhandel und die Schaffung einer lebensverlängernden chemischen Substanz aus dem Blut misshandelter Kinder kontrollieren. QAnon existiert seit Jahren in extremistischen Blogs, ist aber 2020 während sozialer Unruhen und der Unsicherheit der Pandemie explodiert. Dies ist wichtig zu beachten, denn einerseits gewinnt Facebook durch das Verbot dieser Inhalte an Image und Reputation, andererseits erzielt es zwar keine monetären Gewinne durch die Erlaubnis, beispielsweise Inhalte zu behalten, die QAnon unterstützen, aber auf jeden Fall entstehen ihm keine Verluste. Es ist eine Win-Win-Situation.

Was das Klimawandelleugnen betrifft, lief es etwas anders. Am 14. September 2020 startete Facebook das Climate Science Information Center und erklärte, dass es sich von nun an verpflichte, Desinformation über das Klima durch sein Fact-Checking-Programm anzugehen. In der Zwischenzeit wurden jedoch mindestens 8 Millionen Mal Anzeigen auf Facebook gesehen, die die Realität der Klimakrise leugneten, wie InfluenceMap[244] herausgefunden hat. Die identifizierten 51 Anzeigen mit Klima-Desinformation behaupten, dass der Klimawandel eine Lüge sei und säen Zweifel und Verwirrung über die Klimawissenschaft. Laut InfluenceMap wurde nur eine dieser Anzeigen von Facebook entfernt. Die Anzeigen sind gezielt: Sie richten sich insbesondere an Männer über 55 Jahre in ländlichen Gebieten der USA, was dem sogenannten *white male effect* entspricht. Darüber hinaus bieten die Anzeigen, die an Personen im Alter von 18 bis 34 Jahren gerichtet sind, Argumente, die zukünftigen Auswirkungen des Klimawandels in Frage stellen, während diejenigen, die an Nutzer über 55 Jahren gerichtet sind, Werbung zeigen, in der die Ursachen des Klimawandels bestritten werden. Auch dies ist eine interessante Tatsache, die die Veränderung der Leugnungstrategien von einer härteren zu einer weicheren Linie widerspiegelt. Die von InfluenceMap identifizierten Gruppen, die Facebook-Werbung nutzen, um Klimadisinformationen zu verbreiten, haben einen Gesamtumsatz von etwa 68 Millionen Dollar pro Jahr. Darunter sind das Competitive Enterprise Institute und die CO_2 Coalition.

Im Februar 2021 kündigte Facebook dann an, das Climate Science Information Center „auszuweiten und zu verbessern"[245], indem es einen Abschnitt hinzufügt, der gängige Klimamythen entlarvt, und informative Etiketten zu einigen Klimabeiträgen einführt, die Benutzer zum Informationszentrum weiterleiten[246].

In der Welt der Big Tech Unternehmen scheint Facebook nicht das einzige umstrittene Objekt zu sein. Laut einer Untersuchung des «Guardian»[247] hat auch Google politisch motivierte Zahlungen an einige Leugnerorganisationen wie das Competitive Enterprise Institute geleistet, dem US-amerikanischen Think Tank, der eine Schlüsselrolle bei der Entscheidung des ehemaligen Präsidenten Trump spielte, sich aus dem Pariser Abkommen zurückzuziehen. Die Liste der von Google finanzierten Organisationen, die vom «Guardian» im Jahr 2019 veröffentlicht wurde, umfasst auch ein Institut, das versucht hat, nachhaltige Politik zu behindern und den Klimanotstand in Frage zu stellen, sowie eine Gruppe, die behauptet, dass das Pariser Abkommen Teil des „verheerenden Erbes" von Barack Obama sei und zahlreiche andere Einrichtungen, die gegen gesetzliche Beschlüsse für mehr Umweltschutz ankämpfen. Google war auch einer der Sponsoren der jährlichen Konferenz des State Policy Network, einer Organisation, zu der einige derjenigen gehören, die eine Website ins Leben gerufen haben, auf der behauptet wird, dass es „unserer natürlichen Umwelt besser geht"[248] und es „keine Klimakrise"[249] gibt - beides Aussagen, die eindeutig die Realität des Klimawandels verfälschen.

Die Untersuchung nennt nicht den genauen Geldbetrag, der an diese Einrichtungen überwiesen wurde, betont jedoch, dass auf einer von Google erstellten Webseite steht, dass die „Spenden" erheblich seien. Die englische Zeitung hat das multinationale Unternehmen um einen Kommentar gebeten, jedoch ohne Erfolg. Laut einer anonymen Quelle, die vom «Guardian» interviewt wurde, scheint Google nicht mit der Klimawandelleugnung in Verbindung gebracht werden zu wollen, da diese Finanzierungen nichts mit den von dem Unternehmen implementierten Richtlinien zu tun hätten, sondern vielmehr ein Versuch des Unternehmens seien, Lobbyarbeit gegen die Regulierung der Big Tech Branche zu betreiben. „Google muss Freunde finden, wo immer es kann", berichtet die Quelle[250]. Laut der im «Guardian» zitierten Quelle stellen die Finanzierungen nicht nur eine wohltätige Spende dar, sondern sind ganz klar Teil des Versuchs, die Agenda dieser Organisationen zu beeinflussen. Ein Sprecher des Unternehmens versuchte den Fall herunterzuspielen, indem er darauf verwies, dass es auch viele andere Unternehmen gäbe, die Gruppen finanzieren, deren Politik und Meinungen sie selbst nicht unbedingt teilen[251].

Im Mai 2020 veröffentlichte Greenpeace einen Bericht mit dem Titel **Wie Big Tech Unternehmen Big Oil dabei helfen, vom Klimawandel zu profitieren**[252], der 14 Verträge zwischen den drei größten Big Tech Unternehmen Microsoft, Google und Amazon und den führenden Ölgesellschaften aufdeckte. Trotz des Engagements der größten Big Tech Unternehmen im Kampf gegen den Klimawandel, zumindest nach außen, haben alle Verbindungen zu einigen der „schmutzigsten Ölgesellschaften der Welt", mit dem ausdrücklichen Ziel, „mehr Öl und Gas aus dem Boden zu fördern und schneller und kostengünstiger auf den Markt zu bringen"[253]. „Um ihre Klimaziele zu erreichen, müssten Google, Microsoft und Amazon die Kohlenstoffemissionen in ihren Betrieben reduzieren und sich öffentlich von Kunden distanzieren, die die Klimakrise verschlimmern", heißt es in dem Greenpeace-Bericht.

Sich von der Leugner-Bewegung zu distanzieren wäre vor allem wichtig, weil das ein weiteres Hindernis für den freien politischen und wirtschaftlichen Handel der fossilen Brennstoffunternehmen darstellen würde. Zumal die fossile Brennstoffindustrie heute auf eine sehr effektive Strategie setzt, um ihren schlechten Ruf zu verbergen. Grüne Politik zu fördern, um die Aufmerksamkeit der Öffentlichkeit von der eigenen Verantwortung für die Umweltverschmutzung abzulenken, hat einen Namen: *Greenwashing*. Laut InfluenceMap[254] täuscht das *Branding* der fossilen Brennstoffindustrie zum Klimaschutz die Öffentlichkeit über das Ausmaß der von ihnen selbst ergriffenen Maßnahmen. Tatsächlich erhöhen die Unternehmen ihre Investitionen in die Öl- und Gasförderung massiv, obwohl sie öffentlich und öffentlichkeitswirksam die Notwendigkeit des Umweltschutzes unterstützen. Es wurde geschätzt, dass die Ausgaben im Jahr 2019 auf 115 Milliarden Dollar steigen würden, wobei nur 3% der Mittel für Projekte mit geringeren Kohlenstoffemissionen vorgesehen waren.

Das Greenwashing ist im Wesentlichen eine irreführende Praxis, um Umweltvorteile eines Produkts, einer Dienstleistung, einer Technologie oder einer Marketingkampagne zu bewerben. Das ist problematisch, weil es das Unternehmen engagierter erscheinen lassen kann, als es tatsächlich im Bereich des Umweltschutzes ist. Das Wort Greenwashing entsteht aus der Kombination von zwei Wörtern: *green* (grün) und *whitewashing*, das Verschleiern unangenehmer Tatsachen. Der Begriff repräsentiert daher den Trend vieler Unternehmen, sich mit vermeintlich umweltfreundlichen Haltungen zu bewerben, um einen höheren Gewinn zu erzielen. Unternehmen, die Greenwashing betreiben, investieren mehr Zeit und Geld in das „grüne" Marketing als in die Implementierung umweltfreundlicher Praktiken. Somit ist Greenwashing nicht nur irreführend, sondern in der Regel auch ein Symptom für etwas Größeres, das das Unternehmen so weit wie möglich unter Verschluss halten möchte.

Hand in Hand mit dem Greenwashing geht das Konzept des individuellen ökologischen Fußabdrucks. Erinnern Sie sich an „den Mythos des grünen Verbrauchers" von Tielbeke? Der Journalist berichtet in seinem Buch[255] davon, dass für eine Kampagne von BP, die das Image eines umweltbewussten

Unternehmens aufbauen sollte, im Jahr 2005 ein Rechner entwickelt wurde, mit dem jeder seine CO_2-Emissionen messen konnte. „Die unterschwellige Botschaft war: Niemand ist ohne Sünde, also erwarten Sie nicht, dass wir etwas ändern, solange Sie es nicht tun"[256], schreibt Tielbeke.

Der Mann, der das Greenwashing erfand, heißt Bruce Harrison und das von ihm im Jahr 1973 gegründete Unternehmen E Bruce Harrison Company führte den ersten Kampf gegen Umweltaktivisten im Auftrag der chemischen Industrie. Ende der 1970er Jahre erkannte Harrison, dass der Angriff auf Umweltaktivisten zu viele Nachteile hatte und änderte seine Strategie. Er lehrte seine Kunden die Kunst der „Unternehmens-Tarnung", eine Strategie, die von Umweltgruppen später als Greenwashing bezeichnet wurde. Gemäß einer Anekdote des Soziologen Bob Brulle[257] reagierte Harrison auf den Erhalt einer Kopie von Rachel Carsons Buch **Silent Spring** (einem kraftvollen Anklagebuch aus dem Jahr 1962 über den Einsatz von Pestiziden und anderen chemischen Substanzen wie DDT - „die Elixiere des Todes") mit den Worten, es sei das „Pearl Harbor für die Chemieindustrie" und gab Anweisungen für eine Kampagne zur sozialen Beeinflussung.

Das Buch der Biologin Carson veränderte Amerika. Es war so kraftvoll, dass es einen starken Widerstand der Chemieindustrie hervorrief, die ihre wirtschaftlichen und politischen Interessen stark bedroht sah. Chemieunternehmen und „verbündete" Organisationen veröffentlichten daraufhin massiv Broschüren und Artikel, um den Einsatz von Pestiziden zu fördern und zu verteidigen. Robert White-Stevens, ein Biochemiker des großen Chemieproduzenten American Cyanamid, der seit 2009 nach Namens- und Eigentümerwechseln unter Pfizer steht, bezeichnete Carson als eine „fanatische Verfechterung des Naturgleichgewicht-Kults"[258] und der damalige Landwirtschaftsminister Ezra Taft Benson schrieb[259] in einem Brief an den damaligen Präsidenten Dwight D. Eisenhower, dass sie als „kinderlose Jungfrau" an Genetik interessiert sein müsse, weil sie „wahrscheinlich eine Kommunistin" sei.

Carson beschuldigte in ihrem Buch die Chemieindustrie, Desinformation zu verbreiten, und öffentliche Beamte sowie Politiker, nichts gegen die irreführende Werbung der Industrie zu unternehmen. Sie war auch eine der ersten Personen, die das Ausmaß und die Auswirkungen menschlicher Aktivitäten auf die Umwelt erkannte und öffentlich machte. Das Buch führte zu einem landesweiten Verbot von DDT für landwirtschaftliche Zwecke und war Inspiration für eine Umweltbewegung, die zur Gründung der US-Umweltschutzbehörde (EPA), dem amerikanischen Pendant zum Umweltministerium, führte. Diese wurde jedoch unter Trumps rabiatem Anti-Umwelt-Engagement beinahe erstickt.

Unter Trump machte die EPA nur noch 0,2% des Bundeshaushalts aus, den niedrigsten Wert der letzten vierzig Jahre. In 3 Jahren hat Trump das Gros der Klima- und Umweltpolitik abgebaut[260], die während der Obama-Ära eingeführt wurde. Er hat Umweltschutzgesetze geschwächt und zahlreiche Vorschriften für saubere Luft und Wasser, giftige Chemikalien und Kohlendioxidemissionen aufgehoben. Eine Analyse der «New York Times»[261] zeigt, dass während der Trump-Regierung bereits über 60 Umweltgesetze und -vorschriften aufgehoben wurden und weitere 34 Aufhebungen noch ausstehen[262] (Stand Mitte 2021). Gleichzeitig hat das Innenministerium der Trump-Regierung die Landkonzessionen für Gas und Öl erhöht, Schutzgebiete reduziert und damit die Artenvielfalt gefährdet.

Nach sechs Jahrzehnten des Umweltschutzes in Wildreservaten in Alaska hat Trump im August 2020 grünes Licht gegeben, um 78 Millionen Quadratkilometer des Arctic National Wildlife Refuge für Öl- und Gasbohrungen zu öffnen.

Der sogenannte umweltpolitische *Rollback* der Trump-Regierung wird die Treibhausgasemissionen erhöhen und nach Angaben von Energie- und Rechtsexperten eines Forschungszentrums der New York University[263] Tausende zusätzliche Todesfälle durch Verschmutzung und Luftverschlechterung verursachen. Es war für die Trump-Regierung einfach, im Jahr 2020 zu handeln. Durch die in der Pandemie generell verschobene Aufmerksamkeit, u.a. zu den Proteste wegen des Mordes an George Floyd und die Wiederbelebung der Black Lives Matter Bewegung konnte Trump im Bereich Umweltschutz ungestört handeln und sicherstellen, dass Maßnahmen gegen die Klimakrise immer weiter verschoben und behindert wurden. Mit der neuen Regierung ergriff Präsident Biden umgehend Maßnahmen, mit denen der äußerst langwierige Prozess der Aufhebung von Trumps Umwelt-*Rollbacks* eingeleitet wurde.

Die von Harrison initiierte soziale Einflusskampagne war so erfolgreich, dass *Greenwashing* heute ein zentraler Bestandteil der Kommunikation vieler Unternehmen ist, weltweit. ExxonMobil, Chevron und BP sind alle besorgt um ihr Image. Sie wollen, dass die Verbraucher sie als grüne Unternehmen und nicht als Umweltverschmutzer wahrnehmen. Und das American Petroleum Institute, ihre Handelsorganisation, möchte, dass alle denken, dass Erdgas eine „saubere Energie" ist, auch wenn das falsch ist. Es stimmt, dass Erdgas im Vergleich zu Kohle sauberere Energie produziert, aber die meisten Experten sind sich einig[264], dass es keine gute Alternative zu erneuerbaren Energien ist. In einem Interview im Februar 2021 auf der Website von Eni[265] sagte der Minister für ökologischen Wandel in der Regierung Draghi, Roberto Cingolani: „Im Moment ist Gas eines der kleineren Übel: langfristig zwar die nachhaltigste Ressource, aber es schafft eben auch Probleme für Infrastrukturen und auch die Bohrtechnologie ist Gegenstand vieler Diskussionen". Aber wie der Wissenschaftsjournalist Antonio Scalari in «Valigia Blu» anmerkte: „Die Wahl des geringeren Übels reicht nicht mehr aus, um die schlimmsten Szenarien zu vermeiden"[266]. Scalari bezieht sich auch auf die Worte des Klimatologen Michael E. Mann: „Die Lösung eines Problems, das durch die Verwendung fossiler Brennstoffe verursacht wurde, kann nicht darin bestehen, fossile Brennstoffe zu verwenden"[267] Nach Ansicht von Experten sollte Gas keinesfalls als Brückenbrennstoff (*bridgefuel*[268]) betrachtet werden, also als Brennstoff für die Energiewende.

Ein aktuelles Beispiel für *Greenwashing* in Italien betrifft gerade Eni. Im Jahr 2020 wurde Eni vom Kartellamt mit einer Geldstrafe von 5 Millionen Euro für die Verbreitung irreführender Werbebotschaften belegt[269]. Die Werbekampagne des Unternehmens nahm klar Bezug zu Umweltverträglichkeit. In der Werbekampagne für Eni Diesel+ wurden Ausdrücke wie „Green Diesel", „grüne Komponente" und „erneuerbare Komponente" verwendet. Es wurden auch andere Umweltschutzansprüche gemacht, wie „hilft, die Umwelt zu schützen. Und indem du es benutzt, hilfst auch du dabei mit, dank einer signifikanten Reduzierung der Emissionen", obwohl laut Kartellamt „das Produkt ein Dieselkraftstoff ist, der von Natur aus stark verschmutzend und nicht als grün bezeichnet werden kann." Im Rahmen des Verfahrens der Wettbewerbs- und Marktaufsichtsbehörde stellte Eni die Kampagne ein und verpflichtete sich[270], das Wort „grün" nicht mehr in Bezug auf Kraftstoffe für den Straßenverkehr zu verwenden.

Nach der Sanktionierung durch die Wettbewerbsbehörde hat das Unternehmen von verschiedenen Seiten Druck erfahren. Einer der Werbeslogans von Eni, der im Fernsehen und online verbreitet wurde, lautete: „Um die Dinge zu ändern, brauchen wir Silvia, die zu Hause immer darauf achtet, kein Wasser zu verschwenden. Denn Eni + Silvia ist besser als Eni." Hier wird deutlich auf die Erzählung individueller Verantwortung verwiesen: Auch Silvia ist wie Eni für die Umwelt verantwortlich und wenn Silvia nicht auf die Umwelt achtet, kann Eni nichts ändern. Gleichzeitig soll die Botschaft vor allem „der Firma Handlungslegitimität sichern" und es besteht der Versuch, „sich als ebenso verantwortungsbewusst wie die Bürger zu zeigen"[271]. Fridays for Future Italia hat die Werbekampagne übernommen und umgedreht, indem sie sagte: „*Weniger* Eni ist besser als Eni. Chiara fordert eine Reduzierung der CO_2-Emissionen. Eni fördert täglich 2 Millionen Barrel Öl." Oder: „*Weniger* Eni ist besser als Eni. Luca geht auf die Straße, um soziale und klimatische Gerechtigkeit zu fordern. Eni steckt 77% seiner Investitionen in fossile Brennstoffe." Laut Umweltverbänden sollte Eni sofort den Abbau von Kohlenwasserstoffen - Öl und Gas - reduzieren und nicht wie im Aktionsplan 2020-2023 vorgesehen erhöhen.

Greenpeace Italien, Re:Common und die Stiftung für ethische Finanzen haben eine unabhängige Analyse[272] des Strategieplans bis 2050 und des Aktionsplans 2020-2023 von Eni veröffentlicht und kamen zu dem Schluss, dass die Unternehmensstrategie, die wirtschaftlich-finanzielle Ziele mit Umweltzielen verbindet, darauf abzielt, die Produktion kurzfristig zu erhöhen und dann den Ölabbau zu reduzieren und den Gasabbau zu erhöhen.

Laut Plan will Eni fast zehnmal mehr in fossile Brennstoffe als in Erneuerbare Energien investieren. Laut Greenpeace Italien behauptet Eni zwar, Erneuerbare Energien in den Mittelpunkt seiner Strategie gestellt zu haben, hat aber in seinem Plan für 2023 Investitionen von 24 Milliarden Euro in Kohlenwasserstoffe und nur 2,6 Milliarden in Erneuerbare Energien festgelegt. Außerdem steht dort, dass es plant seine Emissionen bis 2050 um 80% zu reduzieren, investiert jedoch weiterhin in Gas. Das Unternehmen hat auch beschlossen, drastische Maßnahmen zur Reduzierung von Treibhausgasemissionen um sechs Jahre zu verschieben und bis 2025 wie gewohnt weiterzumachen. Generell legt es nur langfristige Ziele für die Emissionsreduktion fest, nämlich für 2035 und 2050.

Außerdem setzt Eni auf Kompensation, einen Mechanismus von „fragwürdiger Wirksamkeit" und über den „nicht alle Details bekannt sind"[273]. Die Kompensation von Emissionen durch Aufforstungsprojekte oder CO_2-Abscheidungs- und -speichertechnologien sind „falsche, gefährliche und teure Lösungen"[274], sagt Greenpeace Italien. Aufforstung muss bestimmten Regeln folgen, um funktionieren zu können, und verbirgt oft das *business as usual* von privaten Unternehmen, die weiterhin im großen Maßstab verschmutzen. In diesem Sinne kann Aufforstung „eine Form von Greenwashing"[275] sein. Die Technologien zur Abscheidung und Speicherung, vielleicht besser bekannt als *Carbon Capture*, könnten im *äußersten* Fall Teil der Lösung sein, aber sich ausschließlich auf diese und auf Kompensation zu verlassen, als wären sie Allheilmittel, würde den Fortbestand – und die Geschäfte – der fossilen Unternehmen nur weiter in die Länge ziehen. Die Existenz von Abscheidungs- und Speichertechnologien darf keine Entschuldigung dafür sein, weiterhin Treibhausgase auszustoßen. „Sich auf diese Technologie zu verlassen [...] verzögert die Emissionsreduktion mit der Vorstellung, dass das Problem zu einem späteren Zeitpunkt gelöst werden könne"[276], schrieb dazu Giuseppe Onufrio, Geschäftsführer von Greenpeace Italien.

Auch Legambiente (eine italienische Umweltschutzorganisation) hat das Unternehmen Eni als „Feind des Klimas" angeprangert, das nicht nur die weltweite Ölproduktion auf ein Rekordhoch von 1,9 Millionen Barrel pro Tag[277] erhöht, sondern auch in veraltete erneuerbare Energien investiert hat, wie in den beiden Raffinerien Porto Marghera und Gela, wo die Anlagen größtenteils Palmöl verwenden. Laut IPCC und Europäischer Kommission ist die Produktion von Biokraftstoffen, die aus so intensivem Anbau wie Palmöl gewonnen werden, schädlich für die Umwelt, den Menschen und das Klima. Stattdessen sollten „fortschrittliche" Biokraftstoffe aus italienischen Abfall- oder Agrarabfällen gefördert und somit auch die regionale Landwirtschaft unterstützt werden, sagt Legambiente. Investitionen in Biokraftstoffe macht ein multinationales Unternehmen also nicht automatisch zu einem umweltfreundlichen. **Klimakrise - Greenwashing von Eni ist genauso schädlich wie Öl**, titelte die Zeitschrift «Valori» im September 2019[278]. Zudem gehören 30% der Aktien von Eni dem italienischen Staat, daher werden seine Aktivitäten teilweise durch öffentliche Mittel und Steuern der Bürger finanziert. Aus diesem Grund hat die Verbindung zwischen Eni und dem Staat Auswirkungen auf den gesamten öffentlichen Bereich.

Im Januar 2020 haben der Verband italienischer Schuldirektoren (ANP) und Eni die Einführung eines Programms zur (kostenlosen) Schulung italienischer Lehrer zu Umweltthemen angekündigt. Die Idee war, dass Eni die Leitung für dieses Schulungsprogramm übernehmen und die an öffentlichen Schulen unterrichtenden Lehrer in den Bereichen Klimawandel, Energieeffizienz und Umweltsanierung unterrichten würde. Greenpeace Italien, Legambiente und Kyoto Club schrieben daraufhin einen Brief, in dem sie ihre ernste Besorgnis über die Ankündigung des Schulungsprogramms mit Eni zum Ausdruck brachten. Wie kann ein Ölunternehmen in einem Umfeld der Umwelterziehung als glaubwürdig angesehen werden? Legalità per il Clima, ein Beratungs- und Rechtsaktionsnetzwerk für Klimagerechtigkeit und das Menschenrecht auf Klima, hat nach der Zusammenarbeit zwischen Eni und ANP eine Abmahnung geschickt. Unter anderem heißt es in der Abmahnung: „Insbesondere ist das Interview vom 28.01.2020 zu erwähnen, das der Präsident von ANP ‚Altraeconomia' gegeben hat, in dem er im Zusammenhang mit ‚Sanierung und Bekämpfung von Umweltverschmutzung' das Unternehmen Eni als ‚Lehrerin' bezeichnet, weil es wahrscheinlich viel verschmutzt und daher auch ‚Kompetenzen zur Bekämpfung von Umweltverschmutzung' entwickelt habe". Das Paradox ist die Lebensader des Klimaleugnens. Stellen Sie sich vor, Tabakunternehmen würden Lehrer in Lungenheilkunde schulen, weil sie ja das „richtige Know-how" dafür haben, – ein Ausdruck, den der Präsident von ANP in Bezug auf Eni tatsächlich verwendete – gerade weil sie so viele Lungen geschädigt haben. Der Präsident sagte in demselben Interview auch, dass „wir natürlich Fachleute dafür hätten bezahlen können, aber das hätte für uns Kosten verursacht", daher „gibt es auch eine Frage der Bequemlichkeit". Bequemlichkeit für ANP und auch für Eni.

Laut Monica Capo, Dozentin und nationale Sprecherin von Teachers for Future Italia, ist „das Kerngeschäft [der fossilen Multinationalen] unvereinbar mit der Umwelterziehung an Schulen". In einem Interview im Oktober 2020 sagte Capo mir, dass die Beteiligung von Eni an der Ausbildung von Lehrern das Risiko birgt, eine Dynamik zu verbergen, bei der „versucht wird, die Jugendlichen zu instrumentalisieren, um den eigenen Ruf zu verbessern".

In der Praxis des Greenwashings sind die verwendeten Kommunikationsstrategien oft extrem einfach: die Verwendung des Präfixes „eco" in kommerziellen Botschaften, sowie dem Adjektiv „umweltfreundlich" und die Verwendung der Farbe Grün. Eine der Konsequenzen dieser Art von Darstellung ist, dass sie den Übergang zu einer nachhaltigen Wirtschaft behindern können, auch weil durch diese Täuschungsmanöver beim Verbraucher Misstrauen erzeugt wird. Im Jahr 2009 startete Greenpeace die Kampagne *Stop Greenwash* gegen zahlreiche Unternehmen, um die Verbraucher aufzuklären und bei bewussten Entscheidungen zu helfen. Die häufigste Greenwashing Strategie besteht darin, intrinsisch verschmutzende oder nachhaltig untragbare Produkte herzustellen oder zu bewerben und dabei die kommerzielle Botschaft zu einem „grünen" Markenzeichen zu machen. In einigen extremen Fällen betreiben Unternehmen Greenwashing und lobbyieren hinter den Kulissen gleichzeitig gegen Umweltschutzgesetze.

Laut einer Analyse[279] von Oil Change International im September 2020, die in Zusammenarbeit mit bekannten Umweltorganisationen wie dem Rainforest Action Network, dem Sierra Club und auch Greenpeace durchgeführt wurde, sind die größten Ölunternehmen der Welt auf dem besten Weg, ihre Öl- und Gasproduktion bis 2030 signifikant zu steigern, einem entscheidenden Jahrzehnt für die Emissionsreduktion gemäß dem IPCC. Unter den von Oil Change International bewerteten Unternehmen befinden sich Exxon, BP, Shell, Chevron und auch Eni. Viele von ihnen „recyceln weiterhin den Mythos, dass fossiles Gas ein Brückenbrennstoff ist", und kein Unternehmen, das untersucht wurde, besteht den grundlegenden Test für ernsthafte Klimaverpflichtungen im Einklang mit dem Pariser Abkommen. Laut der Analyse spielt auch der Finanzsektor eine entscheidende Rolle: „Er kann und muss Führung (*leadership*) zeigen, indem er alle Finanzierungen für die Ausweitung der fossilen Brennstoffproduktion und entsprechende Infrastrukturen beendet".

Follow the money, ein Ausdruck, der durch den Film **Die Unbestechlichen** populär wurde, bedeutet schlichtweg, dass Korruption in der Politik durch Geldtransaktionen aufgedeckt werden kann. Dem Geldfluss zu folgen ist ein grundlegendes Paradigma, um Spuren zu verfolgen und Geheimnisse zu lüften. Das funktioniert auch in der Klimakrise. Das Geldspiel der fossilen Brennstoffindustrie beschränkt sich nicht nur auf Politik, Think Tanks und die Industrie selbst. Auch Banken sind in diese Macht- und Geldspiele involviert. „Betrachten wir eine Bank wie zum Beispiel JPMorgan Chase, die größte Bank Amerikas", schrieb McKibben im September 2019 im «New Yorker»[280]. Seit dem Pariser Abkommen habe Chase 126 Milliarden Dollar für Finanzierungen in der fossilen Brennstoffindustrie bereitgestellt, hauptsächlich für Offshore-Bohrungen oder Ölextraktion in der Arktis, erklärt er weiter in dem Artikel. Und JPMorgan ist nicht die einzige Bank, die eine bedeutende Investitionsquelle für die fossile Brennstoffindustrie darstellt. Laut dem Bericht **Banking On Climate Chaos** von 2021[281], der Finanzinstitute nach ihrem „Beitrag" zur Klimakrise bewertet, haben die 60 größten Banken der Welt in den fünf Jahren seit dem Pariser Abkommen von 2016 bis 2020 insgesamt 3,8 Billionen Dollar an Finanzierungen für die fossile Brennstoffindustrie bereitgestellt: JPMorgan Chase führt die Liste an, gefolgt von Citi, Wells Fargo und Bank of America. Unter den ersten zehn Finanzinstituten befinden sich auch zwei japanische Banken, der britische Gigant Barclays und BNP Paribas. **Banking On Climate Chaos** bewertete auch die zukünftigen Richtlinien der Banken zur Begrenzung der Finanzierung fossiler Brennstoffe und laut dem Bericht bleibt z.b. die italienische Bank UniCredit „weit davon entfernt, sich vollständig aus der Finanzierung fossiler Brennstoffe zurückzuziehen". Im Gegenteil, Tendenz steigend. In den drei Jahren nach der Unterzeichnung des Pariser Klimaabkommens stiegen die Kredite der Banken an die Industrie jedes Jahr. Aber die Finanzierung fossiler Brennstoffe macht nur etwa 7% der Kredite und Investitionen von Chase aus. „Wenn die Welt auf Solarenergie und Windenergie umsteigen würde, würde Chase auch Kredite an Unternehmen für erneuerbare Energien vergeben. Tatsächlich tut sie das bereits, wenn auch in viel geringerem Maßstab." Das ist genau der Punkt. „Ich vermute, dass der Schlüssel zur Unterbrechung des

CO_2-Flusses in die Atmosphäre darin liegt, den Geldfluss zu Kohle, Öl und Gas zu stoppen", schreibt McKibben. Einige große europäische Banken haben bereits begonnen, sich von fossilen Brennstoffen zu distanzieren. Vor ein paar Jahren kündigte das französische Unternehmen Crédit Agricole eine wichtige Änderung an[282]: Die Bank wird nicht mehr mit expandierenden Unternehmen im Kohlesektor Geschäfte machen und bis 2021 müssen ihre bestehenden Kunden im Kohlesektor in „entwickelten Ländern" einen Plan zur Beendigung des Geschäfts bis 2030 umsetzen, Kunden in China bis 2040 und Kunden in jedem anderen Land bis 2050.

Im Juli 2019 kündigte die Europäische Investitionsbank (EIB) an, die Finanzierung von Projekten im Zusammenhang mit fossilen Brennstoffen bis Ende 2020[283] einzustellen. Sie würde verschiedene Arten von Projekten nicht mehr unterstützen: Öl- und Gasförderung, Kohlebergbau, Gasleitungen, LNG-Terminals, Kohle- und Erdgaskraftwerke. Der Vorschlag sollte im Oktober 2019 verabschiedet werden, wurde jedoch aufgrund des Drucks der EU-Kommission und der Mitgliedstaaten verschoben. Diese wollten die Investitionen in Erdgas retten. „Naturale" (die italienische Übersetzung von Erdgas ist „gas naturale") ist ein irreführendes Wort, da Erdgas nicht erneuerbar ist und sein Hauptbestandteil Methan ist, ein Treibhausgas, dessen Auswirkungen über einen Zeitraum von 100 Jahren 34-mal höher[284] sind als die von CO_2.

BlackRock, heute das größte Investmentunternehmen der Welt mit einem Vermögen von 7 Billionen Dollar, hat Anfang 2020 nach Druck aus verschiedenen Richtungen beschlossen, sich aus dem Kohlegeschäft zurückzuziehen[285]. Das US-amerikanische Unternehmen ist der größte ausländische Investor in Europa, ein bedeutender Aktionär der Deutschen Bank, Intesa San Paolo, Bnp, Ing und auch Aktionär in den Bereichen Energie, Chemie, Transport, Lebensmittelindustrie, Luftfahrt und Immobilien. Der Gründer von BlackRock, CEO Larry Fink, gehört zu den einflussreichsten Menschen der Welt. Viele Klimaaktivisten argumentieren jedoch, dass BlackRock nicht genug tut, um den Klimawandel zu bekämpfen, da das Unternehmen weiterhin in die Öl- und Gasindustrie investiert und es für das Unternehmen nicht einfach sein wird, seine Investitionen in eine nachhaltige Richtung umzustrukturieren. Wir sind noch weit entfernt von dem, was akzeptabel wäre, um eine Dekarbonisierung der Wirtschaft zu erleichtern.

7.
Die Strategien, Taktiken und Verschwörungstheorien der Leugner-Lobby

Die beste Art, Kirschen zu pflücken, besteht darin, sie einzeln mit dem Stiel abzuschneiden und sie nach dem Entfernen nicht übereinander zu legen, damit sie nicht beschädigt werden. Es ist ratsam, sie auf einem Tisch nebeneinander zu legen und reife von unreifen Kirschen zu trennen. Nehmen wir nun an, Sie haben nur die reifen Kirschen mit dunkelroter Farbe vom Baum abgeschnitten und auf den Tisch gelegt, wobei jedoch der Großteil der Kirschen am Baum noch unreif ist. Auf Ihrem Tisch haben Sie nur reife Kirschen und können daher jedem vortäuschen, dass der Baum, von dem Sie sie gepflückt haben, größtenteils oder sogar ausschließlich reife Früchte hatte. Ein Beobachter, der nur die ausgewählten Früchte sieht, könnte fälschlicherweise den Schluss ziehen, dass der Großteil oder alle Früchte des Baumes reif sind und somit einen falschen Eindruck von der Qualität des Obstbaums bekommen.

Was passiert nun, wenn wir diese Praxis auf das Klimawandelleugnen übertragen? Lassen Sie es uns versuchen. „Einige Wissenschaftler glauben, dass die Sonnenaktivität das heutige Klima stärker beeinflusst als Kohlendioxid und Dr. Soon hat Daten gesammelt, die zeigen, dass die Temperatur in Amerika, Kanada und Mexiko im Einklang mit der Sonnenaktivität steigt und fällt", schreibt Sarah Knapton am 15. Oktober 2019 in der britischen Zeitung «Telegraph»[286]. Auf «Climate Feedback»[287] wird der Artikel analysiert und die Inhalte als unrichtig eingestuft, wobei der Artikel auf niedrigstem Niveau ihrer Glaubwürdigkeitsskala rangiert. Warum? Die Antwort gibt uns die Studie von Zeke Hausfather, wissenschaftlicher Forscher bei Berkeley Earth: „Allein schon die Tatsache, dass Soon nur drei Regionen betrachtet und nicht die globalen Temperaturen, ist ein deutliches Zeichen für die Schwäche seines Arguments".

In Fachkreisen wird diese Strategie, die unter Klimaleugnern weit verbreitet ist, als Cherry Picking bezeichnet. Cherry Picking hat eine negative Konnotation, da es Beweise ignoriert oder direkt unterdrückt, die zu einem umfassenderen Verständnis führen könnten. Es entspricht einer Auswahl von isolierten Daten, Fakten, Ereignissen oder Argumenten, die im Widerspruch zum Konsens stehen und die breitere Forschung ignorieren. Die Konzentration auf isolierte Daten ist eine gängige Leugnungstaktik. Oft sind die Daten im größeren Kontext irrelevant, dienen jedoch dem Zweck, das eigene Argument zu unterstützen und gleichzeitig Beweise zu schwächen, die den eigenen Standpunkt nicht unterstützen. In klimaleugnerischen Veröffentlichungen werden oft nur Teile der Daten oder Diagramme gezeigt. Es ist relativ einfach, nur Beweise auszuwählen, die uns recht geben, und alle abzulehnen, die uns Unrecht geben. Tatsächlich wird diese Methode auch oft in politischen Debatten verwendet, um die Argumente der eigenen politischen Seite vor den Wählern zu stärken.

Als Reaktion auf Knaptons Aussage in der «Telegraph» fügt Hausfather in «Climate Feedback» hinzu, dass Soon „eine übertriebene Schätzung der Sonneneinstrahlung verwendet, im Gegensatz zur modernen Sonnenforschung. Es besteht eine schwache Beziehung zwischen Veränderungen in der Sonnenproduktion und den globalen Temperaturen im historischen Temperaturrekord. Tatsächlich ist die Menge an Sonnenenergie, die die Erde erreicht, seit 1970 leicht gesunken, während wir jetzt aber eine schnelle globale Erwärmung erleben." In diesem Fall ging die Unrichtigkeit der Behauptungen also noch weit über die Strategie des Cherry Pickings hinaus.

Der Erfolg der Leugnungskampagnen hängt nicht nur von der beträchtlichen Geldmenge ab, die im vorherigen Kapitel beschrieben wurde, sondern auch von effektiven Strategien, die einerseits dazu dienen, die Leugnungsthese zu unterstützen und andererseits die Klimawissenschaft und die Glaubwürdigkeit der Konsenswissenschaftler zu untergraben.

Diagoras von Melos, ein Schüler des Demokrit, war ein sophistischer Philosoph aus der zweiten Hälfte des 5. Jahrhunderts v. Chr. und eine der uns überlieferten Geschichten erzählt, dass ein Freund von Diagoras auf eine teure Ausstellung von Weihgeschenken hinwies und sagte: „Glaubt ihr, dass die Götter sich nicht um den Menschen kümmern? Warum? Anhand all dieser Opfergaben könnt ihr doch sehen, wie viele Menschen durch das Gebet zu den Göttern dem Sturm auf See entkommen sind und sicher in den Hafen gebracht wurden." Darauf antwortete Diagoras: „Ja, sicher, aber wo sind die Weihgeschenke all jener, die Schiffbruch erlitten haben und in den Wellen gestorben sind?"

Bereits damals zeigte uns Diagoras einen Weg auf, eine weitere verbreitete Taktik der Leugner zu entlarven, das sogenannte Card Stacking (Kartenstapelung). Die Card Stacking Strategie fällt in die Kategorie der Propagandatechniken und zielt darauf ab, die Wahrnehmung der Öffentlichkeit zu einem bestimmten Thema zu manipulieren, indem nur ein Teil der Argumentation betont und der andere Teil versteckt oder unterdrückt wird. In extremen Fällen wird diese Strategie oft durch einseitige Zeugenaussagen angewendet, indem kritischere Stimmen zensiert oder mediale Verzerrungen verwendet werden. Der Begriff Card Stacking leitet sich von dem Trick des Magiers ab, das Kartendeck zu manipulieren, indem er ein Deck präsentiert, das zufällig gemischt zu sein scheint, aber tatsächlich in einer bestimmten Reihenfolge angeordnet ist. Nur der Zauberer kennt die Reihenfolge und kann so den Ausgang des Tricks kontrollieren.

Eine weitere häufig verwendete Taktik ist die sogenannte „Schuld durch Assoziation". Dazu habe ich bereits zahlreiche Beispiele in den vorherigen Kapiteln genannt, allen voran die populistische Parolen, bei denen Umweltschützer als „Kommunisten" bezeichnet und Wissenschaftler und Klimatologen als „Alarmisten" bezeichnet werden. Das Etikett „Alarmist" oder „Katastrophist" wird auch Aktivisten, Vermittlern oder anderen Personen angeheftet, denen das Umweltthema am Herzen liegt.

Eine Anschuldigung, die insbesondere den „Klima-Alarmisten" gemacht wird, ist die Unterschätzung der menschlichen Anpassungsfähigkeit. Der Autor Michael Shellenberger, der früher auch Umweltaktivist war, glaubt, dass „die Diskussion über Klimawandel und Umwelt in den letzten Jahren degeneriert ist"[288] und aus diesem Grund hat er das Buch **Apocalypse Ne-**

ver: Why Environmental Alarmism Hurts Us All geschrieben, das 2020 veröffentlicht wurde. In dem Buch kritisiert er die „Alarmisten", die sich weigern, Kernenergie und unkontrolliertes Wirtschaftswachstum zu unterstützen. Das Buch wurde viel diskutiert: Es gibt nichts, was Leugner mehr mögen als jemanden mit einer Vergangenheit als Umweltschützer, der „seine Meinung ändert".

Dr. Peter H. Gleick, ein Klimaexperte und Präsident des Pacific Institute, eines Forschungsinstituts in Kalifornien, schreibt über Shellenberger: „Selbst wenn der Autor die Komplexität und die Natur der globalen Herausforderungen richtig verstanden hätte, was er nicht getan hat, und die Wissenschaft richtig interpretiert hätte, was er nicht getan hat, ist ein fataler Fehler seiner Argumentation die traditionelle, übermäßige Vereinfachung seiner Lösungen im Cornucopianer-Stil - die Abhängigkeit von wirtschaftlichem Wachstum und das Allheilmittel der Technologie."[289] Mit *Cornucopianer* (engl. *Cornucopian* = dtsch. Füllhorn) meint Gleick diejenigen, die behaupten, dass technologischer Fortschritt alle Bedürfnisse der Gesellschaft unterstützen kann und unbegrenztes Wirtschaftswachstum und Bevölkerungswachstum grundsätzlich positiv sind. Es ist unnötig zu sagen, dass Umweltzerstörung und globale Erwärmung nicht per se durch Wirtschaftswachstum und „Fortschritt" beseitigt werden können: Innerhalb dieses Paradigmas gibt es Prozesse und Ansätze, die die Klimakrise verschlimmern und andere, die sie mildern. Fortschritt ist nicht immer gleichbedeutend mit Nachhaltigkeit und unbegrenztes Wachstum ist nicht immer positiv. Das bedeutet jedoch nicht, dass diejenigen, die sich für die Klimakrise einsetzen, eine Welt befürworten, in der wir zum Tauschhandel zurückkehren, in der Menschen ohne Strom leben, wir bei Kerzenlicht Kräuter kochen und Frauen gezwungen sind, mit rostigen Eisenklammern abzutreiben.

Nur der Argumentation zuliebe nehmen wir mal an, dass Shellenberger recht hat. Dass wir uns „anpassen" könnten. Wollen wir wirklich weitermachen, in dem Wissen, dass alle Vasen in einem Raum zerbrechen werden, weil wir die Scherben später mit Klebstoff wieder zusammenkleben können? Wie lange werden wir in der Lage sein, Klebstoff und Klebeband zu verwenden, bevor die Vasen unkenntlich werden und gänzlich zerstört sind? Diese Vasen ermöglichen es uns zu leben und zu existieren. Ohne sie kommen wir nicht voran. Und selbst wenn es uns gelingt, voranzukommen, wird es in einer radikal anderen, schlechteren Welt sein.

Ähnlich argumentiert Shellenberger im abschließenden Teil seines Buches, in dem er Menschen, die sich um Umweltkatastrophen sorgen, als solche bezeichnet, „die die Zivilisation nicht lieben," und ihnen „eine Art unterbewusste Fantasie" unterstellt. Dieses Argument wurde auch in Italien von denen aufgegriffen, die sich einer milden Leugnungslinie nähern und oft mit dem Vorwurf verbunden ist, dass Alarmisten die Welt in „Gute und Böse" teilen wollen, obwohl wir alle gleich sind, weil wir alle nach Profit streben, auch diejenigen, die vorgeben „gut" zu sein. Dieses Argument ist eine Ablenkung, da es nicht die Klimakrise als ein physisches Problem mit konkreten Lösungen angeht, sondern es auf eine moralische Perspektive der Dämonisierung von Profits begrenzt, was wenig mit Wissenschaft und viel mehr mit politischen Strategien zu tun hat. Außerdem ignoriert es klar, dass die Anerkennung, dass ein System nicht funktioniert, nicht bedeutet, jede einzelne Komponente abzulehnen, sondern einfach zu akzeptieren, dass es transformiert werden muss.

Laut Timothy Morton, Philosoph und Professor an der Rice University in Texas, bedeutet „gegen den Anthropozentrismus zu sein nicht, dass wir die Menschheit hassen und uns auslöschen wollen. Es bedeutet zu verstehen, wie wir Menschen als Lebewesen zusammen mit anderen (Lebewesen) in die Biosphäre eingebettet sind"[290].

Was Shellenbergers Buch betrifft, so kommt es in Texten, die leugnerische Thesen fördern (auch wenn sie nicht augenscheinlich leugnerisch sind), oft vor, dass „der schwerwiegendste Mangel [...] darin besteht, dass eine Position eingenommen und dann nach Daten und Fakten gesucht wird, die zu dieser Position passen, anstatt - wie es die Wissenschaft erfordert - Daten und Fakten zu verwenden, um eine Theorie zu entwickeln, zu testen und zu verfeinern", schreibt Gleick[291]. „Als Ergebnis leidet das Buch unter logischen Fehlschlüssen, Argumenten auf der Grundlage von Emotionen und Ideologien [...] Leider ist dies auch ein wütendes Buch, voller hässlicher Angriffe gegen Wissenschaftler, Umweltschützer und die Medien."

Shellenbergers Argumente sind simplistisch und wurden bereits mehrfach von Experten widerlegt[292]. Der Refrain über „Alarmisten" und „Katastrophisten" ist jedenfalls ein Beweis dafür, dass Leugner Schwierigkeiten haben, konkrete Argumente gegen den Konsens zum Klimawandel zu finden. Patrick Michaels, einer der führenden Vertreter des harten Klimaleugnertums, sagte: „Die globale Erwärmung ist ein übertriebenes Thema, das vorhersehbar überproportional durch die politische und berufliche Atmosphäre aufgebauscht wurde [...] eine Litanei fragwürdiger Wissenschaft"[293]. Wenn das stärkste Argument darin besteht, eine Tatsache als unrealistisch abzutun, weil sie „übertrieben" ist, ist es von Anfang an schwach.

Man könnte auch mit den Worten des Klimatologen Jerry Mahlman antworten: „Es besteht keine Notwendigkeit, das Problem des Klimawandels zu übertreiben; es ist bereits ernst genug für sich allein." Oder noch einmal mit den Worten von Morton: „Wir befinden uns in einer Katastrophe, was wortwörtlich einen Umkehrpunkt bedeutet. Es ist viel besser, sich in einer Katastrophe zu befinden als in einem Desaster [...] Desaster sind das, was man von außen betrachtet. Stattdessen beziehen dich Katastrophen ein, sodass du etwas dagegen tun kannst"[294].

Einige Wissenschaftler bestätigen allerdings, dass aufgrund der kontinuierlichen Kritik und Angriffe, denen Klimaforscher ausgesetzt sind, viele wissenschaftliche Ergebnisse vorsichtshalber abgeschwächt werden. Dies stellt folgendes Problem dar: Offizielle Berichte wie diejenigen des IPCC[295] der UN neigen dazu, potenzielle Klimarisiken tatsächlich zu unterschätzen. Laut einer in «Scientific American» veröffentlichten Studie untertreiben Klimatologen die Ernsthaftigkeit und Geschwindigkeit der Klimakrise, um keine Fehler zu machen. Wenn Wissenschaftler eine Erhöhung um zwei Grad vorhersagen, geben sie eine Zahl an, von der sie absolut sicher sind: Die Erhöhung wird also mindestens zwei Grad betragen, könnte jedoch höher sein. Wenn die Prognosen des IPCC bekanntermaßen vorsichtig sind, sollten wir darüber nachdenken, was es bedeutet, dass ein IPCC-Bericht die Dringlichkeit betont hat, die Temperaturerhöhung auf 1,5 °C im Vergleich zu 2 °C zu begrenzen. Denn dies würde unter anderem eine Reduzierung des globalen Meeresspiegelanstiegs um 10 Zentimeter bedeuten, was die Exposition von etwa 10 Millionen Menschen gegenüber Risiken wie Salzwassereindringung, Überschwemmungen und Schäden an Küsteninfrastrukturen begrenzen würde. Es würde auch einen weiteren Rückgang der Korallenriffe um 70-90% im Vergleich zu Verlusten von über 99% bei 2 °C bedeuten.

Im Jahr 2019 hatte sich die globale Erwärmung bereits um mehr als 1 °C gegenüber dem vorindustriellen Niveau erhöht[296]. Was macht ein oder auch nur ein halbes Grad mehr oder weniger schon aus? Etwa den gleichen Unterschied wie zwischen dem Segeln auf rauer See und dem Überschwemmt-Werden durch eine Flutwelle. Laut einer Studie[297] würden Schäden durch eine Erhöhung der globalen Temperatur um mehr als drei Grad bis zum Ende des Jahrhunderts mindestens 550 Billionen Dollar kosten, ohne die Verluste an Menschenleben zu berücksichtigen. Wenn Sie immer noch Schwierigkeiten haben, sich vorzustellen, dass eine Erhöhung um einen oder anderthalb Grad einen Unterschied machen kann, denken Sie einfach an unsere Körpertemperatur. Wenn unser Körper gesund ist, liegt die Temperatur bei etwa 36 Grad Celsius. Sobald es uns jedoch schlecht geht, steigt die Temperatur auf 37, 38, 39 und in einigen Fällen auf 40 Grad. Nur wenige Grade mehr und unser System gerät in eine Krise, der Körper sendet durch Fiebersymptome einen Alarm aus, um uns mitzuteilen, dass wir krank sind. Warum sollte eine Temperaturerhöhung also keinen Unterschied für das Leben auf dem Planeten Erde machen? Die Wahrheit ist, dass wir nicht nur die Symptome ignorieren, sondern auch in dem Glauben leben, dass die Erderwärmung keinen so großen Unterschied für uns und die Ökosysteme, mit denen wir das Leben auf dem Planeten teilen, machen wird.

Ich werde einen Exkurs machen, wenn Sie Geduld haben, mir zu folgen. Bevor ich den Text dieses Buches überarbeitet habe, war der letzte Satz des vorherigen Absatzes anders. Ich hatte geschrieben „das Leben auf *unserem* Planeten" anstelle von „das Leben auf dem Planeten", vielleicht wegen dem gewohnten Gebrauch dieses gesellschaftlich gängigen Ausdrucks oder vielleicht aus Sapiens-Instinkt; zu glauben, dass der Planet Erde tatsächlich uns gehört, ist das Ergebnis von Jahrhunderten sozialer Überbauungen, die die Erzählung von der Dominanz des Menschen und einer Weltanschauung genährt haben, die wir so sehr verinnerlicht haben, dass wir sie nie in Frage stellen wollen: Der Dualismus von Descartes hat zu einer klaren Trennung zwischen Mensch und Natur geführt und es dem weißen Mann ermöglicht zu besitzen, auszubeuten und zu kolonisieren. Der Planet gehört uns nicht. Höchstens gehören wir zum Planeten.

In seinem Essay **Deep Ecology**[298] stellt Guido Dalla Casa die Tiefenökologie der Oberflächenökologie gegenüber, deren Ziel es ist, Umweltverschmutzung zu reduzieren und natürliche Lebensräume zu retten, ohne jedoch die dominante Weltsicht anzutasten. Das Konzept des „Umweltschutzes" hängt vom Homo Sapiens ab, um seine eigene Bedeutung zu erhalten. Die Bewegung der Tiefenökologie erkennt hingegen an, dass das ökologische Gleichgewicht „tiefgreifende Veränderungen in unserer Wahrnehmung von der Rolle des Menschen im planetarischen Ökosystem erfordert". Der Begriff *Umwelt* ist irreführend, erklärt Dalla Casa, weil es sie nicht gibt. Umwelt impliziert „die Umgebung des Menschen" und etwas, das dem Homo Sapiens gehört. Aber der Mensch ist ein integraler Bestandteil dieser Umwelt, die er als umgebend und von sich getrennt definiert. In der westlichen Kultur ist dem Konzept der Umwelt ein starker Anthropozentrismus inhärent, so dass sie zu einem Hintergrund für den Menschen wird. Die Erde ist nicht „unsere Umgebung" oder „unser Zuhause", sondern der Organismus, dem wir angehören.

Die Tiefenökologie entstand als soziale Bewegung, die dazu ermutigte, über das Verhältnis zwischen Menschen und Natur nachzudenken. Der Mensch müsse von einer Beziehung, die die Natur nur für ihren „Nutzen" schätzt, zu einer Beziehung kommen, die ihren intrinsischen Wert anerkennt. Allerdings kann die Tiefenökologie auch zu einer extremeren Position[299] tendieren. Kritiker sagen, dass die Bewegung mehr auf „Mystik" als auf einen rationalen Ansatz für Umweltfragen basiert, aber vor allem, dass sie den Ökofaschismus[300] fördern kann, der manchmal tatsächlich als grundlegende Tendenz zu erkennen ist. Ökofaschismus hat gemeinsame Merkmale mit Anti-Multikulturalismus, dem weißen Suprematismus und Antisemitismus. Wenn Tiefenökologie diese radikaleren Ausmaße annimmt, wird sie als „anti-humanistisch"[301] bezeichnet.

Aber kommen wir zurück zu den Leugnungsstrategien. Eine der bevorzugten Strategien der Leugner, die effektivste, weil sie einerseits die Unsicherheiten zum Klimawandel und andererseits die wirtschaftlichen und sozialen Verwundbarkeiten einiger Gruppen ausnutzt, werde ich als „hat keine Priorität" bezeichnen. Aufgrund der Unwissenheit der „Laien"[302] in Bezug auf den Klimawandel nutzt die Leugnung oft die Unkenntnis der Bevölkerung über wissenschaftliche Sprache und Terminologie. Die allgemeine Verwirrung über wissenschaftliche Begriffe wird in großem Maßstab ausgenutzt und dient den Leugnern dazu, Ambiguität und Zweifel an der Klimawissenschaft zu erzeugen und die Schlussfolgerungen der Klimatologen zu manipulieren. In den Vereinigten Staaten nutzen Leugner oft die Unterschiede zwischen wissenschaftlicher Sprache und Alltagssprache zu ihrem Vorteil.

In Italien gibt es ein ähnliches Problem, das jedoch weniger mit der Sprache als vielmehr mit Autorität zu tun hat. Die wissenschaftliche Kultur ermöglicht es üblicherweise, Wissenschaftler basierend auf dem, was sie studiert haben, zu unterscheiden. Ein Klimaforscher oder Klimatologe ist autoritativ in Bezug auf die Klimawissenschaft, während ein Astrophysiker Experte für die physikalischen Eigenschaften himmlischer Körper ist, genauso wie ein Geologe Experte für Geologie ist. Das scheint selbstverständlich zu sein, ist es in Italien aber nicht. Das Fehlen einer „üblichen" wissenschaftlichen Kultur in Italien bedeutet, dass wenn jemand „Professor" von etwas ist, er quasi Experte für alles ist. Und daher wird ein Wissenschaftler als Wissenschaftler betrachtet, ohne Unterscheidung. Wie wir bereits gesehen haben, führt dies oft zu Situationen, in denen Experten, die sich mit ganz anderen Themen beschäftigen - oft nicht einmal aus dem wissenschaftlichen Bereich stammen, sondern Ökonomen oder Unternehmensleiter sind - zur Klimawissenschaft befragt werden. Die Leugner wissen das und nutzen es aus.

Wenn man dieses Problem weiterentwickeln möchte, könnte man sagen, dass die Leugner ein mangelndes Vertrauen in die Wissenschaft nähren und gleichzeitig darauf aufbauen. Dies ist ein Thema, das eine eigene Vertiefung verdient[303] und ich zitiere dazu aus Naomie Oreskes Buch **Warum sollte man der Wissenschaft vertrauen?**. Sie schrieb, dass „es nicht darum geht, Vertrauen in die Wissenschaftler zu haben - so weise oder integer sie auch sein mögen - , sondern um das Vertrauen in die Wissenschaft an sich, als einen sozialen Prozess, in dem Aussagen fortwährend rigoroser Prüfung unterzogen werden"[304]. „Das bedeutet nicht, dass Wissenschaftler Zeit und Energie darauf verwenden sollten, bereits bewiesene Schlussfolgerungen immer wieder zu beweisen oder widerlegte Behauptungen zu widerlegen." In Hinblick auf die wissenschaftliche Kultur ermutigt Oreskes im Gegensatz zu „blindem Vertrauen" zu einem „fundierten Vertrauen [...] in die Forschungsergebnisse von Wissenschaftlern in ihren jeweiligen Fachgebieten"[305].

Lassen Sie uns nun tiefer in den Mechanismus der Prioritäten eintauchen. Bjorn Lomborg ist z.B. einer derjenigen, der die Schwere der Umweltverschmutzung und ihre Priorität in der öffentlichen Politik in Frage gestellt hat. Sein Ansatz basiert auf der simplen Argumentation „es gibt höhere Prioritäten als den Klimawandel", wie zum Beispiel Armut, und er schreibt in seinem Buch[306]: „Armut und nicht die Umwelt ist das größte Hindernis bei der Lösung unserer Probleme". Nach einem guten Jahrzehnt wird es immer schwieriger, diese These aufrechtzuerhalten. Und doch wird dieses Argument oft verwendet, um das Fehlen von Klima- und Umweltpolitik auf politischen Agenden zu rechtfertigen. Es gibt immer etwas Wichtigeres, das die Wähler aufweckt: die Migrationskrise oder Steuern, um nur zwei zu nennen. Tatsächlich wird es einfach, die scheinbaren Grundlagen dieser Strategie zu erschüttern, wenn man über die Dynamik des „es hat keine Priorität" nachdenkt. Der Kurzschluss tritt auf, wenn man erkennt, dass das grundlegende Gesetz des Klimawandels das der sozialen Ungleichheit ist. Diejenigen, die als Erste von den Auswirkungen des Klimawandels betroffen sein werden, sind gerade die ärmsten Gemeinschaften, die verwundbarsten Gruppen und Minderheiten. Armut und Klimawandel sind eng miteinander verbundene Themen und keines hat Vorrang vor dem anderen, denn heute kann man sich nicht mit dem einen befassen, ohne das andere anzugehen. Was Lomborgs Buch betrifft, das für viel Kontroverse gesorgt hat, wurde es vom Dänischen Komitee für wissenschaftliche Unehrlichkeit als falsche Darstellung von Daten und wissenschaftlichen Beweisen bewertet.

Im Juli 2020 überarbeitete Lomborg den Mechanismus der Prioritäten in einem neuen Buch[307] und wiederholt dieselben Argumente. Und auch hier ist die These des *False Alarm* enthalten: Aktivisten und Wissenschaftler haben einen „falschen Alarm" über die Gefahren des Klimawandels ausgelöst. Wenn wir ihnen zuhören, sagt Lomborg, werden wir Milliarden von Dollar zahlen, „das Planetenproblem nicht lösen" und die Armen werden mehr leiden. Das Alibi der Prioritäten stellt auch in diesem Fall eine falsche Wahl dar: Die Klimakrise und sozioökonomische Gerechtigkeit sind untrennbar miteinander verbunden. In der «New York Times»[308] kommentierte der Nobelpreisträger für Wirtschaft, Joseph Stiglitz, das Buch wie folgt: „Wenn Lomborgs Arbeit jemanden überzeugen könnte, der sich aktuell um die Gefahren des Klimawandels sorgt, wäre sie absolut gefährlich".

Einer der Gründe, warum es bisher so einfach war, Zweifel am Klimawandel zu säen, ist, dass verwirrende und widersprüchliche Botschaften eine sehr effektive Strategie sind, argumentiert Naomi Oreskes[309]. Die Gruppen, die in der Klimaleugnung involviert sind, haben sich sehr bemüht, Botschaften zu verbreiten, die wenige Wahrheiten und viele Falschheiten enthalten, gerade genug, um das Ganze insgesamt „ziemlich vernünftig" erscheinen zu lassen. Oreskes nennt dies die Strategie der Verwirrung. Und dann gibt es auch noch die Strategie der Ambiguität. Für Leugner ist Ambiguität ein einfacher Ausweg und zielt fast immer darauf ab, Verwirrung zu stiften. Oft werden zum Beispiel in den Argumenten der Leugner mehrdeutige Wörter verwendet, um die Öffentlichkeit zu einer irreführenden Schlussfolgerung zu führen.

Viele der Aussagen, die jetzt verbreitet werden, sind tatsächlich nicht falsch, sondern irreführend. Anstatt erfundener Daten und falscher Geschichten überarbeiten die Leugner echte Inhalte. Laut Claire Wardle, einer Expertin für Kommunikation, besteht diese Strategie darin, echte Inhalte mit polarisierenden Themen oder Figuren zu verknüpfen. In diesem Szenario wird der Kontext mehr als der Inhalt instrumentalisiert. Das Ergebnis ist ein „absichtliches Chaos".

Insbesondere amerikanische Konservative haben eine lange Geschichte absichtlicher Verwirrung, um Maßnahmen zum Klimaschutz zu verzögern, die den immensen Gewinn der fossilen Lobby bedrohen. Das Problem ist jedoch, dass es keine Rolle spielt, wie oft die Desinformation der Leugner korrigiert wird. Verschwörungstheorien und die Desinformation, die eine alternative Version der Realität schaffen, funktionieren, weil sie zwar destabilisieren, aber auch eine Ventilfunktion bieten.

Die Frage, ob die Medien die Desinformation verstärken können, indem sie über sie berichten, wurde lange Zeit debattiert. Kürzlich hat eine Studie den *Backfire*-Effekt widerlegt, bei dem Aufklärung von Desinformation zu mehr Sichtbarkeit derselbigen führt. Um eine Falschheit aufzudecken, muss man sie nicht nur bloßstellen, es gilt auch zu untersuchen, wie sie im Prozess entstanden ist und warum. Es bleibt eine zentrale Herausforderung für Journalisten und Fakten-Checker, sich durchzuarbeiten und Falschheiten aufzudecken, ohne dem ursprünglichen Inhalt mehr Sauerstoff zu geben. Auch deshalb betont Naomi Oreskes: „Wenn es darum geht, Zweifel zu schüren, kann man nicht mit denselben Mitteln antworten. Man muss die Bedingungen der Debatte ändern; und eine Möglichkeit dies zu tun, besteht darin, die ideologischen und wirtschaftlichen Motivationen aufzuzeigen, die dazu führen, die Wissenschaft zu leugnen, um zu zeigen, dass diese Einwände nicht wissenschaftlich, sondern politisch sind."[310]

Alle Leugner haben gemeinsame Merkmale, da ihr Ziel darin besteht, die Öffentlichkeit und die Medienplattformen (die dazu beitragen können, ihre Desinformationskampagne zu verbreiten) davon zu überzeugen, dass es ausreichend Gründe gibt, den wissenschaftlichen Konsens zum Klimawandel in Frage zu stellen, um Maßnahmen zur Bewältigung der Klimakrise als unnötig erscheinen zu lassen. Um dieses Ziel zu erreichen, bedienen sich Leugner-Lobbyisten oft rhetorischer Argumente, um ihre Aussagen zu legitimieren. Eines der häufigsten Argumente dieser Art lautet: „Das Klima hat sich in der Vergangenheit bereits natürlich verändert, daher muss auch der aktuelle Klimawandel natürlich sein." Laut den Umweltwissenschaftlern Haydn Washington und John Cook ist dies so, als würde man sagen: „Waldbrände sind in der Vergangenheit natürlich vorgekommen, daher müssen alle aktuellen Waldbrände natürlich sein."[311]

Natürlich handelt es sich dabei um eine fehlerhafte Argumentation, die auf der falschen Annahme beruht, dass, weil das Klima in der Vergangenheit auf natürliche Ursachen zurückzuführen war, es unmöglich sei, dass es sich jetzt durch CO_2-Emissionen aus menschlichen Aktivitäten verändert. Einer der direktesten wissenschaftlichen Beweise, der diese Argumentation widerlegt, ist, dass der aktuelle Anstieg der CO_2-Emissionen viel schneller erfolgt als durch natürliche Ursachen in der Vergangenheit. Es handelt sich um Tausende von Jahren im Vergleich zu etwa hundert Jahren. Darüber hinaus sind die Treibhausgaskonzentrationen seit mindestens 800.000 Jahre auf noch nie dagewesene Werte gestiegen.

Als die Verhandlungen von Kyoto im Jahr 1997 begannen, erklärte die American Automobile Association: „Wir sind besorgt, dass die Umsetzungspolitik des Kyoto-Protokolls die amerikanische Industrie in eine nachteilige Position bringen wird, um global zu konkurrieren. Es würde die Arbeitsplätze von Millionen amerikanischer Arbeiter gefährden."[312] Ebenso hat sich der konservative Think Tank GCC gegen das Kyoto-Protokoll ausgesprochen und behauptet, dass seine Umsetzung 1,5 Millionen Arbeitsplätze gefährden würde[313]. Die Leugner nutzen die instrumentelle Nutzung der sozioökonomischen Auswirkungen von Umweltpolitik aus und betonen oft das Risiko des Arbeitsplatzverlustes aufgrund von Klimapolitikmaßnahmen. Indem sie Kaskadeneffekte wie Arbeitslosigkeit hervorheben, lenken die Leugner die Aufmerksamkeit der Öffentlichkeit und der Wähler auf sich.

Im Jahr 2009 veröffentlichte der spanische Ökonom Gabriel Calzada Alvarez eine Studie, laut der Spaniens Bestrebungen zur Entwicklung erneuerbarer Energien die Beschäftigung beeinträchtigt hätten.[314] Calzadas Analyse behauptete, dass für jeden geschaffenen Arbeitsplatz im Sektor sauberer Energie 2,2 Arbeitsplätze zerstört würden. Die spanische Regierung und das National Renewable Energy Laboratory der USA haben gezeigt, dass Calzadas Methodik fehlerhaft war. Laut «Inside Climate News» hat dies die Leugner natürlich nicht daran gehindert, ihre Version der Ereignisse zu unterstützen. Calzada war Mitglied des Centre for the New Europe, eines marktwirtschaftlichen Think Tanks, der teilweise von ExxonMobil und den Koch-Brüdern finanziert wurde. Drei Jahre später zitierte Kenneth Green vom American Enterprise Institute (AEI), einem weiteren konservativen Think Tank, die spanische Studie vor dem Kongress, um die föderale Unterstützung für die Schaffung grüner Arbeitsplätze zu bekämpfen.

Wir sind alle in gewissem Maße anfällig für logische Fehlschlüsse, diese

Fehler im Denken, die einen korrekten argumentativen Vergleich vermissen lassen. Die Leugner nutzen dies aus und verwenden logische Fehlschlüsse als Instrument ihrer Delegitimierungstaktiken. Ein fehlerhaftes Argument kann irreführend sein, da es scheinbar einer logischeren Logik folgt, als es das tatsächlich tut. Eines der treffendsten Beispiele unserer Zeit ist vielleicht Greta Thunberg. Die junge Aktivistin ist schnell zum Ziel von Kritikern geworden; mehrmals wurde sie kritisiert, herabgesetzt oder mit oberflächlichen und feigen Urteilen abgetan. Eine der Kritikpunkte betraf das Vorhandensein einer Plastikflasche auf der kohlenstofffreien Yacht, mit der Thunberg im August 2019 von Europa nach Amerika segelte, den Atlantik überquerte und in New York für den Klimagipfel der UNO anlegte. Die Flasche, die auf einem Foto, das im Internet die Runde machte, zu sehen war, wurde zum Vorwand, um Gretas Unglaubwürdigkeit „aufzudecken". Das ist die Kehrseite ihrer Popularität. Jede Handlung, jeder Schritt, jedes Wort muss abgewogen werden. Wer in unserer Gesellschaft Einfluss gewinnt, wird immer delegitimiert. Die Kritik an ihr basiert jedoch auf einer fehlerhaften Argumentation, im Fachjargon als ad hominem bezeichnet, eine Strategie, bei der anstatt die Inhalte des Arguments zu kritisieren, der Charakter, die Motivationen oder andere Eigenschaften der Person, die das Argument vorbringt, angegriffen werden. In diesem Fall wagen es Kritiker und Leugner nicht, die Inhalte von Gretas Reden anzugreifen, da es viel schwieriger wäre, ihre Argumente zur Klimaerwärmung zu widerlegen. Stattdessen zielen sie auf ihre Motivation ab und behaupten zum Beispiel, dass sie bezahlt wird oder dass es Menschen gibt, die sie kontrollieren, oder sie greifen ihre moralische Integrität an, indem sie ihr vorwerfen, Plastik zu benutzen. Die Kritiker kritisieren Greta mit dem Ziel, ihre Glaubwürdigkeit zu untergraben und sie durch den Einsatz dieser Taktik zu delegitimieren, da es viel komplizierter wäre, das, was sie sagt und vertritt, effektiv anzugreifen.

Der kanadische Philosoph Charles Taylor sieht in der *ad hominem* Argumentation, angesichts der Verbindung zwischen einzelnen Personen und den moralischen Aussagen selbst, eine Möglichkeit, etwas über die Moral der Person zu erfahren. Häufig ist die *ad hominem* Argumentation jedoch einfach nur eine effektive Methode, um die Aufmerksamkeit auf die irrelevanten Eigenschaften derjenigen abzulenken, die eine bestimmte These unterstützen, anstatt den Inhalt der These selbst zu beurteilen. Im Jahr 2012 verbreitete das Heartland Institute in den USA Plakate, auf denen Diktatoren, Serienmörder und Terroristen wie Osama Bin Laden mit dem Slogan **Ich glaube immer noch an die globale Erwärmung. Und du?** abgebildet waren.

Die *ad hominem* Strategie umfasst also auch die Taktik des „Angriffs auf den Nachrichtenüberbringer"[315] - *attack the messenger strategy* -, bei der vereinfachte Etiketten verwendet werden. Wenn Klimatologen wegen Daten oder wissenschaftlicher Analysen alarmiert sind, werden sie als Alarmisten bezeichnet. Wenn Wissenschaftler Forschungszuschüsse beantragen, um sich zu finanzieren, werden sie beschuldigt, Bestechungsgelder anzunehmen oder bezahlt zu werden. Wenn Wissenschaftler sich auf Fakten statt auf Ideologie beziehen, werden sie als liberale Eliten bezeichnet.

Auch noch erwähnenswert ist der rote Hering (*red herring*), ein Fehlschluss, der auf Deutsch umgangssprachlich als „Totschlagargument" übersetzt werden könnte, eine Taktik, die irreführende und irrelevante Argumente verwendet, um von der zentralen Frage abzulenken. Der Begriff wurde 1807 vom englischen Polemiker William Cobbett populär gemacht, der die Geschichte erzählte, wie er einen stark riechenden roten Hering benutzte, um Hunde davon abzuhalten, einem Hasen nachzujagen. Und in der Krimi-Geschichte **A Study in Scarlet** untersucht der Detektiv Sherlock Holmes eine absichtlich platzierte Spur, die sich dann als irreführend und somit als falsche Fährte herausstellt. Der rote Hering ist eine Taktik, die auch von Politikern oft verwendet wird, um von etwas Unangenehmem abzulenken, wie zum Beispiel Anschuldigungen oder Skandale: Eine falsche Fährte lenkt Menschen, Medienplattformen und Wähler von der diskutierten Frage ab.

Klimawandelleugner-Lobbygruppen greifen auch häufig auf den Einsatz eines „Strohmanns" zurück, einem logischen Fehler, bei dem ein Argument widerlegt wird, indem eine verzerrte Darstellung davon vorgebracht wird. Der Begriff „Strohmann-Argument" stammt aus dem Englischen (*straw man fallacy*) und tritt häufig nach folgendem Muster auf:

Person 1: Behauptet den Satz X.

Person 2: Argumentiert gegen eine erfundene Aussage Y, die Satz X ähnelt, aber oberflächlich und falsch ist, als ob das Argument gegen Y auch ein gültiges Argument gegen X wäre.

Die Klimaleugner könnten zum Beispiel das zweite Gesetz der Thermodynamik nutzen, um zu „beweisen", dass der Treibhauseffekt nicht existiert[316]. Diese Argumentation ist ein „Relevanzfehler": Sie geht nicht direkt auf den eigentlich Inhalt ein. Das Strohmann-Argument kann auch mit einer übermäßigen Vereinfachung angewendet werden, um dann diese vereinfachte Version anzugreifen. Oder andersherum, die Argumentation des Gegners wird stark übertrieben, um dann diese übertriebene neue Version anzugreifen. Im Vereinigten Königreich ist die Taktik des Strohmanns als „Tante Sally" (*Aunt Sally*) bekannt, nach einem Pub-Spiel mit demselben Namen, bei dem die Gäste Stöcke auf einen Pfosten werfen, um den darauf balancierenden Kegel zu Fall zu bringen.

Eine der häufigsten Strohmann-Argumente, die von Leugnern verwendet werden, betrifft die wissenschaftliche Aussage, dass der Klimawandel „extreme Wetterereignisse" verursacht. In Wirklichkeit machen Klimatologen einen Unterschied zwischen „Ursächlichkeit" und „Einfluss", zwei sehr unterschiedlichen Dingen, die es ermöglichen, das Verhältnis zwischen globaler Erwärmung und Häufigkeit und Intensität von extremen Wetterereignissen wissenschaftlich zu erklären.

Laut Dr. J. Marshall Shepherd, einem Klimaexperten und Direktor des

Programms für Atmosphärenwissenschaften an der University of Georgia, sollten „Medien und Entscheidungsträger aufhören zu fragen, ob ein [Wetter-] Ereignis durch den Klimawandel verursacht wurde"[317]. Die Fragen, die stattdessen gestellt werden sollten, sind andere: „Sind Ereignisse dieser Schwere aufgrund des Klimawandels wahrscheinlicher oder unwahrscheinlicher?" Oder: „Inwieweit war das Ereignis aufgrund des Klimawandels intensiver oder weniger intensiv?"

Andere Strategien des Klimaleugnens fallen unter die Verschwörungstheorien, siehe Climategate, das ich in der Einleitung erwähnte. Verschwörungserzählungen sind unvermeidlich, wenn es darum geht, einen internationalen wissenschaftlichen Konsens zu leugnen. Wie könnte man sonst rechtfertigen, dass alle Wissenschaftler weltweit einer Sache zustimmen, die du weiterhin leugnest?

Eine Verschwörungstheorie kann negative, schädliche Folgen haben und wenn sie Fuß fasst, besteht die Gefahr, dass sie das Internet und die sozialen Medien durchdringt[318]. Tatsächlich basieren Verschwörungstheorien auf unzuverlässigen Mechanismen der Realitätsdarstellung, sind aber in den meisten Fällen nicht das Ergebnis von aufrichtig vertretenen falschen Überzeugungen. Sie werden absichtlich aus politischen und strategischen Gründen konstruiert, geplant und verstärkt und sind ein unvermeidlicher Bestandteil des politischen Extremismus.

Stephan Lewandows, Psychologe und Leiter der Abteilung für kognitive Psychologie an der Universität Bristol, und John Cook, kognitiver Wissenschaftler und Forscher am Monash Climate Change Communication Research Hub an der Monash University in Australien, haben die Ursachen und Dynamiken von Verschwörungstheorien untersucht und eine Art Anleitung zum „Navigieren" in der Verschwörungsgläubigkeit erstellt[319].

Das Akronym CONSPIR fasst die sieben Hauptmerkmale von Verschwörungstheorien zusammen:

C = Contradictory

O = Overriding Suspicion

N = Nefarious intent

P = Persecuted Victim

I = Immune to Evidence

R = Re-interpreting Randomness.

Das erste ist das Element der Widersprüchlichkeit: Verschwörungsgläubige können gleichzeitig an Ideen glauben, die sich gegenseitig widersprechen. Es spielt keine Rolle, ob die Argumentation inkohärent ist, es geht nur
darum, um jeden Preis nicht an die „offizielle Version" der Fakten zu glauben. Das zweite Merkmal ist Misstrauen: Jedes Element, das nicht direkt in
die Theorie passt, braucht nicht berücksichtigt zu werden. Die Verschwörung wird zur Realität, der Rest wird zur Verzerrung. Die dritte Eigenschaft
stellt den strategischsten Aspekt dieser Theorien dar und knüpft an die anfängliche Definition an: „böswillige Absicht" oder Arglist. „Die Motivationen hinter jeder Verschwörung werden als böswillig angesehen", schreiben
Cook und Lewandowsky. „Verschwörungstheorien gehen niemals davon aus,
dass die Verschwörer gute Absichten haben könnten." Ein weiteres Merkmal ist der vage Verdacht „Da stimmt etwas nicht"; die Realität muss eine
Täuschung sein und nicht umgekehrt. Verschwörungstheoretiker sind sich
sicher, dass die gängige Erklärung auf jeden Fall falsch ist – selbst wenn sie
Einzelheiten ihrer eigenen Erzählung mal fallen lassen, ändern oder neu bewerten, bleiben sie dabei, dass Verschwörer etwas im Schilde führen. Ein
weiterer gemeinsamer Aspekt derjenigen, die Verschwörungstheorien unterstützen, ist ein Gefühl des Opferseins, begleitet von Verfolgungswahn: Der
Verschwörungstheoretiker stellt sich als Opfer einer universellen Verfolgung
dar. Gleichzeitig wird er zum „mutigen Gegner", der sich den „bösen Ver-
schwörern" (oder denen, die nicht an die Verschwörungstheorie glauben)
entgegenstellt und entwickelt eine ambivalente Selbstwahrnehmung: gleich-

zeitig Opfer und Held. Die fünfte Eigenschaft ist, dass Verschwörungstheorien oft absichtlich „immun" gegenüber faktischen Beweisen sind, Cook und Lewandowsky bezeichnen sie als „selbstversiegelnd". Selbst wenn Beweise existieren, werden sie so interpretiert, dass sie in das Rahmenwerk der Verschwörung passen. Je stärker die Beweise gegen die Theorie sind, desto mehr haben Verschwörungstheoretiker das Bedürfnis, dass ihre (falsche und konstruierte) Version der Ereignisse geglaubt wird. Beispiel: „Der Klimawandel existiert nicht, er ist eine Verschwörung. Wissenschaftler, die beweisen, dass er existiert und vom Menschen verursacht wurde, sind Teil davon." Eine Verschwörung innerhalb der Verschwörung also. Oft ist die Manipulation der Realität so täuschend, dass die Theorien eine plausible Alternative zur Realität darstellen. Je glaubwürdiger die Verschwörung ist, desto gefährlicher ist ihre Verbreitung. Der Mechanismus der anderen Auslegung von Beweisen ist auch mit der siebten Eigenschaft verbunden: Verschwörungstheoretiker instrumentalisieren „Zufälle", deren Auftreten so uminterpretiert werden, dass sie in die Verschwörungsgeschichte passen. Nichts geschieht zufällig, alles muss darauf hinweisen, dass die Theorie die absolute Wahrheit ist: Jedes Detail, selbst das unwichtigste, wird in ein Täuschungsschema eingewoben, das perfekt in die Verschwörung passt.

Aber warum verbreiten sich Verschwörungstheorien so leicht? Laut den beiden Autoren neigen Menschen, die sich verletzlich und machtlos fühlen, dazu, einen fruchtbaren Boden für die Verbreitung von Verschwörungsgeschichten zu bieten. Sie ermöglichen es, „bedrohliche Umstände" durch einen Sündenbock zu „bewältigen": Ein „großes Ereignis" muss zwangsläufig eine „wichtige Ursache" haben. In dieser Hinsicht ist es eine Möglichkeit, unwahrscheinliche und außergewöhnliche Ereignisse zu erklären: eine Art Bewältigungsmechanismus, der einigen Menschen eine alternative Möglichkeit bietet, mit Unsicherheit umzugehen. Die Dimension der Unsicherheit ist tatsächlich entscheidend für den Erfolg von Verschwörungstheorien.

Laut «Scientific American»[320] deuten neue Forschungen darauf hin, dass die Ereignisse, die in den letzten Jahren weltweit stattgefunden haben, diese Emotionen verstärken und Menschen noch eher dazu bringen, an Verschwörungsmythen zu glauben. Tatsächlich haben einige Studien gezeigt, dass Angstgefühle dazu führen, dass Menschen „verschwörerischer" denken. Eine Verschwörungstheorie kann dann Trost bieten und die Welt einfacher und kontrollierbarer erscheinen lassen. Eine Studie aus dem Jahr 2016 zeigt zum Beispiel, dass gestresste Personen eher an Verschwörungstheorien glauben und eine Studie aus dem Jahr 2017 hat herausgefunden, dass das Erzeugen von Angst Menschen anfälliger für Verschwörungen macht. Sich entfremdet oder unerwünscht zu fühlen, scheint auch das konspirative Denken attraktiver zu machen.

Es ist kein Zufall, dass Verschwörungstheorien als besonders attraktiv für jede Gesellschaft angesehen werden, die ein kollektives Trauma erlebt hat. In der Vergangenheit erreichten solche Theorien während des Ersten Weltkriegs, der Ermordung Kennedys oder am 11. September[321] einen Höhepunkt an Popularität. Wenn sich persönliche Entfremdung oder Angstgefühle mit dem Gefühl verbinden, dass die Gesellschaft in Gefahr ist, schreibt Melinda Wenner Moyer in Scientific American, erleben Menschen eine Art „Doppelschlag", der eine konspirative Reaktion fördert. Natürlich ist der Trost, den man in Verschwörungstheorien sucht und findet, eine Illusion und hat oft das Potenzial, extrem schädlich zu sein. Beispielsweise neigen Menschen, die an Impfverschwörungstheorien glauben, dazu, ihre Kinder nicht zu impfen, was „Infektionsherde"[322] von Krankheiten schafft und ganze Gemeinschaften gesundheitlich gefährdet. Verschwörungstheorien können echten Schaden anrichten, insbesondere wenn Verschwörungsgläubige ihre Überzeugung mit Mitteln der Gewalt zum Ausdruck bringen.

Soziale Medien können die Mechanismen von Verschwörungstheorien verstärken. Das Fehlen traditioneller Gatekeeper wie Zeitungen trägt dazu bei, dass Desinformation online leichter und schneller verbreitet wird, oft auch durch gefälschte Konten, Bots oder Trolle. Ebenso neigen Menschen, die Verschwörungstheorien „konsumieren", dazu, verschwörerische Beiträge auf Facebook zu liken und zu teilen. Die Förderung analytischen Denkens könnte ein effektives Werkzeug sein, um die falsche Erzählung über die Realität zu entlarven, auf der Verschwörungstheorien beruhen. Die Unterscheidung zwischen den verschiedenen Strategien des Klimawandel-Leugnens ist oft nicht so klar. Oft überlappen sich die Strategien und eine fehlerhafte Argumentation kann von einer Verschwörungstheorie begleitet werden. Oder die Taktik des *Cherry Pickings* kann schwer zu erkennen sein, da sie von vermeintlichen Experten vorgebracht wird. Sich mit den Strategien des Leugnens vertraut zu machen, ist jedoch der erste Schritt, um sie in der Realität zu erkennen, auch wenn sie nicht so offensichtlich und schwer zu identifizieren sind. Um auf die Studien zurückzukommen, die den Backfire-Effekt widerlegt haben: Das Erklären der Fakten zum Klimawandel kann genauso effektiv sein wie das Erklären der Techniken des Leugnens, um Desinformation entgegenzuwirken. Die Identifizierung von Leugnungsstrategien ist aber meiner bisherigen Erläuterungen nach sicherlich effektiver, da sie auf verschiedene Themen angewendet werden kann.

Eine immer häufiger verwendete Leugnungsstrategie ist beispielsweise „die Lösungen zu leugnen", wie es John Cook auf Twitter[323] beschrieb: Klimaleugner torpedieren die Lösungen (durch Klimapolitik oder Energiewende), um Maßnahmen zum Klimaschutz zu verzögern. Sie werden häufiger Argumente hören wie „Klimapolitik ist unwirksam" oder „Erneuerbare Energien sind genauso schädlich wie fossile Brennstoffe".

Planet of the Humans, der von Michael Moore produzierte Film, der am Vorabend des Earth Day 2020, am 21. April, veröffentlicht wurde, positioniert sich stark gegen Umweltschützer und erneuerbare Energien. Die Prämisse, auf der der Dokumentarfilm basiert, ist, dass erneuerbare Energien nicht viel besser sind als fossile Brennstoffe und Umweltgruppen nicht viel besser sind als Ölmagnaten. Tatsächlich sind sie schlimmer, weil sie falsch, heuchlerisch und vom US-Unternehmenssektor korrumpiert sind.

Im Wesentlichen ist die These des Films eine Erzählung, die oft von denen verwendet wird, die provokante und wenig konstruktive Kontroversen auslösen wollen: Wir sind alle korrupt, schmutzig und ausschließlich vom Profit motiviert. Ach ja, und wir alle verbergen etwas. Vor allem die „linken Umweltschützer", die bisher so getan haben, als wären sie „rein". Nach der Logik des Films können erneuerbare Energien fossile Brennstoffe niemals wirklich ersetzen. Tatsächlich behauptet der Film, dass zur Schaffung von erneuerbaren Anlagen gerade fossile Brennstoffe benötigt werden. Der Film ist so außerordentlich problematisch, da er Informationen, Fakten und irreführende Meinungen zusammenschneidet und an vielen Stellen dem Zuschauer zutiefst falsche Informationen und veraltete Daten zeigt.[324]

Josh Fox, Regisseur des *Anti-Fracking*-Dokumentarfilms **Gasland** (2010), hat zusammen mit anderen, darunter Klimawissenschaftler Michael E. Mann, Naomi Oreskes und Geoffrey Supran, einen Brief[325] zu Moores Film unterzeichnet. Darin heißt es, er handele von längst widerlegten Argumenten der fossilen Brennstoffindustrie und „ignoriert die letzten zehn Jahre der von Experten gestützten Politik und Planung erneuerbarer Energien". Weiterhin enthält der Film „verschiedene Verzerrungen, Halbwahrheiten und Lügen" und die Filmemacher haben uns und dem Planeten einen Bärendienst erwiesen, indem sie die Stereotypen der ‚Klimawandel-Inaktivisten' fördern". In «The Nation» schrieb Fox einen Artikel[326] mit dem Titel **Ich stelle Ihnen den neuen Werbeagenten für Öl und Gas vor: Michael Moore**, in dem er die Dokumentation als extrem „unwissenschaftlich, veraltet und voller Lügen" anprangert und als etwas, das den Befürwortern der fossilen Brennstoffindustrie und den Klimaleugnern zugutekommt.

Die Dokumentation funktioniert leider so gut, weil sie auf Gefühle von Frustration und Wut abzielt. Endlich enthüllt jemand, wie schmutzig alle Hände sind. Die Erzählung wird sofort politisch: Fehler auf der linken Seite sind unverzeihlich, diejenigen auf der rechten Seite vernachlässigbar. Dies ist das Paradigma, das die letzten Jahre der US-amerikanischen Politik geprägt hat, angefangen bei Trump. Aus diesem Grund haben die Klimaleugner sehnsüchtig auf einen solchen Film gewartet - die perfekte Unterstützung für das Klimaleugner-Netzwerk. Wie im Fall von Michael Shellenberger hat das Klimaleugner-Netzwerk Moores Arbeit übernommen: Jemand, der in der Vergangenheit umweltfreundliche Positionen eingenommen hat, kommuniziert nun das, was die Klimaleugner schon immer gesagt haben. Wie kann man ihnen jetzt nicht glauben? Dies widerspricht der Argumentation des Films selbst: Wenn alle schmutzig sind, dann müssen es auch die Schöpfer des Films und die Klimaleugner sein, sonst besteht die den Umweltschützern unterstellte „falsche" Aufteilung einer Welt in Gut und Böse weiterhin und wird nur verdreht.

In jedem Fall geht es nicht darum, dass der Film automatisch verurteilt werden sollte, nur weil die Klimaleugner ihn so gut aufgenommen haben. Die Frage ist, warum sie ihn gemacht haben, um von dort aus zu verstehen, wie eng die beiden Erzählungen, also die der Klimaleugner und die von **Planet of the Humans**, miteinander verflochten sind.

Außerdem tendiert diese Art von Erzählung dazu, einen spezielle Effekt auf alle zu haben: Spaltung. Diese Strategie wird im Jargon als *Wedge Campaign*[327] bezeichnet („*wedge*"= Keil) und wird verwendet, um eine Gemeinschaft zu spalten und Zwietracht zu säen, vergleichbar auch mit dem Slogan *divide et impera* (teile und herrsche). „Das Prinzip ist einfach", erklärt Michael E. Mann, „die Klimaschutzbefürworter so spalten, dass sie nicht mit einer Stimme sprechen können, und diese interne Spaltung nutzen, um abzulenken, zu behindern, zu beunruhigen und zu neutralisieren."[328] Außerdem bleibt **Planet of the Humans** trotz des Versuchs, die Verbindung zwischen Dokumentarfilm und Leugnerbewegung zu trennen, größtenteils inhaltlich ungenau.

Das Verständnis der allgemeinen Taktiken des Leugnens kann helfen, den Schwindel des Leugnens nicht nur im Bereich des Klimas, sondern auch in anderen Bereichen aufzudecken und zu widerlegen. Es ist eine Möglichkeit, die weit verbreitete Desinformation zu bekämpfen. Während eines Interviews[329] erzählte Cook mir von seinem Experiment: „Ich teste gerade ein Spiel, mit dem kritisches Denken gelernt werden kann. Im Spiel erkläre ich die verschiedenen Techniken des Klimaleugnens und nachdem wir die Fähigkeit getestet haben, logische Fehler in anderen Themen wie Impfungen oder Kreationismus oder der Verbindung zwischen Rauchen und Krebs in der Tabak-Desinformation zu erkennen, haben wir festgestellt, dass die Schulung zur Fehlererkennung in dem einen Bereich auch die Fähigkeit fördert, Fehler in anderen Bereichen zu erkennen."

Cook kam zu ähnlichen Schlussfolgerungen wie eine Studie[330] von zwei deutschen Forschern. Laut ihrer Analyse hat ein fehlendes Reagieren oder Antworten auf Argumente, die die Wissenschaft leugnen, einen negativen Effekt auf die Bereitschaft der Menschen, sich an von der Wissenschaft geförderten Verhaltensweisen wie Impfungen zu beteiligen. Das Bereitstellen von Fakten, die den leugnenden Argumenten entgegenstehen, und das Aufdecken typischer Strategien der Leugner-Rhetorik hingegen hat positive Auswirkungen. Die Öffentlichkeit ist dann weniger anfällig für Klimaleugnungstaktiken (auch in verwundbaren Gruppen wie amerikanischen Konservativen, zum Beispiel), wenn ein Mechanismus zur Widerlegung der Leugnerstrategien etabliert wird, der bei jeder Art von wissenschaftlicher Leugnung eingesetzt wird.

8.

Der Zuschauereffekt

In Ovids **Metamorphosen** erhalten die Götter von Jupiter, ihrem König, die Aufgabe, alle Menschen zu bestrafen und die Sintflut einzuleiten. „Wir haben alles versucht, um ein Heilmittel zu finden, aber jetzt muss die Klinge des Chirurgen das Unheilbare herausschneiden, um zu verhindern, dass auch gesunde Teile infiziert werden." Neptun, der Gott der Meere und Bruder von Jupiter, rief die Flüsse an, damit sie frei fließen und alles überfluten konnten. Es würde keine Grenzen mehr zwischen Land und Meer geben; alles wird zum Meer und das Meer ist überall, ohne Ufer. Die Meere überdecken die Hügel, die Wellen brechen über den Gipfeln der Berge zusammen, wer nicht ertrinkt und von den Wellen verschont wird, verhungert.

Das Hochwasser in Venedig im November 2019, die Überschwemmung, die tagelang die Aufmerksamkeit der ganzen Welt auf sich zog, lässt die Erzählung der Sintflut immer weniger wie einen Mythos und immer mehr wie Realität erscheinen. Aber nur ein Dichter wie Ovid könnte heute den Klimawandel erzählen, ohne die Zuhörer zu langweilen. Der Schriftsteller Amitav Ghosh behauptet[331], dass sobald man das Thema der Erzählung als etwas namens „Klimawandel" konzipiert, seine Arbeit dazu neigt sich „aufzulösen" und dass Schriftsteller und Romanciers niemals über den Klimawandel schreiben sollten, sondern über die sich verändernde Realität. Das ist es, was Romanciers immer getan haben, sagt Ghosh, Romanciers haben immer über Krieg und Hungersnot geschrieben und es ist diese veränderte Realität, der wir uns stellen müssen. Aber wenn die globale Erwärmung das dringendste Problem ist, dem der Planet gegenübersteht, wo finden wir in der Kultur Reflektionen dieser sich verändernden Welt? Es scheint, dass es kaum Literatur über den Klimawandel gibt, wenn nicht in apokalyptischer Form wie Schriftsteller, die bei der Beschreibung Klimawandel „das Ende der Welt" ästhetisieren. Und doch existieren auch klimatische Erzählungen.

Der Begriff „Cli-Fi" (von Climate Fiction) wurde erstmals am 20. April 2013 verwendet, als National Public Radio (NPR), eine Organisation mit über 900 US-Radiosendern, eine Radiosendung ausstrahlte, um Romane

und Filme zu beschreiben, die sich mit vom Menschen verursachten Klimaveränderungen befassen. Viele Schriftsteller haben sich von den Klimaveränderungen für ihre Geschichten inspirieren lassen. Margaret Atwood, z.B.,
hat das Thema in einer dystopischen Trilogie[332] erforscht, in der sie eine
Welt beschreibt, in der „soziale Ungleichheit, genetische Technologie und
katastrophale Klimaveränderungen in einem apokalyptischen Ereignis kul-
minieren"[333]. Kim Stanley Robinsons Cli-Fi-Roman **New York 2140** aus
dem Jahr 2017 bietet ein komplexes Porträt einer teilweise überschwemm-
ten Küstenstadt, die sich in ihrer Kultur und Ökologie erfolgreich an den
Klimawandel angepasst hat. Jeanette Wintersons **The Stone Gods** (2007)
spielt auf dem imaginären Planeten Orbus, einer Welt, die der Erde sehr
ähnlich ist und unter Ressourcenknappheit und den schwerwiegenden Auswirkungen eines Klimawandels leidet. **JL Morins Nature's Confession**
(2015) erzählt die Geschichte von zwei Jugendlichen, die darum kämpfen,
den Planeten vor der globalen Erwärmung zu retten, während sie versuchen
zu verhindern, dass die Menschen ihre verschmutzende Kultur auf andere
bewohnbare Planeten exportieren.

Nicht alle Literatur, die sich mit dem Klimawandel befasst, ist als Sci-
ence-Fiction geschrieben, also in einer zukünftigen Dimension oder einer
parallelen Realität eingeordnet. Für den Leser schafft es natürlich eine ange-
nehme Distanz, wenn man sich den Klimawandel und seine Auswirkungen
sogar in der Literatur wie ein fiktive Teleportationsgeschichte oder Zeitreise
vorstellt, als ob die Klimakrise eine andere Ära oder eine andere Welt betreffen würde.

Als ich Ghosh in einem Interview[334] fragte, ob eine Versöhnung zwischen
Wissenschaft und Literatur der aktuellen Krise helfen könnte, von der Öffentlichkeit effektiver „internalisiert" zu werden, antwortete der Schriftsteller, dass Literatur zwar helfen könne, aber kein Schriftsteller ein Buch mit
dieser Absicht schreiben sollte: „Das wäre wie Propaganda machen, und ich
glaube nicht, dass es funktionieren würde. Wer anfängt zu schreiben, um die

Menschen ‚zu erziehen‘ oder ihre Meinung zu ändern, täuscht sich. Wenn Fakten jemandes Meinung nicht ändern können, wie könnte es dann ein Roman tun?“. Er fügte hinzu, dass Wissenschaftler ja nicht die einzigen Menschen seien, die bemerkt haben, dass sich das Klima verändert. „Wenn Sie mit Bauern und Fischern auf der ganzen Welt sprechen, werden Sie sehen, dass auch sie bemerkt haben, dass sich das Klima verändert. Ich glaube, es ist sehr wichtig für uns zu erkennen, dass nicht nur die Wissenschaft im Namen der ‚Natur‘ sprechen kann. Und leider passiert dies den Schriftstellern manchmal, wenn sie über die natürliche Welt schreiben.“

In seinem Essay **Die große Verblendung**[335] (Originaltitel: The Great Derangement) argumentiert Ghosh, dass klimatische Lösungen nicht ausschließlich den Wissenschaftlern, Technokraten und Politikern überlassen werden können. „Die Klimakrise ist auch eine Krise der Kultur und somit der Vorstellungskraft“, schreibt Ghosh.

Teilweise könnte der Grund für diesen literarisch-kulturellen Kurzschluss sein, dass alles über den Klimawandel bereits heute hautnah erlebt wird und es schwieriger sein kann, daraus Literatur zu machen. Teilweise ist diese Lücke in der Literatur tatsächlich darauf zurückzuführen, dass der Klimawandel ein Thema ist, das zu langweilig ist, um es in eine Geschichte zu verwandeln. Erzählerisch gesehen sabotiert sich der Klimawandel so selbst. Sicher, die Prämisse des Klimawandels besteht nicht darin, dass aus ihm gute Literatur gemacht werden kann. Was spielt es für eine Rolle, werden Sie sagen, dass es ein literarisch langweiliges Thema ist? Geht es nicht darum, dass die Klimakrise passiert und dass wir daher handeln müssen? Das stimmt. Die Tatsache, dass der Klimawandel ein sich selbst sabotierendes Thema ist, trägt allerdings in keiner Weise zum Handlungspotenzial bei, das die Klimakrise verdienen würde.

Im Journalismus tut sich die Klimakrise ähnlich schwer, immer wieder neue Aufmerksamkeit zu erregen. Erst seit kurzem hat die ständige Präsenz von Nachrichten über den Klimawandel in Zeitungen an Bedeutung gewonnen. Das Jahr 2019 war in dieser Hinsicht ein Wendepunkt, so dass es mehrfach als „das Jahr, in dem die Welt zum Thema Klimawandel aufwachte"[336] bezeichnet wurde. Die Medienberichterstattung ist nicht nur äußerst heikel, weil sie oft bestimmt, wie viel Aufmerksamkeit die Öffentlichkeit und Politiker einem Thema schenken, sondern auch äußerst komplex in ihrer Umsetzung. Der «Guardian», eine der Zeitungen, die sich seit Jahren kontinuierlich mit Umweltfragen beschäftigt und den Lesern einen eigenen umfassenden Umweltbereich bietet, hatte 2015 Schwierigkeiten, ein Thema wie den Klimawandel zu behandeln. Zunächst einmal erscheint es als repetitives Thema, zu dem immer wieder dieselben Informationen und Nachrichten wiederholt werden: heiße Sommer, Brände, Abholzung, sterbende Eisbären. Wenn es nicht die Eisbären sind, dann sind es Koalas. Die endlose Wiederholung dieser tragischen Nachrichten sollte uns alarmieren, stattdessen neigen wir dazu, uns daran zu gewöhnen. Als Rezipienten sind wir anfangs betroffen und auch traurig: Wie kann man nicht mit einem Koala mitfühlen, der von den Rauchschwaden der australischen Waldbrände vergiftet wird? Aber nach einer Weile werden die Flammen zu einem Hintergrundfeuer, das Knistern des brennenden Holzes und das Krachen der Äste auf der anderen Seite der Welt sind wie ein verzauberter Plattenspieler, der immer dieselbe Melodie spielt. Ein Waldbrand, der ganze Wälder niederbrennt, bleibt nicht unbemerkt bis er schließlich doch nicht mehr beachtet wird.

Die westliche Gesellschaft schwelgt im Privileg der Wahlmöglichkeiten im Gegensatz zu anderen Gesellschaften auf der Welt und trägt Scheuklappen, um das zu ignorieren, was sie nicht bereit ist über die Klima-Notlage zu erfahren: ihre Auswirkungen. Aber die Krise breitet sich aus. In Kalifornien brechen jedes Jahr längere, ausgedehntere und intensivere verheerende Brände aus, in Sibirien wurde 2020 eine Rekordtemperatur von 38 Grad erreicht - achtunddreißig Grad! In Italien wüten plötzliche Wolkenbrüche, die Verletzte, schwere Schäden und manchmal sogar Menschenleben kosten. Im Norden sind wir gezwungen, eine immer größere Fläche unserer Gletscher mit Wärmedecken abzudecken, um weiteres Abschmelzen zu verhindern. In der Pfütze des Privilegs wird das Wasser schwarz und die Haut faltig. Wir haben genug darin geplanscht.

Die Realität ist, dass es verschiedene Möglichkeiten gibt, über die Klimakrise zu berichten - nicht nur über ihre Auswirkungen oder die Wissenschaft, sondern auch über ihre Dynamik, über Lösungen, Politik und Wirtschaft. Dieses Buch entsteht auch aus einem solchen Bedürfnis. Heutzutage leben wir in einem ständigen Nachrichtenfluss, weil wir rund um die Uhr über unsere Handys Zugang zur ganzen Welt haben. Alles ist eine *Breaking News* für durchschnittlich drei Minuten, bis zur nächsten. Ein 4-minütiges Video dauert schon zu lang, eine Bildunterschrift mit mehr als 4 Zeilen ist zu langatmig. Aber viele Nachrichten verdienen unsere volle Aufmerksamkeit als Leser, Bürger, Wähler und Journalisten. Natürlich muss man eine Auswahl treffen, man kann nicht immer alles lesen, es wäre verrückt zu denken, dass man das tun könnte. Aber wir alle haben die Aufgabe auszuwählen, hervorzuheben, zu beschreiben oder wichtige Nachrichten, originelle und authentische Geschichten, unterschiedliche Perspektiven auszuwählen und zu teilen, die ein Thema genau beschreiben. Der Klimawandel ist eine komplizierte Angelegenheit, weil zwar darüber gesprochen wird, aber oft nicht genug und wenn darüber gesprochen wird, dann oft „zu viel" (und oft schlecht) und die Menschen wollen nichts mehr davon hören. Man erwartet nicht, dass Umweltnachrichten jeden Tag wie politische oder kriminelle Nachrichten erscheinen. Margaret Sullivan, Journalistin, schrieb in einem Leitartikel der «Washington Post»[337]: „Wenn es um den Klimawandel geht, brauchen wir - die Medien, die Öffentlichkeit, die Welt - eine radikale Veränderung und wir brauchen sie jetzt: [...] genau wie die klügsten Köpfe der Erdwissenschaften den Alarm ausgelöst haben, sollten auch die besten Köpfe der Medien darauf achten, wie sie diese äußerst wichtige Geschichte erzählen können, um einen tatsächlichen Wandel herbeizuführen."

Außerdem wird das Thema Klimawandel oft als (zu) abstrakt wahrgenommen. Menschen sind eher bereit, Probleme anzugehen, wenn sie als nah und dringend wahrgenommen werden. Der kognitive Wissenschaftler Cook erklärte während unseres Interviews[338], dass „das menschliche Gehirn darauf programmiert ist, auf unmittelbare Bedrohungen zu reagieren und in der Evolution mussten wir noch nie mit globalen Bedrohungen umgehen, die über Jahre andauern, wie es beim Klimawandel der Fall ist". Aber die zeitliche Wahrnehmung ist nicht das einzige Hindernis. Experten haben vier Grade psychologischer Distanz identifiziert: zeitlich, räumlich, kulturell und hypothetisch. Und in Bezug auf den Klimawandel sind alle vier problematisch. Wir betrachten den Klimawandel als ein Problem, das sich über einen langen Zeitraum erstreckt und nicht nur zeitlich, sondern auch räumlich als entfernt wahrgenommen wird; es geschieht an anderen Orten auf der Welt oder eben weit weg „in der Zukunft". Der Klimawandel erscheint uns oft fern, es gibt eine psychologische Distanz, weil Umweltkatastrophen „dort" und nicht „hier" passieren. Das löst einen Mechanismus der Apathie aus, den selbst die zerstörerischste Katastrophe nicht entschärfen kann. Der Historiker Jean-Baptiste Fressoz nennt dies „Enthemmung" und es hängt davon ab, dass wir kollektiv „wählen, bei was wir sensibel sein wollen und worauf wir so schnell wie möglich reagieren müssen"[339]. Wenn sich der räumliche Abstand verringert, verringert sich auch die Wahrnehmung, dass das Problem abstrakt sei. Nehmen wir zum Beispiel das Coronavirus, das vor allem im März 2020 eine kollektive Panik auslöste, als einige Regionen Norditaliens innerhalb weniger Tage einen exponentiellen Anstieg der Infektionen verzeichneten. Die Masken waren in allen Apotheken ausverkauft, das Handdesinfektionsgel Amuchina wurde auf Amazon für 99 Euro pro 4 Flaschen verkauft und die Regale der Supermärkte waren nach stundenlangem Anstehen leergeräumt.

Nun betrachten wir den Fall der Umweltverschmutzung. Die Verschmutzung ist sehr gefährlich für unsere Lungen und Atemwege, und in mehreren Studien wird ein höherer Grad an Verschmutzung mit einem erhöhten Risiko einer Coronavirus-Infektion in Verbindung gebracht: Es besteht eine

Korrelation zwischen Luftverschmutzung und Schäden an den Lungen und Atemwegen von Menschen, die anfälliger für dieses spezifische Virus[340] sind. Auch der Autor und Wissenschaftsjournalist David Quammen sagte mir: „Es ist durchaus möglich, dass Lungenschäden, auch wenn sie unter normalen Umständen nicht bemerkt werden, ausreichen, um Menschen anfälliger für dieses Virus zu machen."[341] In einigen Teilen Italiens erreichte die Luftverschmutzung vor dem Lockdown 2020 ungewöhnliche Werte und doch saßen Apotheken vor der Pandemie auf großen Maskenvorräte, die nie angefordert oder gekauft wurden. Die Distanz, die wir zur Klimakrise wahrnehmen, ist nicht nur räumlich, sondern auch zeitlich. Wir sind von der Realität der Dinge entfernt, wir glauben, dass das Jahr 2030, in dem wir laut internationalen offiziellen Berichten die Emissionen drastisch reduziert oder sogar neutralisiert haben sollten, noch weit entfernt ist. Oder glauben wir immer noch, dass bis 2030 die Auswirkungen der Klimakrise die Welt, in der wir leben, nicht verändert haben werden? Es sind weniger als 10 Jahre übrig. Und in diesen Jahren müssen wir nicht mehr lernen, Papier von Plastik zu trennen, wir müssen das gesamte Wirtschaftssystem ändern, auf dem unsere globale Gesellschaft seit Jahrzehnten basiert, die Wirtschaft der fossilen Brennstoffe. Wir können uns die Kognitionsfalle der Distanz, die Mechanismen der Verdrängung, Bequemlichkeit und Gleichgültigkeit nicht mehr leisten. Die Zeit läuft ab.

Aus journalistischer und redaktioneller Sicht hat der «Guardian» einen Weg gefunden, mit den genannten Problemen umzugehen. Bildredakteure verpflichten sich, eine größere Anzahl von Bildern zu verwenden, die von Menschen erzählen, die in die Klimakrise involviert sind, anstatt die üblichen Bilder des abgemagerten Eisbären zu verwenden, die leicht den Eindruck vermitteln, dass dieses Problem weder dringend noch etwas ist, das uns Menschen betrifft. Natürlich reicht es nicht aus, zu denken, dass wir dem Klimawandel mit einer redaktionellen Entscheidung begegnen können, aber sicherlich kann es uns bei der Informationsschaffung helfen, nach Kohärenz zwischen Bildern und Inhalten und zwischen Bildern und Realität zu suchen, um den Mechanismus der verzerrten Wahrnehmung von Risiken zu entschärfen. Auch weil wir selbst oft Schwierigkeiten haben, den kausalen Zusammenhang zwischen hoher lokaler Umweltverschmutzung und dem globalen Klimawandel zu verstehen. Einige glauben sogar, dass dies zwei völlig verschiedene Probleme sind: Umweltverschmutzung, real und problematisch, Klimawandel, falsch und unproblematisch, weil er Teil eines „natürlichen" Prozesses ist. Luftverschmutzung und Klimawandel sind in der Tat zwei Seiten derselben Medaille. Einige Schadstoffe haben zum Beispiel eine direkte potenzielle Auswirkung auf das Klima und die kurzfristige globale Erwärmung[342]; troposphärisches Ozon (O3) und schwarzer Kohlenstoff (BC) - ein Bestandteil von Feinstaub - sind Beispiele dafür. Methan, ein starkes Treibhausgas, trägt zur Bildung von troposphärischem Ozon bei, einem der schädlichsten Schadstoffe. Die Verwendung korrekter Bilder in Verbindung mit wissenschaftlich und sprachlich korrekten Inhalten, die von allen verstanden werden können, kann dazu beitragen, diese Verzerrung zu korrigieren.

Es geht natürlich nicht nur um angemessene Bildsprache. Wir müssen auch auf unsere Worte achten. Besonders wenn wir auf staatlicher Ebene Umweltmaßnahmen aktivieren wollen. Im Jahr 2019 musste die italienische Regierung ihre Pläne für eine „Steuer" von 1 Euro pro Kilogramm produziertem Plastik ändern, aufgrund des Drucks seitens der Hersteller. Die Maßnahme, die darauf abzielte, die Plastikverschmutzung zu bekämpfen und über 1 Milliarde Euro an Einnahmen zu generieren, spaltete die M5S und die PD (Fünf-Sterne-Bewegung und Demokratische Partei in Italien). Die Maßnahme hätte Anreize für Unternehmen geboten, biologisch abbaubare Materialien herzustellen, aber die Steuer wurde von verschiedensten Seiten kritisiert. Auf der einen Seite gab es Bedenken über eine Belastung für die Verbraucher, und auf der anderen Seite forderten Umweltverbände wie Legambiente und WWF, obwohl sie generell eine Maßnahme zur Eindämmung des Plastikkonsums befürworteten, dass nicht recycelbarer Kunststoff anders besteuert werden müsse als recycelbarer Kunststoff. Es wäre ein Weg gewesen, umweltschädliches Verhalten zu besteuern, mit einem doppelt positiven Effekt: Der Staat nimmt Geld ein und gleichzeitig werden schädliche Verhaltensweisen immer weniger attraktiv. Aber es gab auch diejenigen, die Auswirkungen dieses „Manövers" auf das Wirtschaftssystem befürchteten: «La Repubblica» berichtete, dass Confindustria sich „entschieden dagegen" aussprach, eine Steuer auf Plastikverpackungen einzuführen: „Die Maßnahme hat keine Umweltziele, sie bestraft Produkte und nicht das Verhalten"[343]. Erinnert Sie das an was? Denken Sie an den Werbespot mit dem weinenden Indianer? Wer ist verantwortlich? Nur der Verbraucher?

Linguistisch gesehen wird der Begriff „Steuer" automatisch mit etwas in Verbindung gebracht, das wir geben müssen und uns daher genommen wird. Laut Professor Dale Jamieson sollten umweltpolitische Maßnahmen in einen identitätsbezogenen Rahmen eingebettet und Umweltpolitik direkt mit den Menschen verbunden werden. Eine effektive Umweltpolitik sollte zum Ziel haben, den Menschen einen Nutzen zu bringen, nicht einen „abstrakten" Nutzen für die „Umwelt". „Wenn man zum Beispiel darüber nachdenkt, warum wir ein Gesetz für saubere Luft haben (in den USA den *Clean Air Act* von 1963), dann existiert das Gesetz im Grunde genommen, weil alle Menschen, die Autofahren, anderen Menschen die Luft verschmutzen. Nutznießer eines Gesetzes für saubere Luft sind dann allerdings alle, die atmen", sagte mir Jamieson während eines Interviews im Jahr 2019. Es ist die gleiche Dynamik, die hinter der redaktionellen Entscheidung steht, weniger Fotos von abgemagerten Eisbären und mehr Bilder zu verwenden, die die Klimakrise mit Auswirkungen auf die Gesundheit und das Leben von Menschen verbinden. Es geht nicht darum, dass uns der Eisbär nicht wichtig ist, aber uns persönlich betroffen zu fühlen, ist der einzige Weg, um die Dringlichkeit der Krise fühlen zu können und zu verstehen, warum es sich lohnt, Umweltpolitik umzusetzen, auch wenn dies bedeutet, die Produktion „zu bestrafen".

Selbst beim Begriff „Klimawandel" wurde, wie ich am Anfang beschrieben habe, lange Zeit über seine vage positive Konnotation debattiert und sicherlich nicht dringend genug in Bezug auf das Wort „Wandel" im Sinne von „Veränderung". Auch der Begriff globale Erwärmung, *global warming*, hat, wie bereits erwähnt, im Englischen eine leicht positive Bedeutung: Eine warme Atmosphäre wird sofort mit einer gemütlichen und angenehm warmen Situation in Verbindung gebracht. Aus diesem Grund wurde es für angemessener gehalten, von global heating zu sprechen, was im Italienischen schwer zu übersetzen ist. Der Ausdruck, der *global heating* am nächsten kommen könnte, auch wenn nicht wörtlich übersetzt, wäre „incandescenza" (*dtsch. etwa Glühen*) oder „infiammazione globale" (*dtsch. circa „globales In-Brand-setzen"*). Jamieson hat seine eigene Meinung dazu: „Ich bevorzuge den Begriff ‚climate disruption' (*dtsch. Klimadisruption, Klimastörung oder Klimaumwälzung*), nicht weil es so ein großartiger Ausdruck ist, sondern weil die anderen schlimmer sind."

Umweltbezogene Politik wird oft als eine Belastung wahrgenommen, die den Verbraucher betrifft, und genau deshalb ist eine der effektivsten Strategien der Leugner die instrumentelle Nutzung der wirtschaftlichen Auswirkungen umweltpolitischer Maßnahmen. Aber die Medaille muss umgedreht werden: Das Wirtschaftssystem, auf dem unsere Gesellschaft heute basiert, wird zu ihrem Zusammenbruch führen. In einer Rede vor dem britischen Parlament brachte Greta Thunberg das auf den Punkt: „Die Klimakrise ist sowohl das einfachste als auch das schwierigste Problem, das je angegangen wurde. Das einfachste, weil wir wissen, was wir tun müssen: Die Emissionen von Treibhausgasen stoppen. Das schwierigste, weil unsere Wirtschaft immer noch vollständig von der Verbrennung fossiler Brennstoffe abhängig ist und daher Ökosysteme zerstört, um wirtschaftliches und kontinuierliches Wachstum zu schaffen." Die Klimakrise ist eng mit der Wirtschaft verbunden, die beiden gehen Hand in Hand.

Eine weitere Falle, in die wir tappen können, besteht darin zu denken, dass die Klima-Notlage zwar Auswirkungen auf alle hat, aber eigentlich niemanden betrifft. Betroffen ist ja nicht eine Einzelperson, sondern eine Gruppe - eine ziemlich große Gruppe, wenn man bedenkt, dass es sich um die gesamte Menschheit handelt – und wir neigen dazu, die Klimakrise als eine Gefahr wahrzunehmen, die uns nicht wirklich schaden kann, so wie wir uns in der Schule nicht wirklich schuldig oder „in Gefahr" gefühlt haben, wenn der Lehrer die ganze Klasse bestraft hat. Es ist das klassische „Wir sitzen alle im selben Boot". Laut einigen Wissenschaftlern bewerten wir den Wert von Gewinnen und Verlusten je nach individuellem oder sozialem Kontext unterschiedlich. Es ist eine merkwürdige Dynamik, dieses „Wir sitzen alle im selben Boot", wenn man es im Hinblick auf die Lösung der Klimakrise und den Kampf gegen die wirtschaftlichen und politischen Kräfte betrachtet, die dahinter stecken. Wir fühlen uns sicher, weil wir alle demselben Schicksal entgegengehen. Und doch sollten wir paradoxerweise gerade deshalb Priorität auf die kollektive Mobilisierung legen.

Dieser Mechanismus unterscheidet sich nicht wesentlich vom sogenannten Zuschauereffekt (engl: *bystander effect*), bei dem eine Person dazu neigt, in einer Notfallsituation nicht einzugreifen, wenn noch andere Personen anwesend sind. Die Wahrscheinlichkeit eines Eingreifens steht in umgekehrtem Verhältnis zur Anzahl der Anwesenden. Mit anderen Worten: Je mehr Zuschauer es gibt, desto geringer ist die Wahrscheinlichkeit, dass einer von ihnen eingreift. Der Zuschauereffekt kann im Alltag auftreten, zum Beispiel bei Unfällen oder Angriffen an öffentlichen Orten, und er ist auch auf die Klimakrise anwendbar. In der Sozialpsychologie gibt es zahlreiche Variablen, die den Zuschauereffekt bestimmen: Ambiguität, soziale Kohäsion und Verantwortungsverteilung, letztere ist wie bereits erwähnt ein Schlüsselbegriff in der Leugnungsnarrative.

Wer ist wirklich verantwortlich? In den letzten Jahren wurde viel darüber gesprochen, was eine Person als Individuum im täglichen Leben tun kann, um sich im Kampf gegen den Klimawandel zu engagieren. Heute, mit dem Erfolg von Bewegungen wie Extinction Rebellion und Fridays for Future, wird viel über kollektive Mobilisierung gesprochen. Wie wichtig sind also individuelle Handlungen wirklich? Sind die berühmten „zehn Punkte für Nachhaltigkeit im Alltag" wirklich nützlich? Ja, individuelle Maßnahmen sind wichtig, aber Recycling von Plastikflaschen und Fahrradfahren werden uns nicht retten. Vielleicht hätten sie uns vor zwanzig oder dreißig Jahren gerettet, zur Zeit von Kyoto, wenn wir alle gemeinsam in diese Richtung gegangen wären. Aber jetzt ist es zu spät, sich nur auf individuelle Maßnahmen zu verlassen.

„Etwas, das die Covid-19-Krise klargestellt hat, ist, dass es Grenzen gibt, wie effektiv Verhaltensänderungen sein können (bei der Bewältigung der Klimakrise). Denn irgendwie haben wir (mit den Lockdowns während der Coronavirus-Pandemie) ein zufälliges Experiment geschaffen, bei dem sich das Verhalten global verändert hat, auf eine Weise, die mit freiwilligen globalen Maßnahmen nahezu nicht erreichbar gewesen wäre. Und, diese kollektive Verhaltensänderung führte tatsächlich zu einer Reduzierung der Emissionen", erklärte mir der amerikanische Klimatologe Zeke Hausfather während eines Interviews[344].

Die Unterbrechung von Industrien, Transportmitteln, Produktion und dem Leben außerhalb des Hauses hat tatsächlich zu einer Senkung der globalen Emissionen geführt: Während des Lockdowns sind die globalen CO_2-Emissionen gesunken. Basierend auf den wirtschaftlichen Prognosen des Internationalen Währungsfonds sei eine Reduzierung der Emissionen um 5 bis 8% die wahrscheinlichste Annahme für 2020. Eine Analyse von Carbon Brief, einer auf Daten basierende klimabezogene Informationswebsite legt nahe, dass die Pandemie im Jahr 2020 eine Reduzierung um 2.000 Tonnen CO_2 zur Folge haben würde. Diese Zahl entspricht einer Reduzierung von etwa 5,5% im Vergleich zu 2019. Und wenn die Emissionen in den letzten 10 Jahren um etwas mehr als 1% pro Jahr gestiegen sind, ist eine Reduzierung der Emissionen um 5 bis 8% ziemlich signifikant. Allerdings sind die atmosphärischen Konzentrationen von CO_2, die zur globalen Erwärmung führen, das Ergebnis kumulativer Emissionen, also Emissionen, die wir im Laufe der Zeit freigesetzt haben. Zu viele Zahlen?

Antonello Pasini, Physiker und Klimatologe, vereinfacht es so: „[das Klima] ist wie eine fahrende Lokomotive, sie ist sehr schwer und braucht viele hundert Meter oder sogar Kilometer, um anzuhalten"[345]. Der Bremsweg ist „die Trägheit des Klimas". Kohlendioxid hat eine lange Verweildauer in der Atmosphäre, was bedeutet, dass die globale Temperatur „einen Kumulationseffekt" hat und wir die Auswirkungen der heutigen Emissionen erst in einigen Jahrzehnten sehen werden. Deshalb müssen wir sofort handeln und den Zug rechtzeitig stoppen, um ihm genügend Bremsweg zu lassen. Im Wesentlichen argumentiert Hausfather, dass wir die CO_2-Konzentrationen in der Atmosphäre um etwa 80% reduzieren sollten. Nicht um 8%. Aber vor allem nicht auf diese Weise. Die Emissionen auf null zu bringen bedeutet nicht, die wirtschaftliche Aktivität zu stoppen, sondern die Art und Weise zu ändern, wie wir sie betreiben. „Und das Ziel ist nicht, in einer Welt zu leben, in der die Wirtschaft zum Erliegen kommt. Wir wollen nicht zu null Emissionen gelangen und gleichzeitig eine wirtschaftliche Aktivität von null haben. Das wäre Wahnsinn", fährt Hausfather fort. „Wir wollen zu Netto-Null-Emissionen gelangen, indem wir die Art und Weise ändern, wie wir Energie produzieren."

Weniger und bewusster konsumieren kann generell nicht schaden, aber Hausfather glaubt nicht, dass wir ausschließlich so vorgehen sollten und dass dies die Lösung sei. Das ist sie nicht. Während eines anderen Interviews sagte mir der Autor und Gründer von 350.org Bill McKibben: „Ich denke, individuelle Handlungen sind wirklich wichtig und ich hoffe, dass jeder tut, was er kann. Ich führe jetzt Hunderte von Skype-Meetings durch, um unnötige Flugreisen zu vermeiden, mein Haus ist mit Solarpaneelen bedeckt, auf die ich stolz bin, aber ich versuche mich nicht zu täuschen, dass am Ende all das funktionieren wird. Wir sind so spät dran mit der Klimakrise, dass es nicht mehr möglich ist, alles in Ordnung zu bringen, indem wir ein Hybridauto nach dem anderen fahren. Das Wichtigste, was ein Individuum tun kann, ist ein bisschen weniger Individuum zu sein und sich anderen anzuschließen, um Bewegungen aufzubauen, die es uns ermöglichen, den wirtschaftlichen und politischen Status quo wirklich herauszufordern."[346]

Tatsächlich ist es auch gar nicht so einfach auf der individuellen Ebene zu handeln; auch wenn man sich entscheidet, kein Fleisch mehr zu essen oder keine Plastikprodukte mehr zu kaufen. Das kapitalistische System bietet nur wenige Wahlmöglichkeiten und oft sind die „nachhaltigeren" Optionen auch die teuersten und für viele nicht bezahlbar. Um den Journalisten Jaap Tielbeke zu zitieren: „Wir alle nutzen Dienstleistungen und Produkte, die auf fossilen Brennstoffen basieren. Ich heize mein Haus, reise um die Welt und lade mein Handy mit Öl, Kohle und Gas auf, das von Unternehmen wie Shell extrahiert wird. Als Verbraucher bin ich Teil des Systems, das ich kritisiere."[347] Wenn wir ein Smartphone kaufen, Produkte bei Amazon oder anderswo über das Internet bestellen, tragen wir in gewisser Weise dazu bei, dasselbe System zu unterstützen, das wir ändern wollen. „In meinem täglichen Leben versuche ich immer das kleinere Übel zu wählen und es wäre dumm, mich hinter dem ‚System' zu verstecken, ich mache mir keine Illusionen darüber, dass meine alltäglichen Entscheidungen die Abholzung der Wälder stoppen könnten", schreibt Jaap Tielbeke[348]. Und er fügt hinzu: „Allerdings könnten abstrakte Analysen des Systems auch als Ausrede dafür dienen, nichts zu tun." Laut einer Studie der University of California, auf die Tielbeke in seinem Text verweist, führt das Einflößen von Schuldgefühlen zu einem gegenteiligen Effekt als erhofft. „Menschen, die dazu angeregt werden, über die strukturellen Ursachen des Klimawandels nachzudenken, spenden mehr Geld für Umweltkampagnen als Menschen, die ihre individuelle Verhaltensweise hinterfragen. [...] In vielerlei Hinsicht führt daher eine größere Aufmerksamkeit für kollektive Verantwortung zu einer größeren Bereitschaft zum Handeln."

Individuelle Entscheidungen allein werden nicht die Lösung für die Klimakrise sein. Wie David Wallace-Wells in seinem Buch **Die unbewohnbare Erde** (Originaltitel Uninhabitable Earth) schreibt: „Bio zu essen ist gut, aber wenn dein Ziel darin besteht, das Klima zu retten, ist die Wahlurne viel wichtiger." Mit anderen Worten, die Entscheidungen eines Verbrauchers ersetzen nicht politisches Handeln. Das Schicksal der Menschheit liegt nicht in den Händen des Verbrauchers in der Bio-Abteilung des Supermarkts, sondern in den Händen der Bürger an der Wahlurne und der Politiker, die sich für ihr Land und die globale Gesellschaft einsetzen, für Umverteilung von Reichtum, soziale Gerechtigkeit, Energiewende und Desinvestition aus fossilen Brennstoffen. Daher ist es so wichtig, die Dynamiken zu verstehen, die in der Leugnung des Klimawandels stecken und zur Behinderung von Umwelt- und Klimaschutzpolitik führen. Die Klimakrise kann nicht gelöst werden, indem man Fleisch aus der eigenen Ernährung streicht oder das eigene Zuhause mit Solarpaneelen bedeckt. Sicherlich sind diese Maßnahmen ehrenhaft und nützlich, vielleicht sogar notwendig und wir sollten hinsichtlich unseres Engagements auf keinen Fall entmutigt werden. Studien zeigen zum Beispiel, dass die Einschränkung des Fleischkonsums sehr effektiv sein kann.[349] Die ganze Wahrheit ist allerdings, dass die Klimakrise ein systemisches Problem ist, das strukturelle Veränderungen erfordert.

Das Zeitalter der fossilen Vorherrschaft wird enden. Im Guten, weil wir das System ändern werden. Im Schlechten, weil es uns alle bis zum Ende die Luft zum Atmen nehmen wird.

9.
Die Klimakrise und die Pandemie:
Leugnung der Wissenschaft
und Desinformation

Wissenschaftliche Ignoranz kann tödlich sein. Sicher, wir sind nicht alle Wissenschaftler, aber die Wissenschaft existiert auch, um gehört, konsultiert und als Informations- und Beratungsquelle genutzt zu werden. Dies gilt für alle, aber insbesondere für Politiker, Regierende und Volksvertreter. Die Coronavirus-Pandemie hat die vielen Schwachstellen unseres Systems, die zum Teil bereits durch die Klimakrise entstanden waren, noch sichtbarer gemacht. Einige politische Entscheidungsträger handelten monatelang verantwortungslos und waren mehr um die wirtschaftlichen Auswirkungen der Pandemie besorgt als um die gesundheitlichen Auswirkungen des Virus auf die Bevölkerung. Lokale und nationale Regierungen ignorierten wochenlang eine grundlegende Tatsache: Die Politik sollte der Wissenschaft zuhören und nicht umgekehrt. Oder zumindest sollten sie zusammenarbeiten.

Während eines Interviews im März 2020 sagte John Cook zu mir: „Einige Studien haben gezeigt, dass Politiker weniger wahrscheinlich lügen, wenn sie wissen, dass sie einen Preis für Fehlinformationen werden zahlen müssen. Würden die Leugner für ihre Klimalügen zahlen müssen, wäre das ein effektiver Weg, um sie in ihre Schranken zu weisen. Aber Politiker haben nie wirklich einen Preis für das Leugnen des Klimawandels bezahlt." Für die Förderung von Desinformation über das Coronavirus zahlte die Trump-Regierung zumindest einen recht hohen politischen Preis. Leider verbreitete sich die Ignoranz genauso wie das Virus über die Welt, in vielen Fällen ergänzt durch eine Dosis Böswilligkeit.

Die Schlüsselstrategien, die bei der wissenschaftlichen Desinformation über das Virus verwendet wurden, lassen sich 1:1 aus dem Handbuch zur Klimadisinformation entnehmen: Minimierung der Gefahr, und Anprangern einer verbreiteten „Alarmstimmung" mit dem Ziel zu suggerieren, dass tatsächlich eine übertriebene Reaktion auf die Bedrohung stattfindet, desweiteren Verzögerung von Maßnahmen und vor allem Leugnung des Problems an sich. Wie beim Klimawandelleugnen ist der Anreiz zur Desinformation über das Virus wirtschaftlicher Natur. Die Auswirkungen des Virus auf Menschenleben und Wirtschaft sind zwar offensichtlich, daher ist es schwieriger, wissenschaftliche Desinformation und Verschwörungstheorien durchzusetzen. Aber es ist nicht unmöglich.

Nehmen wir zum Beispiel die Veröffentlichungen des American Enterprise Institute (AEI) über Covid-19. Laut «DeSmogBlog»[350] hat das AEI eine Verschwörungstheorie genährt, die besagt, dass SARS-CoV-2 für die biologische Kriegsführung entwickelt wurde. Ein Mitglied des AEI, Michael Rubin, veröffentlichte einen Artikel mit dem Titel **War das Coronavirus eine biologische Waffe? Wir wissen es nicht, aber die Geschichte zeigt, dass wir China nicht vertrauen können.** Am selben Tag veröffentlichte ein weiterer Kollege des AEI einen Artikel, in dem er das Coronavirus als „großes wirtschaftliches Geschäft" bezeichnete und seine Auswirkungen auf die chinesische Wirtschaft zitierte. Ein dreiparagrafischer Beitrag des AEI bezeichnete dann die Berichterstattung über Covid-19 als „falsch". Die Verschwörungsgeschichte, dass das Coronavirus im Labor von den Chinesen entwickelt worden war, hatte auch Italien erreicht, wo sie über Mainstream Kommunikationskanäle verbreitet und auch von Matteo Salvini auf Twitter geteilt wurde. Sie wurde als aufschlussreiche Erklärung der Coronavirus-Pandemie präsentiert mit vielen auffälligen roten Markierungen und Ausrufezeichen. Betrachten wir einen weiteren Fall, die Kolumne des Cato Institute vom 4. März 2020 über Covid-19, in der eine Aussage des Generaldirektors der WHO, Dr. Tedros Adhanom Ghebreyesus, zur Infektions- und Todesrate angegriffen wird: Das Cato Institute bezeichnete die Statistik der WHO als „sensationsheischenden Unsinn".[351]

Die Form des Coronavirus-Leugnens ist also gar nicht so unterschiedlich vom Klimawandelleugnen. Es handelt sich in beiden Fällen um Formen des wissenschaftlichen Leugnens, die sich auf sehr ähnliche Weise entwickelt haben. Der Umweltwissenschaftler Dana Nuccitelli hat für diese Formen des Leugnens fünf Phasen definiert[352]. Erste Phase: das Bestreiten der Existenz des Problems. Wenn das Problem nicht existiert, muss es nicht gelöst werden

und der Status quo kann ungestört erhalten bleiben. Diese Phase hat normalerweise ein Ablaufdatum, denn auch wenn man weiterhin behauptet, dass
der Klimawandel und das Coronavirus „von den Chinesen erfundene Lügen"
sind, ändern sich weder die Realität der Fakten noch ihre Auswirkungen. Der
Leugner ist daher oft gezwungen, zur zweiten Phase überzugehen: die Verantwortung leugnen. Nachdem akzeptiert wurde, dass das betreffende Problem tatsächlich eine Bedrohung darstellt, versucht der Leugner, die Schuld
abzuwälzen. Für Trump ist zum Beispiel das Coronavirus das China Virus
und der Klimawandel eine „Lüge", die „von und für Chinesen" erfunden
wurde. Die zweite Phase wird zu einem feigen Tennisspiel, bei dem nichts
anderes getan wird als Anschuldigungen vorzubringen, Verantwortung ab-
zuschieben und mit dem Finger auf andere zu zeigen. Sobald festgestellt
wird, dass auch dies nicht endlos funktionieren kann, geht man zur dritten
Phase über: die Bedrohung minimieren, das Problem herunterspielen. Jetzt
existiert das Problem und vielleicht ist es auch unsere Schuld, aber es ist
nicht so schlimm. Vierte Phase: alles tun, um den Profit zu schützen, auch
wenn dies auf Kosten der Menschen geht. Wenn eine Lösung zu teuer ist,
wird sie verworfen. Wenn eine Lösung Einschnitte bei den Reichen bedeutet,
wird sie verworfen. Wenn eine Lösung den Status quo bedroht, wird sie verworfen. Die letzte Phase ist die hinterhältigste, denn um sie zu unterstützen,
braucht es eine gewisse Dreistigkeit. „Es ist zu spät, jetzt." Es ist zu spät, um
zu handeln, um mit der Notlage umzugehen, um Leben zu retten. Dies ist die
letzte Phase des Leugnungsprozesses, die gleichermaßen auf Covid-19 und
das Klima angewendet werden kann. Nach dem Durchlaufen der Phasen 1,
2, 3, 4, nachdem Zeit, Geld und Energie darauf verwendet wurden zu behaupten, dass das Problem nicht existiert oder dass es nicht unsere Schuld
ist oder dass selbst wenn es ein Problem ist und unsere Schuld darstellt, es
nicht wirklich ein großes Problem ist oder dass selbst wenn es ein Problem
ist, können wir es uns nicht leisten all dieses Geld zu verlieren und Politik
zur Nachhaltigkeit und Umverteilung des Reichtums umzusetzen - praktisch

gesehen ist es jetzt zu spät irgendetwas zu tun und daher sollten wir einfach weiterhin so handeln wie bisher.

Es gibt auch einige Fallen, in die man leicht gerät, wenn man über wissenschaftliche Desinformation spricht, sowohl in Bezug auf Covid-19 als auch auf die Klimakrise. Laut Dr. J. Marshall Shepherd gibt es den sogenannten Dunning-Kruger-Effekt, bei dem „Menschen glauben, mehr über ein Thema zu wissen, als sie tatsächlich wissen"[353]. Dieser Effekt wird von Tom Nichols in seinem Essay **Wissen und seine Feinde** zusammengefasst mit „Je sturer man ist, desto überzeugter ist man, es nicht zu sein"[354].

Hinzu kommt die sogenannte Bestätigungsverzerrung: die psychologische Verzerrung, die uns dazu bringt, Bestätigung unserer Überzeugungen in den Medien zu suchen, eine natürliche Tendenz, nur Beweise anzunehmen, die das bestätigen, was wir bereits glauben.

Außerdem besteht das Risiko, dass man die physikalische Realität übergeht, wenn ein wissenschaftliches Thema politisch wird. Und wenn ein Politiker zum Sprecher eines öffentlichen Gesundheitsproblems wird, wie es in den USA der Fall war, steht fest: Die Dinge werden nicht gut laufen. In einem derartigen „politischen Klima" gedeihen Verschwörungstheorien und Desinformation leichter.

Die Pandemie und die Klimanotlage haben vieles gemeinsam, nicht nur in Bezug auf wissenschaftliche Leugnung. Die Kämpfe gegen das Coronavirus und den Klimawandel haben gemeinsame Ziele: Leben retten, den Tod vermeiden und den Weg in Richtung sozialer und wirtschaftlicher Gerechtigkeit gehen. Vor allem wenn man bedenkt, dass Maßnahmen zur Bewältigung der Klimakrise unweigerlich die Wahrscheinlichkeit verringern, dass in Zukunft eine weitere Epidemie dieser Größenordnung ausbricht.

Vor neun Jahren, im Jahr 2012, schrieb der Wissenschaftsautor David Quammen in seinem berühmten Buch **Spillover** (Adelphi, 2014), dass die zukünftige große Pandemie, „the Next Big One", durch ein zoonotisches Virus verursacht würde, das von einem Wildtier übertragen wird, wahrscheinlich von einer Fledermaus, und dass es wohl über einen *wet market* (Wild-tiermarkt) in China auf den Menschen überspringen würde. Quammen hatte damit keine hellseherischen Fähigkeiten bewiesen, er ist zu diesen Schluss-folgerungen durch Forschung, Untersuchungen, wissenschaftliche Daten und Interviews mit Experten gekommen. Als ich Quammen im März 2020 während der Pandemie interviewt[355] habe, bestätigte er mir eine grundlegen-de Tatsache: Es ist sehr wahrscheinlich, dass wir für die Coronavirus-Epi-demie verantwortlich sind und darum können wir auch dafür sorgen, dass so etwas nicht wieder passiert. Ein Abschnitt in Quammens Buch heißt **Alles hat einen Ursprung** und das gilt natürlich auch für das neue Coronavirus. Die Zerstörung der Biodiversität durch den Menschen und seine Eingriffe in die Umwelt schaffen die Bedingungen für das Auftreten neuer Viren wie SARS-CoV-2, die in der Natur, zum Beispiel bei Fledermäusen, vorkommen. „Wenn wir Menschen in verschiedene Ökosysteme eingreifen, Bäume fällen und abholzen, Brunnen und Minen graben, Tiere einfangen, töten oder le-bendig auf Märkten verkaufen, stören wir diese Ökosysteme und fördern da-mit die Entstehung neuer Viren", erklärte Quammen. Also, wenn ein Virus von Fledermäusen auf uns übertragen wird, was ist die Lösung? Sollten wir alle Fledermäuse töten? „Nein, die Lösung besteht darin, die Fledermäuse in Ruhe zu lassen, denn unsere Ökosysteme brauchen sie."

Die Hauptursachen für einen *Spillover* - den Übergang des Virus vom Tierwirt auf den Menschen - sind dieselben wie diejenigen, die zur Klima-krise führen: Abholzungen und Landnutzungsänderungen, um nur zwei zu nennen. Ich will hier noch anmerken, dass mehr als 25% der Gesamtemis-sionen von Treibhausgasen aus dem Agrarsektor stammen. Es gibt immer mehr Studien, die den Zusammenhang zwischen Landnutzungsänderungen und der Verbreitung von Infektionskrankheiten zeigen. Die Analyse eines Berichts der Eco Health Alliance[356] zeigt, dass über 30% der aufkommen-den Infektionskrankheiten auf Landnutzungseingriffe zurückzuführen sind. Darüber hinaus haben die Dynamiken der Globalisierung und der Mythos, dass man ein unendliches Wirtschaftswachstum und eine unbegrenzte Entwicklung haben kann, obwohl die Ressourcen des Planeten begrenzt sind, die Klimakrise verstärkt und somit auch die Verbreitung des Coronavirus befördert.

In einer Rede vor der Royal Geographical Society im Oktober 2013 sagte der britische Wissenschaftler und Naturforscher Sir David Attenborough: „Wir haben eine begrenzte Umwelt - den Planeten. Jeder, der glaubt, dass man in einer begrenzten Umwelt unbegrenztes Wachstum haben könne, ist entweder verrückt oder ein Ökonom." Ich würde hinzufügen, dass er auch ein Leugner sein könnte.

Wir haben unsere Beziehung zur Umwelt und insbesondere zur Tierwelt verändert. Wir zerstören die Lebensräume der Tiere und kümmern uns nicht um das ökologische Gleichgewicht. „Dies ist das Zeitalter des Artensterbens", sagte mir der Epidemiehistoriker Frank Snowden während eines Interviews[357]. Menschen kommen auf ganz andere Weise mit Tieren in Kontakt als in der Vergangenheit. Die Epidemien, die sich in den letzten Jahren ausgebreitet haben, beweisen dies: die Vogelgrippe sowie MERS, SARS, Ebola und schließlich das Coronavirus.

„Ich würde sagen, dass dieses Muster nicht zufällig ist. Wir leben in einer Zeit wiederholter Zoonosen mit einer besonderen Anfälligkeit für Viren, bei denen Fledermäuse natürliche Wirte sind", erklärte Snowden. „Das Coronavirus nutzt eine Verwundbarkeit aus, die wir selbst geschaffen haben."

Und für eine Weile schien es fast so, als ob wir ein größeres Bewusstsein dafür entwickeln würden. „Einerseits haben Millionen von Menschen diesen Moment [der Pandemie und der Klimakrise] als Alarmzeichen und als Zeitpunkt empfunden, an dem wir unsere Beziehung zur natürlichen Welt überdenken müssten, um wirklich zu erkennen, dass wir von der Natur abhängig sind", sagte mir die weltberühmte Verhaltensforscherin Jane Goodall. „Auf der anderen Seite haben wir jedoch gewisse Führungskräfte in der Geschäftswelt und in der Regierung."[358]

Ein weiteres Problem ist laut vielen Experten, dass Menschen nicht in gleichem Maße viel Emissionen verursachen. Laut einem Bericht von Oxfam aus dem Jahr 2020[359] emittiert (und verschmutzt) das reichste 1% der Welt doppelt so viel wie die ärmere Hälfte, und die reichsten 5% sind für mehr als ein Drittel des jährlichen Emissionswachstums zwischen 1990 und 2015 verantwortlich. Ebenso sind wenige wohlhabende Nationen für den Großteil der Emissionen verantwortlich - der Wirtschaftsanthropologe und Autor Jason Hickel bezeichnet dies als „Atmosphärenkolonialisierung"[360]. Laut dem IPCC hat das Wachstum der Weltbevölkerung die Treibhausgasemissionen erhöht, aber die Emissionen pro Kopf hängen mit dem Einkommen zusammen. „Manchmal benutzen die Leute es [das Bevölkerungsargument] als eine Möglichkeit, die reichen Länder zu entlasten", sagte der Klimatologe Hausfather, „während in Wirklichkeit nicht die Anzahl der Menschen, sondern unser wirtschaftliches Aktivitätsniveau für den Anstieg der Emissionen verantwortlich ist."[361]

Die Wissenschaftler sind sich einig. Das Eingreifen des Menschen in Ökosysteme stört das Gleichgewicht mit verheerenden Folgen für das Ökosystem selbst und alle Lebensformen auf der Erde, einschließlich des Menschen. „Einige Kollegen argumentieren, dass eine Veränderung unserer Beziehung zum Tierreich einen nachhaltigen und dauerhaften Einfluss auf unsere Anfälligkeit für Infektionskrankheiten haben könnte", erklärte Snowden. Es gibt eine entscheidende Umweltkomponente in der Lösung all unserer Probleme.

Die Klimakrise, die Covid-19-Krise, die Migrationskrise und sogar die Krise der Kultur, von der Amitav Ghosh spricht, haben gemeinsame Wurzeln und sind alle durch einen roten Faden miteinander verbunden. „Sie sind alle das Ergebnis der enormen Beschleunigung, die in den letzten dreißig Jahren stattgefunden hat", schrieb Ghosh als Antwort auf meine Frage für ein Interview in «Manifesto». „Wir dürfen nicht vergessen, dass mindestens die Hälfte aller Treibhausgase, die sich heute in der Atmosphäre befinden, seit 1990 produziert wurden, nach dem Zusammenbruch der UdSSR und der nahezu universellen Annahme des ‚Washingtoner Konsenses'. Diese Zeit wurde als ‚Große Beschleunigung' bezeichnet, und ich denke, dass dieser Name angemessen ist, weil alle unsere Krisen von dieser Beschleunigung betroffen sind: die Klimakrise, die Migrationskrise und natürlich die Coronavirus-Pandemie."[362]

Ein wiederkehrendes Argument unter denen, die die Dringlichkeit der Klimakrise leugnen, ist, dass es gar keine Notlage gäbe. Und dass die Pandemie nichts mit dem Klimawandel zu tun habe. Diese Argumentation ignoriert zwei grundlegende Mechanismen. Der erste ist, dass eine Kausalität nicht ausschließlich durch direkte Kausalität bestimmt wird. Der zweite ist, dass die Erde, so wie der Mensch, ein komplexes System ist und jeder Prozess zwangsläufig Ursache und Wirkung eines anderen ist.

Das nicht zu verstehen, bedeutet im Grunde genommen, nicht zu verstehen, wie sehr Menschen mit allen anderen Lebensformen auf der Erde verbunden sind. Timothy Morton erklärt es so: „Es passiert etwas Faszinierendes, wenn man anfängt sich vorzustellen, dass die Biosphäre als Gesamtsystem der Interaktionen zwischen Lebensformen und ihren Lebensräumen (die größtenteils auch nur andere Lebensformen sind) wie ein Traum in einem Kopf ist. Alles in dieser Biosphäre ist ein Symptom der Biosphäre. Es gibt kein ‚Außen', das nicht relativ zu einer bestimmten Position darin steht." Das bedeutet ökologisch bewusst zu sein, „die Welt als eine Welt wahrzunehmen, in der alles mit allem zusammenhängt". Und „in einer Welt des ökologischen Bewusstseins kannst du Dinge nicht unter den Teppich kehren"[363]. Auch deshalb wäre es falsch, die Pandemie als Phänomen völlig losgelöst von der Klimakrise anzugehen oder einen wirtschaftlichen Zusammenbruch zu bewältigen, ohne soziopolitische Dynamiken zu berücksichtigen.

Der Klimawandelleugner Shellenberger schrieb zum Beispiel in der «New York Post»: „Glücklicherweise untergraben reale Ereignisse, angefangen bei der Coronavirus-Pandemie, die Vorstellung, dass der Klimawandel eine ‚Notlage' oder eine ‚Krise' ist." Abgesehen von der fehlenden Empathie und dem fragwürdigen Verweis auf die „reale Welt", - die stark im Gegensatz zum Klimawandel steht und den Eindruck erweckt, dass Shellenbergers Definition von Realität ein rein abstrakter Begriff ist - ist es vor allem unlogisch, eine weltweite Pandemie, die Millionen von Menschen getötet hat, als Beweis dafür zu verwenden, dass der Klimawandel keine dringende und akute Herausforderung darstellt.

Ein starker physischer Schock führt zwangsläufig dazu, über das Überleben nachzudenken. Und wir können es uns nicht leisten, das zu vergessen. Werden wir wieder die gleichen Fehler machen? Die Sorge des Epidemiologen Frank Snowden ist genau das, dass wir nach dem Ende der Coronavirus-Krise nichts tun werden, außer in einem Zustand von Amnesie zu verharren. „Donald Trump hat die kritischste und beunruhigendste Frage dieser Epidemie aufgeworfen: ‚Wer konnte es wissen?' Ich würde sagen, dass jeder es wissen konnte", sagte mir Snowden[364]. „Anthony Fauci hat 2005 vor dem amerikanischen Kongress ausgesagt ‚Wenn man mit jemandem spricht, der in der Karibik lebt, kann man dieser Person sagen, dass die Klimawissenschaft unweigerlich voraussagt, dass Hurrikane die Karibik treffen werden und dass es entscheidend ist, darauf vorbereitet zu sein. Die Wissenschaft kann nicht sagen, wann sie zuschlagen oder wie stark sie sein werden, aber sie werden kommen und es gibt kein Entrinnen. Genauso können wir der Welt sagen, dass eine große Virus-Pandemie kommen wird, am wahrscheinlichsten eine pandemische Atemwegsinfektion. Ich kann Ihnen nicht sagen, wann oder wie stark sie sein wird, ob sie schlimmer sein wird als die Spanische Grippe oder schwächer. Aber sie ist unvermeidlich. Und deshalb müssen wir uns darauf vorbereiten oder wir werden eine ungebremste Pandemie haben'."

Wir müssen lernen, dass die Art und Weise, wie wir auf diesem Planeten leben, Konsequenzen hat. Es scheint selbstverständlich zu sein, darüber nachzudenken und es aufzuschreiben, fast lächerlich und an der Grenze zur Abnutzung, aber dennoch notwendig. Wir haben Ursache-Wirkungs-Beziehungen mit der Natur geschaffen, die zu unvermeidbaren Konsequenzen führen, und die Zoonose ist eine davon. Wenn wir nicht lernen, uns zu ändern und anders auf diesem Planeten zu handeln, wird die Zoonose selbst das kleinste unserer Probleme sein. Die Todesfälle, das Chaos, die wirtschaftliche Instabilität, die gesundheitlichen, politischen, sozialen und psychologischen Folgen der Coronavirus-Pandemie müssen eine Gelegenheit sein, einen Wendepunkt darzustellen. Durch diese globale kollektive Erfahrung wissen wir jetzt, dass wir in der Lage sind, mit einer Notfallsituation umzugehen. Wir haben gesehen, dass Regierungen handeln und Menschen ihr Verhalten ändern können, alles auch innerhalb sehr kurzer Zeit. Aber wenn genau das das Problem wäre? Dass der Mensch sich zu gut anpassen kann?

„So sehr sich die Situation auch verschlechtern mag, unabhängig davon, wie viele Arten von der Erde im Zuge von Bevölkerungswachstum und Fortschritt ausgelöscht werden, das Leben geht weiter. Die verschwundenen Arten werden innerhalb einer Generation vergessen sein und sich nur durch zufällige Begegnungen in einem Museum, auf den Knien der Großmutter oder durch ein Bild auf dem Computerbildschirm in Erinnerung bringen", schreibt die Journalistin Meera Subramanian in einem Artikel über den Zusammenbruch der Geierpopulationen in Indien[365]. Die Journalistin zitiert dann die Worte von Dr. Asad Rahmani, dem Direktor der Bombay Natural History Society, bei einem Treffen in Mumbai. „Ich wünschte, wir wären nicht so anpassungsfähig. Wir sind wie Parasiten. Wir können in jeder Art von Umgebung leben, von Alaska bis Namibia. Wir sind wie Kakerlaken, Ratten", sagte Rahmani. „Sie haben die Slums gesehen. Wir können unter furchtbarsten Bedingungen leben und uns erfolgreich vermehren. Keine andere Art hat diese Anpassungsfähigkeit. Für den Planeten ist das ein Unglück. Wenn wir eine geringere Toleranz gegenüber Verschmutzung oder bestimmten Lebensmitteln hätten, würden wir uns vielleicht mehr darum kümmern."

Aber der Mensch ist nicht unzerstörbar. Und sicherlich ist er auch nicht die anpassungsfähigste Art auf dem Planeten. Wie schon in der Vergangenheit bei großen klimatischen Ereignissen, die ein Massenaussterben ausgelöst haben, wird der Planet überleben und viele der Arten, die ihn bewohnen, werden verschwinden. Es ist wahrscheinlich, dass der Mensch zu den Arten gehört, die nicht überleben werden, wenn die Auswirkungen der Klimakrise nicht gebremst werden. Werden wir uns also ändern oder in Untätigkeit verfallen und uns von Amnesie beherrschen lassen?

10.

Der Klimakapitalismus

In seiner Philosophie teilt Zygmunt Bauman das Leid des Menschen in zwei Kategorien ein. Da sind die gewöhnlichen oder alltäglichen Leiden, die aus diesem Grund nicht mehr als Ungerechtigkeiten betrachtet werden, und die „neuen Zuwächse"; plötzlich auftretendes Leid zuzüglich der gewohnten Dosis, das aufgrund seiner Nicht-Routine als Ungerechtigkeit wahrgenommen wird. Das Unbehagen des Menschen manifestiert sich nach Bauman nicht als absolutes, universelles Leid, sondern als Unterschied zwischen der Intensität des Leids, das wir tagtäglich ertragen, und der „normalen" Verteilung von Leid in unserer Gesellschaft. Bauman bezieht sich auf die Dimension der sozialen Entbehrung und es wird aus seiner Botschaft deutlich, dass das Gefühl der Entbehrung nicht absolut ist, genauso wenig wie das Leid. Die Gesellschaft „untervermietet" das kollektive Interesse und gibt dem individuellem Interesse Vorrang. Bündnisse existieren nicht (außer aus Eigeninteresse) und werden gegenüber den Rivalitäten und Gegensätzen unserer sozialen Dimension als nichtig betrachtet. Entbehrung wird zu einem konstanten Zustand, in dem der Mensch von seiner Umgebung „getrennt" ist, er ist ihrer beraubt. Es ist kein Zufall, dass „privat" in der lateinischen Etymologie allein und isoliert bedeutet. Die Entbehrung, der konstante Zustand der Trennung innerhalb der Gesellschaft, hat viel mit dem heutigen Souveränismus zu tun. Bevor er politisch ist, ist Souveränismus „psychisch"[366]. „Was diese Situation legitimiert, ist die ‚Zurschaustellung des Selbst', das Leben, das in eine Marke des Ichs verwandelt wird. Die Identität ist geschlechtlich, männlich, traditionell und patriarchalisch", schrieb Riccardo Ciccarelli am 8. Dezember 2018 über den psychischen Souveränismus in «Manifesto». „In der Ära der Ressentiments" könnte man sagen, dass der psychische Souveränismus das Ergebnis des Leids à la Bauman ist, er basiert auf Hass, Intoleranz und Groll gegenüber den Anderen. Er wird vom Populismus als stärkster Motor für die Erschaffung von Sündenböcken instrumentalisiert und vom aktuellen Marktsystem genährt. Aber was hat das alles mit der Klimakrise zu tun? Und was hat es mit dem Leugnen zu tun?

Die Leugnung hat sich diese Entwicklungen zu nutze gemacht, um den aktuellen Zustand der soziopolitischen Lähmung im Zusammenhang mit der Klimakrise zu erzeugen. Wie Paolo Vineis, Epidemiologe und Professor am Imperial College London, in einem Interview für «l'Espresso» sagte: „Der beste Verbündete des Klimawandels ist derzeit der Populismus"[367]. Maßnahmen, die Emissionen reduzieren oder sie besser noch neutralisieren, müssen umgesetzt werden und wir brauchen sie sofort. Nicht morgen, nicht in 10 Jahren, jetzt. Es reicht nicht aus, dass uns das IPCC sagt, wir werden es nur schaffen, wenn wir bereit sind, eine Transformation des Wirtschaftsmodells und einen systemischen sozialen Wandel zu akzeptieren. Das Fehlen von Solidarität, die Trennung von unserer Umgebung, das Fehlen eines Gemeinsinns, die Entfremdung von der Erde, die ständige Isolation beim Versinken in unsere Smartphones, die Verarmung des Wissens, ungenaue, oberflächliche und schlampige Informationsbeschaffung, das Privileg als soziale Rechtfertigung für jede mangelnde Empathie, der Horror, menschliche Wesen „opferbar" zu machen - all das ist auf dasselbe verdrehte und illusorische System zurückzuführen. Ein System, das auf ständigem, unaufhaltsamem Wachstum basiert und mit hoher Geschwindigkeit wie ein Abrissball heranrauscht, wobei es alles mit sich reißt und die Grundlagen unserer sozialen Gerechtigkeit und unserer Demokratie auslöscht. Ein System, das auf der Wirtschaft der fossilen Brennstoffe beruht.

Laut Naomi Klein ist die Umweltkrise ein Beweis für ein systemisches Versagen, für einen Kurzschluss der sozioökonomischen Dynamiken, die unserer Gesellschaft zugrunde liegen. Das Problem ist strukturell, deshalb ist das Klima eng mit Politik und Wirtschaft verbunden. Einmal festgestellt, dass der Klimawandel ein wissenschaftlicher Fakt ist, und bereits seit mehr als 30 Jahren, sollten die wenigen zu führenden Diskussionen soziopolitischer und wirtschaftlicher Natur sein: Über die Abhängigkeit unseres Systems von fossilen Brennstoffen, insbesondere von Öl, über Leugnungsstrukturen zum Zwecke des Gewinns und zur Aufrechterhaltung des kapita-

listischen Wirtschaftswachstums, über die Trennung des Menschen von der
Natur und die „Erzählung der Dominanz". Im Januar 2020 schrieb ich in
«LifeGate», dass das Konzept der Dominanz, wie es im Szenario von Klein
definiert ist, die Grundlage für politische und soziale Untätigkeit bildet. Die
Gesellschaft leidet unter ihrer Überheblichkeit und Überlegenheit. Ich zitier-
te auch einige Worte von Klein zu dieser Dynamik: „Die Leute sehen, dass
ein System, das nicht nur den Klimawandel hervorbringen kann, sondern
auch einen Donald Trump als Präsidenten ermöglicht, in einer Krise steckt.
Die Leute sehen, dass dies ein Versagen des Systems ist. Sie verstehen, dass
Trump nicht die Krise ist, sondern das Symptom der Krise, genauso wie der
Klimawandel."[368]

Bisher wurde der Klimawandel bis auf wenige Ausnahmen in isolierten
Bereichen behandelt: einige im Zusammenhang mit Wissenschaft, andere in
Bezug auf Wirtschaft und wieder andere im Bereich der Technologie. Aber
über den Klimawandel zu sprechen ist komplex, weil es kein einheitliches
Rahmenwerk gibt, um das Problem zu erfassen; es gibt viele. Das Scheitern
der Marktmechanismen, die Probleme der globalen „Governance", die technologischen Aspekte, das ungeschriebene Gesetz der Ungleichheit, durch das
klar wird, dass diejenigen, die von einem auf fossilen Brennstoffen basie-
renden Wirtschaftssystem profitieren, nichts anderes wollen als weiterhin
Gewinne zu erzielen. Dass dies auf Kosten aller anderen geschieht, ist ein
fast notwendiger Kollateralschaden. Aber soziale Gerechtigkeit geht Hand
in Hand mit Klimagerechtigkeit, die Wirtschaft muss in eine Energiewende
eingebettet werden und die Politik muss einen Weg der Nachhaltigkeit ein-
schlagen, eine Umverteilung des Reichtums anstreben und den Einfluss der
fossilen Brennstoffindustrie stoppen. Wir sprechen über die Dringlichkeit
der Klimakrise, als ob sie ein Nischenthema wäre, das den „Umweltschützern" vorbehalten ist. Wir sprechen über sie, als ob sie nichts mit allem anderen zu tun hätte, wie die Sportseite in einer Zeitung. Die Umweltfrage wird
in abgeschotteten Bereichen behandelt, als ob alles, was die Umwelt betrifft,

ausschließlich die „Umwelt" betrifft. Aber die Klimakrise betrifft viele, wenn nicht alle Aspekte der heutigen Welt, einschließlich der Pandemie. Und die italienische Journalismuswelt ist nicht frei von einer trägen oder sogar verächtlichen Abgrenzung. „Eines unserer Kommunikationsziele ist es, aus dem Umweltbereich herauszukommen", sagte mir Lorenzo Tecleme von Fridays for Future Italia[369] während eines Interviews. Alles ist miteinander verbunden, nichts ist getrennt. Und natürlich geht es hier um mehr als Kommunikation. Ich greife dazu den Titel eines Abschnitts aus dem Buch „Struzzi!"[370] von Giuseppe Civati auf: **„Klimatisch" ist sozial, wirtschaftlich und politisch.**

Die Dominanznarrative sind sowohl mit der Klimakrise und dem Kapitalismus als auch mit Fremdenfeindlichkeit und dem Patriarchat verbunden. Dazu wurden die Begriffe „Ökorassismus" und „Ökofeminismus" geprägt. Der Begriff Ökorassismus oder Umweltrassismus, der in den 8oer Jahren aufkam, bezeichnet den Mechanismus, durch den insbesondere sozial marginalisierte Gemeinschaften begrenzten oder sogar keinen Zugang zu sauberem Wasser, Luft und Land haben. Umweltrassismus wird als Ergebnis von Armut und Segregation angesehen, die in den USA oft dazu geführt haben, dass schwarze und farbige Bevölkerungsgruppen in einigen der am stärksten industrialisierten und verschmutzten Gebiete des Landes leben. Umweltentscheidungen in den USA sind mit politischer Macht verbunden und Umweltrassismus ist das Produkt dieser Macht. Nach jahrelangen Kämpfen diktiert immer noch derselbe strukturelle Rassismus das Gesetz: Der Staat entscheidet, wo Abfälle abgeladen und entsorgt werden, wer Ressourcen zur Bewältigung von Klimakatastrophen erhält, wo chemische Anlagen, Raffinerien und giftige Industrien platziert werden.[371]

Die Wasserkrise in Flint ist ein beispielhafter Fall[372] von Umweltrassismus: Eine mehrheitlich schwarze Stadt in Michigan, in der die Bewohner jahrelang gezwungen waren, bleihaltiges Wasser zu trinken. Chris Thornton, ein Bewohner von Flint, beschrieb das Wasser aus seinen Wasserhähnen gegenüber der «New York Times» als „Urin mit dem Geruch von Bleichmittel und dem Geschmack von Metall"[373]. Ein weiteres aufsehenerregendes Beispiel aus den letzten Jahrzehnten war die petrochemische Verschmutzung in der sogenannten Cancer Alley, der Krebsstraße in Louisiana. Mustafa Santiago Ali, Mitbegründer des Umweltjustizbereichs der Environmental Protection Agency, der unter der Trump-Regierung zurückgetreten war, erklärte, dass mit Umweltungerechtigkeit „opferbare Zonen" geschaffen würden, in denen der Staat alles platziert, was keiner will. Die Rechtfertigung für diesen Prozess ist immer wirtschaftlich: Es macht Sinn, chemische Anlagen auf sogenanntem „kostengünstigem" Land zu bauen, wo „Arme und Schwarze" leben, aber tatsächlich ist es ja nur deshalb kostengünstig, weil die Bewohner jeglichen Reichtums und jeder Möglichkeit beraubt sind. Die Menschen, die in diesen Gebieten leben, sind „unsichtbar, ungehört und unterschätzt."[374]

In Italien sind die Dinge nicht viel anders. „Wer in Gela auf Sizilien, im Land der Feuer in Kampanien oder in Marghera oder Taranto lebt, weiß genau, was es bedeutet, auf der falschen Seite der Mauer des Privilegs zu leben, die Reichtum für wenige und Verschmutzung für viele erzeugt", schreiben Marco Armiero und Ethemcan Turhan vom Environmental Humanities Laboratory des KYH Royal Institute of Technology in Schweden in «Jacobin»[375].

Somit wird der Klimawandel als ein Phänomen bezeichnet, das Bedrohungen multipliziert (aus dem Englischen: *threat multiplier*). Das bedeutet, dass sich die Auswirkungen und Probleme durch den Klimawandel auf bestehende Verwundbarkeiten in Bezug auf Gesundheit oder sozioökonomische, geschlechtsspezifische und rassische Ungleichheiten schichten. „Der Kampf gegen den Klimawandel ist bereits anstrengend genug. Viele spüren immer noch nicht die Dringlichkeit der Krise, sie können nicht verstehen, wie sehr die Menschheit von intakten und unveränderten Ökosystemen abhängt, die nicht (weiter) durch menschliches zerstörerisches Handeln beeinträchtigt werden", schrieb die Meeresbiologin Ayana Elizabeth Johnson[376] in einem Leitartikel in der «Washington Post». „Aber wenn man Rassismus hinzufügt, wird es fast unmöglich." Über diese Verbindung von Rassismus und Klima wird nicht genug gesprochen: Afroamerikaner, die sich für das Klima engagieren, werden quasi doppelt marginalisiert und müssen zudem in einem von den Institutionen des Staates brutalisierten Amerika leben.

Im September 2019 traf ich in New York Xiye Bastida, eine junge Aktivistin mexikanischer Herkunft. Etwa 6 Millionen Menschen nahmen an den Veranstaltungen zwischen dem 20. und 27. September teil, die Bewegung 350.org, die viele der Proteste organisierte, schätzt sogar 7,6 Millionen. Die Protestwoche endete mit dem größten Klimastreik in der Geschichte der Welt. Xiye und ich sprachen über die Dringlichkeit der Klimakrise und über die Jugendbewegung, die mit Fridays for Future an vorderster Front steht und jeden Freitag weltweit auf die Straßen ging - bis zur Pandemie. „Ich wurde mit der indigenen Kosmologie der Sorge um die Erde und der Notwendigkeit einer wechselseitigen Beziehung mit der Natur aufgezogen. Wir müssen wieder lernen, uns um die Erde zu kümmern, als wäre sie Teil unserer Kultur.", sagte Xiye zu mir. „Es sollte keine Bewegung sein. Es ist absurd, dass wir an den Punkt gekommen sind, an dem es eine Bewegung sein muss, sich um die Erde und ihre Ressourcen zu kümmern. Sie sollte bereits ein Teil von uns sein, also schon immer."

Aber so ist es ja leider nicht. Der Drang nach endlosem wirtschaftlichem Wachstum und kurzfristigem Profit ist das genaue Gegenteil einer schnellen Umstellung auf erneuerbare Energien. Die scheinbar glückliche Ehe zwischen der fossilen Brennstoffindustrie und dem Kapitalismus hat die Illusion geschaffen, dass Macht und Geld die Zukunft des Planeten kaufen können. Aber die Rechnung geht nicht auf und die Natur akzeptiert keine wirtschaftlichen Verhandlungen.

Es reicht natürlich nicht aus, pauschal den Kapitalismus für alles verantwortlich zu machen. Diese Überlegungen sind wichtig, um zu verstehen, wie wir bis heute gekommen sind, aber der wahre Fortschritt zur Bekämpfung der Klimazerstörung besteht darin, nach vorne zu schauen, zu studieren, zu planen und effektive Politik umzusetzen, die nicht nur aus leeren Worte besteht.

Viele setzen ihr Vertrauen in den Green New Deal, einen Plan für den Übergang zu 100% erneuerbarer Energien, der die Grundlage für Rassen- und Geschlechtergleichheit und auch ein Sicherheitsnetz für Arbeitnehmer etablieren will. „Die Hauptstärke des Green New Deal besteht darin, die Klimakrise nicht als vorübergehenden Notfall, sondern als Krise anzugehen, die alle Krisen beinhaltet, mit der Idee, dass es keine Klimagerechtigkeit ohne soziale Gerechtigkeit geben kann" schreibt Giulio Calella in «Jacobin»[377]. Die Klimakrise, die alle Krisen enthält, muss der absolute Ausgangspunkt für die Bewältigung des Klimawandels sein.

Laut Klein, einer erklärten Befürworterin des Plans, ist der Green New Deal die Möglichkeit, eine neue Form von „demokratischen Ecosozialismus" zu schaffen. „Eine Demut zu lernen, so wie sie indigenen Völkern zueigen ist, die um die Pflichten gegenüber zukünftigen Generationen und die Verbindung aller Lebensformen wissen, scheint mir die beste Chance zu sein, wie die Menschheit kollektiv überleben kann", schreibt sie in On Fire. Das erste Ziel müsse sein, den Einfluss von fossilen Brennstoffunternehmen auf die politischen Entscheidungsträger zu stoppen. „Wenn wir Politiker auf allen Ebenen haben, die bereit sind und sich dafür einsetzen, sich dem Geld der fossilen Brennstoffe entgegenzustellen, dann ist das ein Anfang für die Demokratie, die wir verdienen und die uns ermöglichen wird, dieser Krise angemessen zu begegnen", sagte mir Steven Marqardt, lokaler Koordinator der Sunrise-Bewegung in Kalifornien, während eines Interviews für «Life Gate». „Jeder Weg, der Politiker und Kandidaten dazu bringen kann, Geld von den fossilen Unternehmen abzulehnen, ist ein Schritt zur Befreiung von deren Einfluss."[378]

Es gibt auch den europäischen Green Deal[379], der das Ziel hat, Europa bis 2050 klimaneutral zu machen. Um bei der Bewältigung der wirtschaftlichen und sozialen Schäden durch die Corona-Pandemie zu helfen, setzt Europa auf den Next Generation EU[380], einen Wiederaufbauplan, der „den Ausstieg aus der Krise leiten und die Grundlage für ein modernes und nachhaltigeres Europa schaffen wird", wobei 30% der EU-Fonds dem Kampf gegen den Klimawandel gewidmet werden - „der höchste Anteil im europäischen Haushalt aller Zeiten"[381]. In Italien entspricht dieser Prozentsatz 67,5 Milliarden Euro, 30% der 210 Milliarden Euro, die dem Land im Rahmen des Next Generation EU zugewiesen wurden. Aber es reicht nicht aus, Geld zu haben, und bislang hat die Politik in Italien die Klimakrise nie als Priorität betrachtet.

Dagegen zeichnete sich die Rede, die Ministerpräsident Mario Draghi im Februar 2021 vor dem Senat hielt, dadurch aus, dass er der Klimakrise mehr Raum und Aufmerksamkeit widmete als all seine Vorgänger. Neben der Erläuterung der Auswirkungen der Klimakrise zitierte Draghi auch den Papst: „Wie Papst Franziskus gesagt hat: ‚Naturkatastrophen sind die Antwort der Erde auf unseren Missbrauch. Und ich glaube nicht, dass der Herr mir sagen würde, dass das gut ist: Wir haben das Werk des Herrn ruiniert.'"[382] Draghis Gründe für dieses Zitat sind wahrscheinlich vielfältig, aber es ist bestimmt kein Zufall, dass er damit die Klimakrise nicht nur wissenschaftlich einordnete, sondern auch in einem Rahmen, der die Werte der Konservativen ansprechen konnte. In jedem Fall wird es interessant sein zu beobachten, ob der Ansatz der Regierung Draghi einen echten Wendepunkt für den ökologischen Übergang in Italien darstellen wird.

Laut einer Studie von Zack P. Grant von der Universität Oxford[383] bleiben grüne Parteien trotz ihrer allmählichen Ausbreitung von Westeuropa in andere weniger traditionell ökologisch orientierte Länder ein relativ unbedeutender Akteur in der europäischen politischen Landschaft. Warum entwickeln sich diese Parteien, die sich um ein zentrales Thema mobilisieren, das (in Theorie) das Wohlergehen und die Nachhaltigkeit der Weltgesellschaft betrifft, in den verschiedenen europäischen Ländern so uneinheitlich? In Deutschland zum Beispiel, sowie in Belgien, Luxemburg, den Niederlanden und Schweden haben die Grünen einige Erfolge erzielt, aber in den Ländern Osteuropas und im Mittelmeerraum wie Spanien und auch Italien fehlt es den Grünen an einer strukturierten Identität und sie sind auf der nationalen politischen Bühne nahezu inexistent. Die Studie kam zu dem Schluss, dass die Grünen tatsächlich in reicheren Ländern mit niedriger Arbeitslosigkeit mehr Erfolg haben. Der fruchtbarste Boden für eine grüne Partei ist also einer, der eine Kombination aus einer günstigen Wirtschaftslage und einer niedrigen Arbeitslosenquote bietet. Die grünen Wähler neigen dazu, vor allem junge, gebildete Mitglieder der „neuen Mittelschicht" zu sein. Die Klimakrise ist gleichzeitig Ursache und Folge einer problematischen Wirtschaft. Die ökologische Krise hat dieselben Wurzeln wie die aktuelle Neoliberalismuskrise, und es ist offensichtlich, dass das derzeitige Wirtschaftssystem nicht in der Lage ist, damit umzugehen. Die Massenproteste in Chile, im Libanon, in Hongkong und in Katalonien sind alle verschiedene Seiten derselben Medaille. „Die Wirtschaft sollte nicht länger auf einem durch Immobilien- und Finanzblasen genährten Wachstum beruhen, und das gesamte Geldsystem sollte in Frage gestellt werden, schreibt Romaric Godin im Oktober 2019[384] auf Mediapart. Laut Jason Hickel liegt das Problem nicht nur im Wachstum selbst, sondern im „Kult des Wachstums", „in der Verfolgung von Wachstum als Selbstzweck oder um Kapital anzuhäufen anstatt reale menschliche Bedürfnisse zu erfüllen und konkrete soziale Ziele zu erreichen."[385]

Zu glauben, dass das System, das die Krise verursacht hat, auch in der Lage ist, sie zu bewältigen, ist eine Falle. Temporäre Klimaschutzlösungen, die das Problem nicht als systemischen Kurzschluss angehen, sind nur Flickwerk. Der Klimawandel ist der unbestreitbare Beweis für ein krisengeplagtes System.

11.
Vom Anthropozän zum Pyrozän

Wenn man Ihnen sagen würde, dass Sie mit 2 Euro Einsatz sicherlich 10 Euro verlieren oder mit 100 Euro sicherlich 800 Euro verlieren würden, würden Sie trotzdem wetten? Wenn man Ihnen sagen würde, dass Sie an einem Morgen, wenn Sie ins Auto steigen, um zur Arbeit zu fahren, sicherlich einen Unfall haben werden, würden Sie trotzdem das Auto nehmen? Und wenn man Ihnen sagen würde, dass die Sardellenpizza, die Sie zum abends essen werden, eine Lebensmittelvergiftung verursachen wird, würden Sie trotzdem eine Pizza mit Sardellen bestellen?

Wenn wir im Voraus wissen, dass uns etwas schaden wird, warum sollten wir es dann tun? Nur wenn wir uns absichtlich schaden wollen, sollte die Gewissheit eines Risikos uns dazu anregen, entsprechend zu handeln (oder nicht zu handeln), zumindest sollte es ein Abschreckungsmittel sein. Aber die Kenntnis einer Tatsache oder mehrerer Tatsachen ändert nicht unbedingt unser Verhalten.

Dies geschieht auch, weil wir anfällig für kognitive Dissonanz sind: Ein von dem amerikanischen Psychologen Leon Festinger in den 1950er Jahren geprägter Begriff, der das Unbehagen beschreibt, das Menschen empfinden, wenn zwei Kognitionen oder eine Kognition und ein Verhalten sich gegenseitig widersprechen. Zum Beispiel ist „Rauchen" mit „Rauchen tötet" dissonant. Zusammen mit seinen Kollegen untersuchte Festinger die Einstellungen einiger Mitglieder einer apokalyptischen Sekte, die ihren Glauben nicht nur nicht aufgaben, als das prophezeite „Ende der Welt" nicht wie erwartet eintrat, sondern ihn sogar stärkten. Die Dissonanz ist, wie Kahn-Harris[386] erklärt, eine Form psychischer Unbehaglichkeit, die durch Stärkung von Überzeugungen und selektives Verhalten gegenüber der Realität „gelöst" wird. Die kognitive Dissonanz ist der Mechanismus, der vielen Einstellungen zugrunde liegt, wie zum Beispiel die Weigerung, eigene Fehler zuzugeben oder die Weigerung, die Wissenschaft zu akzeptieren, selbst wenn sie uns das Leben retten kann.

Laut dem Soziologen Ulrich Beck sind Umweltrisiken zum dominierenden Produkt der industriellen Gesellschaft geworden und nicht mehr nur ein einfacher und beherrschbarer Nebeneffekt. Zusammen mit seinem Kollegen und Soziologen Anthony Giddens postuliert Beck, dass Menschen schon immer einem gewissen Risiko ausgesetzt waren, wie zum Beispiel durch Naturkatastrophen, die jedoch traditionell als von nicht-menschlichen Kräften verursacht wahrgenommen werden. Moderne Gesellschaften hingegen sind Risiken wie Umweltverschmutzung, Umweltzerstörung oder Kriminalität ausgesetzt, die das Ergebnis des Modernisierungsprozesses selbst sind. In modernen Gesellschaften werden externe Risiken zu „hergestellten" Risiken, die durch ein hohes Maß an menschlichem Handeln gekennzeichnet sind. Gerade weil hergestellte Risiken das Ergebnis menschlicher Aktivitäten sind, argumentieren Autoren wie Giddens und Beck, dass es für Gesellschaften möglich ist, das Maß an produziertem oder bevorstehendem Risiko zu bewerten.

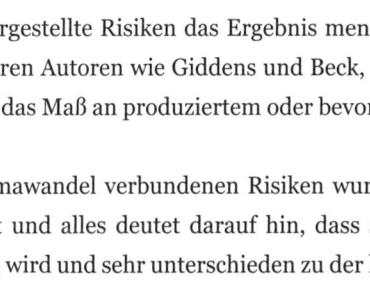

Die mit dem Klimawandel verbundenen Risiken wurden von Experten ausgiebig untersucht und alles deutet darauf hin, dass sich nicht nur die Welt stark verändern wird und sehr unterschieden zu der heutigen Welt sein wird, sondern das Hauptparadigma vor allem der Verlust sein wird. Hurrikane, Starkregen, Dürren, Hitzewellen und Stürme sind alles extreme Wetterphänomene, die aufgrund des Klimawandels an Intensität und Häufigkeit zunehmen werden. Laut dem Global Carbon Atlas, einer Plattform, die die aktuellsten Daten zu Kohlenstoffemissionen aus menschlichen Aktivitäten und natürlichen Prozessen zeigt, belegte Italien in den 1970er Jahren bis zum Ende der 2000er Jahre etwa den zehnten Platz in der Rangliste der weltweiten Emissionsverursacher. Im zweiten Jahrzehnt der 2000er Jahre wurde es jedoch allmählich von „neuen" Ölstaaten wie Saudi-Arabien sowie Australien, der Türkei und dem Vereinigten Königreich überholt, was Italien auf den zwanzigsten Platz beförderte. Zehnter oder zwanzigster Platz, es spielt keine große Rolle. Die meteorologischen Daten zeigen insgesamt einen Anstieg der katastrophalen Wetterphänomene seit 1980. Laut dem

Global Climate Risk Index[387], veröffentlicht von Germanwatch, verzeichnete Italien zwischen 1999 und 2018 19.947 Todesfälle aufgrund extremer Wetterereignisse. Die wirtschaftlichen Verluste wurden auf 32,92 Milliarden Dollar geschätzt. Laut dem Bericht belegt Italien weltweit den sechsten Platz in Bezug auf die Anzahl der Opfer und den achtzehnten Platz in Bezug auf die wirtschaftlichen Verluste pro Kopf. Insgesamt war Italien in den letzten zwanzig Jahren das sechsundzwanzigst am stärksten von extremen Wetterereignissen betroffene Land.

Dennoch ist es wichtig zu beachten, dass Experten davor warnen, bei jedem einzelnen Extremenwetterereignis pauschal dem Klimawandel die Schuld zu geben, obwohl der Klimawandel die atmosphärischen Bedingungen beeinflusst und die Wahrscheinlichkeit, Intensität und Häufigkeit von extremen Wetterereignissen erhöht. Laut Klimaforschung beeinflusst der Klimawandel stark die atmosphärischen Bedingungen und führt zu längeren Dürreperioden, höheren Temperaturen in einigen Regionen und Überschwemmungen in anderen. Italien ist zum Beispiel einem erheblichen hydrogeologischen Risiko ausgesetzt. Laut Daten des ISPRA[388] (Institut für Umweltschutz und Forschung des Umweltministeriums) sind 91% der Gemeinden einem Risiko von Erdrutschen und Überschwemmungen ausgesetzt, und insgesamt 16,6% des nationalen Territoriums wurden als besonders gefährdet für Erdrutsche und Überschwemmungen eingestuft (50.000 km²). Bedrohte Kulturgüter belaufen sich auf 38.000.

Weltweit wurden allein im Jahr 2018 17,2 Millionen Evakuierungen in Verbindung mit Umweltkatastrophen in 148 Ländern registriert.[389] Und allein anhaltende Dürre hat hauptsächlich im Horn von Afrika 764.000 Menschen zur Flucht gezwungen. Wie in den Vorjahren haben Wetterkatastrophen die meisten neuen Umsiedlungen verursacht, wobei jeweils 9,3 Millionen durch Stürme und 5,4 Millionen aufgrund von Überschwemmungen ihr Zuhause verlassen mussten.

Die Auswirkungen des Klimawandels werden einige Gebiete der Erde unbewohnbar machen und einige Bevölkerungsgruppen dazu zwingen, die Flucht zu ergreifen[390]. Bereits im Jahr 1990 hatte der IPCC festgestellt, dass die Auswirkungen des Klimawandels den größten Einfluss auf menschliche Migration nehmen könnte. In diesen Jahren mussten bis zu 25 Millionen[391] Menschen aufgrund von Umweltbelastungen wie Verschmutzung, Bodendegradation, Dürre und Naturkatastrophen ihre Häuser und ihr Land verlassen. Millionen von Menschen würden auch weiterhin aufgrund von Küstenerosion, Überschwemmungen und den Auswirkungen der globalen Erwärmung auf landwirtschaftliche Nutzpflanzen vertrieben werden.

Im Jahr 2020 haben sich das «New York Times Magazine» und «ProPublica» dem Pulitzer Center angeschlossen, um erstmals zu modellieren, wie Menschen über Grenzen hinweg migrieren werden. Das Modell prognostiziert, dass die Migration unabhängig vom Klima jedes Jahr zunehmen wird, aber aufgrund des Klimawandels erheblich ansteigen wird. Dies bedeutet, dass das Klima möglicherweise nicht die Hauptursache für Migration ist, die Lage aber verschärft. Migration wird oft durch Umweltfaktoren ausgelöst, wenn diese mit anderen wirtschaftlichen, demografischen, sozialen und politischen Faktoren interagieren. Nicht-klimatische Faktoren wie Regierungspolitik, Bevölkerungswachstum und die Widerstandsfähigkeit einer Gemeinschaft gegenüber extremen Wetterereignissen sind mit einem weiteren Element verbunden: der Anpassungs- und Reaktionsfähigkeit einer bestimmten Gemeinschaft und ihrer Institutionen zu potenzielle Risiken und Schäden im Zusammenhang mit dem Klimawandel.

All diese Faktoren tragen zum Grad der Verwundbarkeit eines bestimmten Gebiets und einer Bevölkerung bei und folglich zur Migrationsbewegung. Wie man sich vorstellen kann, ist es daher schwierig, zukünftige Ströme von Klimamigrationen vorherzusagen. Die am häufigsten zitierte Schätzung, auch in Veröffentlichungen des IPCC und im Stern-Bericht über die Ökonomie des Klimawandels, stammt wahrscheinlich von Professor Norman Myers von der Universität Oxford[392]: 200 Millionen Klimamigranten bis 2050.

Das ist eine so hohe Zahl, dass sie kaum vorstellbar ist. Um die Zahl in Perspektive zu setzen, unterstützt die IOM die Aussage, dass bis 2050 eine von 45 Personen weltweit aufgrund des Klimawandels vertrieben wird. Andere aktuellere Schätzungen schwanken zwischen 25 Millionen und einer Milliarde Menschen bis 2050.

Im Januar 2020 sagte der UN-Kommissar Filippo Grandi während des Weltwirtschaftsforums in Davos, dass diejenigen, die aufgrund des Klimawandels fliehen, als Flüchtlinge behandelt werden müssten, mit weitreichenden Auswirkungen für Regierungen. In der Sahelregion in Afrika führen Desertifikation und extreme Trockenheit zu einem schnellen Verlust großer Wasserreservoirs, die für das Überleben der Bevölkerung in diesen Gebieten entscheidend sind. Der Tschadsee, der sich einst auf vier Ländern - Tschad, Nigeria, Niger und Kamerun - ausbreitete, berührt heute kaum noch zwei davon. In den letzten 40 Jahren hat er 90% seiner Fläche verloren. Dieser Verlust löst eine Dynamik aus, die sich auf das grundlegende Ursache-Wirkungs-Verhältnis zwischen Wasserknappheit, erhöhter Konfliktwahrscheinlichkeit und Entstehung von Flüchtlingsströmen auswirkt. Klima, Migration und Konflikt sind ganz eindeutig miteinander verbundene Realitäten. Der UN-Sicherheitsrat erkennt an, dass erzwungene Vertreibungen eine potenzielle Bedrohung für den Frieden und die internationale Sicherheit darstellen können, insbesondere wenn sie mit ethnischen und sozialen Spannungen korrelieren. In einigen Fällen bedeutet die Umsiedlung bestimmter Bevölkerungsgruppen eine erzwungene Nähe von Gemeinschaften, die zuvor getrennt lebten, was den Wettbewerb um die gleichen Ressourcen erhöht: Konflikte entstehen genau aus diesen Umständen.

Laut einem Bericht[393] der Weltbank hat sich der Klimawandel auch als treibende Kraft für interne Migration erwiesen, die eine wachsende Anzahl von Menschen dazu veranlasst, sich von verwundbaren Gebieten ihres Landes in „sicherere" und lebenswertere Gebiete zu bewegen. Die klimabedingte interne Migration wird voraussichtlich bis 2050 weiter zunehmen, erklärt der Bericht, und sich dann noch weiter beschleunigen, es sei denn, es gibt signifikante Reduzierungen der Treibhausgasemissionen und effektive Maßnahmen zur Stärkung der Anpassungsfähigkeit.

Auch in Europa gibt es klimabedingte Fluchtbewegungen, die größtenteils in den Mainstream Medien unerwähnt bleiben. Es handelt sich um europäische Klimamigranten. Ein Bericht von «Euronews»[394] hat über sie berichtet, wobei die Journalisten in Länder gereist sind, die in den letzten zehn Jahren die höchste Anzahl an Umsiedlungen aufgrund von Naturkatastrophen in Europa verzeichnet haben: Bosnien und Herzegowina, Spanien, Frankreich und Deutschland, laut Daten des Internal Displacement Monitoring Centre (IDMC). Sie besuchten auch Moldawien, das europäische Land, das am stärksten vom Klimawandel betroffen ist und zu den zehn Ländern weltweit mit dem höchsten Prozentsatz an Bürgern gehört, die von extremen Wetterereignissen betroffen sind, sowie Portugal, das europäische Land mit der höchsten Anzahl an Bränden pro Jahr seit 2015.

Die Klimamigration ist also nicht erst ein Phänomen der Zukunft, sondern bereits der Gegenwart. In einigen Fällen werden ganze Gemeinschaften aus ihrem Ursprungsort vertrieben und an einem anderen Ort neu angesiedelt, wie zum Beispiel eine Gemeinschaft in Alaska, die von Küstenerosion bedroht wurde. Die Bewohner der Gemeinschaft Shishmaref hatten keine andere Wahl, als sich ins Innere der immer kleiner werdenden Insel zurückzuziehen. Experten zufolge wird Shishmaref innerhalb weniger Jahrzehnte ganz unter Wasser stehen und die einzige Lösung wird sein, die Gemeinschaft in stärker vor Küstenerosion geschützte Siedlungen wie Nome oder Kotzebue, Fairbanks oder Anchorage zu verlegen. Die Kosten für diese Umsiedlung wird auf 100 bis 200 Millionen Dollar geschätzt. Umzug, Zerstreuung und Landverlust können einer indigenen Gemeinschaft, deren Lebensunterhalt und Identität fast ausschließlich auf Jagd und Fischerei basieren, schweren Schaden zufügen. Shishmaref ist die einzige Gemeinschaft weltweit, die den Dialekt der Inupiat-Sprache spricht, einen einzigartigen Tanz tanzt und Gospel in Inupiat übersetzt singt. Wenn Shishmaref verschwindet, wird all dies auch verschwinden.

Auch stellt der Anstieg des Meeresspiegels nicht nur eine Gefahr für die Bewohner der Küstenregionen dar, dieses Phänomen kann auch die Süßwasserreserven bedrohen. Zusammen mit der Küstenerosion gehört das vielleicht zu den direktesten Auswirkungen des Klimawandels auf Migrationen. Im Jahr 2005 wurden die tausend Bewohner der Carteret-Inseln, einer Gruppe kleiner Korallenatolle in Papua-Neuguinea, evakuiert und auf die Insel Bougainville, 100 Kilometer entfernt, umgesiedelt. Erosion und das Eindringen von Salzwasser hatten die Fähigkeit der Bevölkerung zur Selbstversorgung beeinträchtigt. Aufgrund von Schäden durch Erosion, Stürme und Salzwassereinbrüche wurde eine weitere Gruppe von etwa hundert Bewohnern von Lateu auf der Insel Tegua im südlichen Pazifik ins Landesinnere verlegt. In Zukunft könnten die Bewohner der pazifischen Inseln ihr Land vollständig verlieren. Diese Bevölkerungsgruppen werden oft als „die ersten Klimaflüchtlinge"[395] bezeichnet. In einem weiteren Fall wurde die Insel Lohachara im Hooghly-Delta in Indien vollständig überflutet. Die Insel beherbergte einst 10.000 Menschen, aber der Verlust der Küstengebiete im Delta hat Tausende von Menschen obdachlos gemacht[396]. Die Bewohner der Deltas und Flussmündungen in Südasien machen mindestens 75% der 150 Millionen Menschen aus, die heute in Gebieten leben, die weniger als einen Meter über dem Meeresspiegel liegen.[397]

Die Schäden an den weltweiten Küsteninfrastrukturen durch Stürme und Überschwemmungen nehmen zu, aber Innovationen wie der Bau von schwimmenden Dörfern und die Umsiedlung gefährdeter Gemeinschaften weg von den Küstengebieten, wo der Anstieg des Meeresspiegels Risiken birgt, können immerhin Verluste reduzieren.

Die Aussicht, dass die einzige mögliche Zukunft für eine Gemeinschaft darin besteht, an einen anderen Ort umgesiedelt zu werden, ist beunruhigend, aber gerade deshalb ist Planung wichtig. Diese durch die Auswirkungen des Klimawandels verursachte „Verschiebung" hat einen Namen: „Klimigration" (englisch: *climigration*). Es handelt sich um die „geplante", strategische Umsiedlung ganzer Gemeinschaften, um die schlimmsten Auswirkungen des Klimawandels zu vermeiden. Die Insel Jean Charles in Louisiana ist die erste US-amerikanische Gemeinschaft, bei der dieser Prozess der Klimigration mit Hilfe eines Bundesprogramms umgesetzt wurde. Im Dezember 2018 hat der Staat neues Land für die Bewohner der Gemeinschaft erworben, weit entfernt von den Gefahren des Meeresspiegelanstiegs und der Stürme. Allerdings gibt es aufgrund der Tatsache, dass dies möglicherweise nur für Dörfer oder höchstens kleine Städte machbar ist, bedeutende Grenzen für die Klimigration.

Einige junge amerikanische Fachkräfte bereiten sich darauf vor, Häuser fern von Orten zu kaufen, an denen der Klimawandel voraussichtlich schlimmer werden wird. Ein Artikel[398], der im Dezember 2016 in «Popular Science» veröffentlicht wurde mit dem Titel **Das werden die besten Orte sein, um im Jahr 2100 n. Chr. in Amerika zu leben,** beinhaltet einen Link zu einer interaktiven Karte der Vereinigten Staaten, auf der jede Region des Landes mit verschiedenen Symbolen bedeckt ist: kleine und große Sonnensymbole, um unterschiedliche Intensitäten von Dürre anzuzeigen, ein Insekt, um von Mücken übertragbare Krankheiten darzustellen, eine Wolke mit Blitzen für Hurrikane, eine Welle für den Anstieg des Meeresspiegels, ein Tornado und eine Flamme für Brände. Was die Karte für jede dieser Kategorien erzählt, ist offensichtlich. Die Symbole bedecken praktisch das gesamte Territorium des Landes, mit Ausnahme eines winzigen Gebiets im Nordwesten: „Das ist dein neues Zuhause!" sagt die Karte. Sollten jetzt also alle in Immobilien in Michigan investieren?

Laut einigen Experten sind es die Städte, nicht die nationalen Regierungen, die die Klimakrise aggressiver bekämpfen; wenn Auswirkungen des Klimawandels mit Wucht auf urbane Zentren treffen, hat das gravierende Konsequenzen sowohl für die Bevölkerung als auch für die Stadt selbst. Heftige

Stürme können beispielsweise das Überlaufen der städtischen Abwassersysteme verursachen, wie es im August 2020 in Karachi, Pakistan, geschehen ist. Einer Analyse von Climate Central[399] zufolge sind die Großstädte, die bei einem Temperaturanstieg von 2 bis 4 Grad am meisten vom Anstieg des Meeresspiegels bedroht sind, Shanghai und Tianjin in China, Dhaka in Bangladesch und Kolkata in Indien. Auch drei nicht-asiatische Städte gehören zu den ersten 20: Rio de Janeiro, New York und Buenos Aires. Laut einem älteren Bericht der OECD von 2007, ebenfalls in Bezug auf den Meeresspiegelanstiegs, beziffern sich die prognostizierten Folgekosten für die Städte mit der am meisten gefährdeten Wirtschaft bis zum Jahr 2070 wie folgt: Miami mit 3,5 Milliarden Dollar, Guangzhou (Canton) mit 3,3 Milliarden und New York mit 2,1 Milliarden Dollar.

Ein weiteres großes Risiko des Klimawandels neben zunehmender Extremwetterereignisse und Migration ist das Abschmelzen der Gletscher. Mit dem Rückgang des Eises wird die Erosion durch Wasser zunehmen und die Verfügbarkeit von Süßwasser abnehmen. In der Arktis steigen die Temperaturen viel schneller als im Durchschnitt und südlicheren Breitengraden - ein Phänomen, das als arktische Verstärkung bezeichnet wird. In einigen Gegenden wurde auch das Auftauen des Permafrosts registriert, einer permanent gefrorenen Bodenschicht mit natürlichen Kohlenstoffablagerungen, die sich im Untergrund der hochgelegenen Breitengradzonen befindet. Wenn die Böden auftauen, setzen sie CO_2 und enorme Mengen an Methan frei, dessen Auswirkungen über einen Zeitraum von 100 Jahren 34-mal höher sind als die von CO_2.

Es ist beunruhigend zu bedenken, dass Anfang Februar 2020 eine argentinische Forschungsstation in Esperanza in der Antarktis eine Temperatur von 18,3°C registrierte, die höchste jemals auf dem antarktischen Festland gemessene Temperatur. Wenige Tage später wurde auf Seymour Island in der Antarktis erstmals eine Temperatur von über 20°C gemessen, was Befürchtungen einer klimatischen Instabilität im größten Eisschild der Welt hervorrief. Die Antarktis hat in den letzten 50 Jahren einen Temperaturanstieg von etwa 3°C erlebt und gehört zusammen mit der Arktis zu den sich am schnellsten erwärmenden Regionen.

Die Welt wird im Jahr 2100 sehr unterschiedlich zur heutigen sein, wenn die Durchschnittstemperaturen um mehrere Grad gestiegen sind. Jede Art von bewohnter und unbewohnter Landfläche wird betroffen sein: städtische, vorstädtische, ländliche; Berge, Ebenen, Küsten, Wälder, Gletscher, Wüsten. Die Welt ist bereits heute anders als noch vor wenigen Jahrzehnten. Viele Ernten sind aufgrund von Dürre und extremen Wetterbedingungen gefährdet, wie zum Beispiel Mais und Weizen. Und Brände wüten auf der ganzen Welt. Es wird erwartet, dass Brände in einigen Gebieten um mehr als 60% zunehmen werden.

Der Klimawandel wird nicht nur für die Gesundheit des Planeten, sondern vor allem für uns selbst fatal sein. Laut einer Studie des Lancet-Magazins werden im nächsten Jahrhundert viel mehr Menschen extremen Wetterereignissen ausgesetzt sein als bisher angenommen - „ein potenziell katastrophales Risiko für die menschliche Gesundheit"[400], das 50 Jahre globalen Fortschritt im Gesundheitsbereich zunichte machen könnte[401]. Stromausfälle bei extremen Wetterbedingungen könnten Krankenhäuser lahmlegen; und stellen Sie sich dazu eine gleichzeitig Pandemie vor oder zerstörte Infrastruktur, wenn wir sie am dringendsten brauchen. Ernteausfälle werden zu Unterernährung, Hunger und steigenden Lebensmittelpreisen führen. Mehr CO_2 in der Luft könnte Grundnahrungsmittel wie Gerste und Soja weniger nahrhaft machen. Das Risiko von Herzinfarkten wird insbesondere bei Landwirten und Bauarbeitern steigen. Aufgrund extremer Hitze könnte die Arbeitszeit nur noch in den frühen Morgen- und Abendstunden liegen, zu Zeiten, in denen aber mehr krankheitsübertragende Insekten aktiv sind.

Viele der häufigsten Infektionskrankheiten, insbesondere solche, die von Insekten übertragen werden, reagieren sehr empfindlich auf klimatische Veränderungen.[402] In vielen Teilen der Welt erleichtern extreme Hitze

und Feuchtigkeit die Übertragung von Malaria, Dengue-Fieber, Chikungun-
ya, Gelbfieber, das Zika- und West-Nil-Virus und Lyme-Borreliose durch
Zecken. Das Dengue-Fieber, das von Mücken übertragen wird, hat sich in
den letzten 50 Jahren um das 30-fache erhöht, und es wird geschätzt, dass
Zecken bis 2080 weit verbreitet in den östlichen Vereinigten Staaten sein
könnten.

Einige Wissenschaftler vermuten, dass der Klimawandel auch bei der
Ebola-Epidemie eine entscheidende Rolle gespielt hat. Es ist kein Zufall, dass
trockene Jahreszeiten gefolgt von starken Regenfällen, die das Wachstum
von Obst begünstigen, mit der Verbreitung der Epidemie in den am stärksten
betroffenen afrikanischen Ländern zusammenfallen. Wenn Obst reichlich
vorhanden ist, versammeln sich Affen und Fledermäuse, die nach Erkennt-
nis der Wissenschaftler Träger des Ebola-Virus sind, um zu essen und bieten
dem Virus die Möglichkeit, von einer Art auf eine andere zu springen. Menschen können dann die Krankheit bekommen, indem sie ein infiziertes Tier
wie einen Affen essen oder auch nur mit ihm in Kontakt kommen.

In Zentralasien bedeckten im Mai 2015 Hunderttausende von Kadavern
einer kleinen Antilope namens Saiga eine ebene Fläche in Kasachstan. Die
Saigas hatten sich auf der Steppenebene versammelt, um ihre Jungen gemeinsam zur Welt zu bringen und so weniger anfällig für ihre Fressfeinde,
die Wölfe, zu sein. Das Massensterben der Saigas führte zu zahlreichen Verschwörungsgeschichten. Was hatte so viele Saigas in so kurzer Zeit getötet?
Aliens? Strahlung? Vergiftung? Schließlich identifizierten die Wissenschaftler den Schuldigen: ein Mikroorganismus namens *Pasteurella multocida*,
der in den Mandeln der Saigas lebt. Plötzlich vermehrte sich das Bakterium
aufgrund der regional auftretenden ungewöhnlichen Hitze und der über-
durchschnittlichen Feuchtigkeit im Blut der Tiere. Es breitete sich in der
Leber, den Nieren und schließlich in der Milz aus und verursachte eine hä-
morrhagische Sepsis. Die durch Umweltbedingungen ausgelöste Krankheit
führte zum Tod von etwa 200.000[403] der bereits vom Aussterben bedrohten

Saigas, was zwei Drittel der weltweiten Population entsprach. Die Luftfeuchtigkeit im Sommer 2015 war die höchste seit 1948. Der Wissenschaftsjournalist Ed Yong schrieb in «The Atlantic», dass das Klima „der Abzug" und *Pasteurella* „die Kugel" war. Der Klimawandel kann auch uralte Krankheitserreger wieder zum Leben erwecken. Im Jahr 2016 starb ein Kind in einer abgelegenen Ecke der sibirischen Tundra auf der Yamal-Halbinsel im Polarkreis und mindestens siebzig Menschen wurden nach einer Infektion mit Anthrax, einer akuten Infektion durch das Bakterium Bacillus anthracis, ins Krankenhaus eingeliefert. Eine Hitzewelle im Sommer hatte den Permafrost aufgetaut und zusammen mit ihm ein vor über 75 Jahren mit Anthrax infiziertes Rentierkadaver.[404] Über zweitausend in der Nähe weidende Rentiere wurden von der Krankheit infiziert und starben.

Der Punkt ist also, dass ein verändertes Klima grundlegende Auswirkungen auf die Gesundheit aller Lebewesen hat, einschließlich die der Menschen. Und nicht nur die körperliche Gesundheit. Überschwemmungen, Dürren und Hitzewellen können zu psychischen Problemen wie Angst, Depression und schließlich sogar Suizid führen.

Im November 2019 habe ich an einer Untersuchung[405] über Öko-Angst gearbeitet, eine psychophysische Störung, die von der American Psychological Association (APA) im Jahr 2017 als „chronische Angst vor Umweltzerstörung"[406] definiert wurde. Die APA betont, dass der Klimawandel nicht nur Ursache für Naturkatastrophen und extreme Wetterereignisse ist, sondern auch „die mentale Gesundheit in großem Maßstab untergräbt". Nach Naturkatastrophen wie dem Hurrikan Katrina im Jahr 2005 entwickelten zum Beispiel 49% der Bevölkerung angstbedingte Störungen aufgrund des Verlustgefühls. Opfer von Hurrikans und Überschwemmungen haben ein höheres Risiko für posttraumatische Belastungsstörungen und Depressionen. Für diesen Artikel über Öko-Angst sprach ich auch mit vielen jungen Leuten, Aktivisten von Fridays for Future, die gemeinsame und wiederkehrende

Punkte ansprachen. Öko-Angst wird durch die Angst und Sorge um die Zukunft genährt: Die unumkehrbaren Auswirkungen des Klimawandels zu beobachten, erzeugt Angst und Stress. Aber auch das Schuldgefühl trägt dazu
bei. Die Unfähigkeit, die Natur zu kontrollieren, sich machtlos angesichts
einer sich verändernden Welt zu fühlen, schafft einen fruchtbaren Boden für
Öko-Angst. Sind wir also alle zu Angst, Furcht, Schuldgefühl und letztendlich zum Verlust verurteilt?

In der politischen Arena führt eine Zunahme von Angst und Spannung
in der Regel auch zu einer Zunahme politischer Beteiligung oder zumindest
zu Protestaktionen auf der Straße. Das Gleiche gilt für ökologische Ängste
und Umweltaktivismus. Klimaaktivismus hilft also, Öko-Angst abzuschwä-
chen, aber nicht jeder hat die Möglichkeit, aktiv zu werden. Einige indigene
Gemeinschaften, die direkt von Naturkatastrophen betroffen sind, riskieren
viel mehr als nur ihr Zuhause zu verlieren. Der Bericht der APA weist darauf
hin, dass zum Beispiel in Alaska einige Ureinwohner ihre Dörfer aufgrund
des Auftauens des Permafrosts verschwinden sehen: Das Verlieren des Hauses bedeutet den Verlust von Traditionen, kulturellen und identitätsstiften-
den Praktiken.

Das Gefühl der Verzweiflung, das aus dem Verlust derjenigen entsteht,
die gezwungen sind, ihr Zuhause zu verlassen, hat einen spezifischen Namen: Solastalgie. Der Begriff ist eine Verschmelzung von „solace" (Trost) und
Nostalgie und bezeichnet den Schmerz, den es bedeutet, den Trost (Solacium
auf Latein) des Ortes zu verlieren, an dem man lebt. Glenn Albrecht, der
australische Umweltstudien-Professor, der den Begriff in den frühen 2000er
Jahren geprägt hat, schreibt, dass die Solastalgie ein „Heimweh nach Hause
ist, wenn du immer noch zu Hause bist". Albrecht untersuchte die emotionale Auswirkung des Bergbaus auf die Bewohner einer Region in Australien.
Die Zerstörung ihrer natürlichen Umgebung beeinträchtigte das Gefühl des
Trostes, das das Tal denen gab, die dort lebten. Der Begriff Solastalgie erweiterte sich im Laufe der Zeit, auch um den Verlust geliebter Landschaften

aufgrund des Klimawandels zu beschreiben.

Der Autor Fabio Deotto schrieb: „Heutzutage ist das Konzept der Solastalgie doppelt nützlich: Einerseits macht es die Wahrnehmungsdissonanz deutlich, die durch eine Welt entsteht, die weiterhin gleich erscheint, obwohl sie ihr Gleichgewicht verloren hat, andererseits lenkt es den Fokus auf das Konzept des Zuhauses und unseren Anspruch auf Stabilität"[407]. Ein Zuhause, das bald so anders sein könnte, dass wir es nicht mehr erkennen können.

Die Risiken im Zusammenhang mit den Auswirkungen der Klimakrise sind unzählig. Mehr Hitze kann längere Allergiesaisons und Atemwegserkrankungen bedeuten. Mehr Regen führt zu Schimmel, Pilzen und Innenluftverschmutzung. Starke Verschmutzung führt zu ungesunder Luft und einer Zunahme von Asthma und Atemwegserkrankungen. In Indien, wo die Luftverschmutzung in vielen städtischen Zentren ein ernsthaftes Problem ist, ist die Luft so unatembar, dass es an guten Tagen immer neblig zu sein scheint. Aber man muss gar nicht erst bis nach Indien gehen, um die Auswirkungen der Umweltverschmutzung zu spüren. Im Jahr 2019 haben ganze 54 italienische Städte den vorgeschriebenen Grenzwert für Feinstaub und Ozon überschritten, darunter: Turin, Pavia, Lodi und Mailand[408]. Laut offiziellen Luftberichten von Mailand hatte die Verschmutzung im ersten Monat des Jahres einen Durchschnittswert, der fast fünfmal höher war als der als gesund geltende Wert. Jedes Jahr sterben in Italien über 60.000[409] Menschen frühzeitig aufgrund von Luftverschmutzung und der wirtschaftliche Schaden schwankt zwischen 47 und 142 Milliarden[410] Euro (330-940 Milliarden auf europäischer Ebene) pro Jahr, basierend auf den Gesundheitskosten und den verlorenen Arbeitstagen. Jedes Jahr tötet Umweltverschmutzung weltweit 6,5 Millionen[411] Menschen. In Nordchina ist die Lebenserwartung aufgrund der Luftverschmutzung um 5,5 Jahre[412] gesunken. Im Allgemeinen variieren die Auswirkungen des Klimawandels auf die menschliche Gesundheit je nach Alter, Geschlecht, Geographie und sozioökonomischem Status sowie die lokal umgesetzten Maßnahmen zum Umweltschutz. Ältere Menschen und arme Kinder - insbesondere solche, die bereits an Malaria, Unterernährung und Durchfall leiden - neigen dazu, am anfälligsten für krankheitsbedingte Temperaturanstiege zu sein.

Die Auswirkungen der Klimakrise auf die menschliche Gesundheit lassen sich also in einer ziemlich dramatischen Liste zusammenfassen: Extremwetterereignisse, Infektionskrankheiten, Luftverschmutzung, Nahrungsmittelknappheit, Allergene, Hitzestress und Risiken für die psychische Gesundheit. Aber dies ist nicht nur eine abstrakte Liste und diese Seiten sind nicht nur Zahlen, Daten und Prognosen. Es ist die Realität. Die Klimakrise trifft uns bereits auf vielen Ebenen.

Die Erde überlebt im Gleichgewicht. Und der Mensch verändert dieses Gleichgewicht. Wenn wir CO_2 ausstoßen oder ein Tier in einem Ökosystem töten oder einen Wald zerstören oder eine Mine graben oder eine intensive Tierhaltung betreiben, entsteht ein Dominoeffekt. Der Verlust der Biodiversität wird ein Problem von unermesslicher Größe sein. Viele Arten von Säugetieren, Vögeln, Reptilien, Amphibien, Insekten und Fischen sind bereits ausgestorben und viele weitere sind jetzt akut vom Aussterben bedroht, Homo sapiens eingeschlossen, muss betont werden.

Zwischen Dezember 2019 und Januar 2020 verbreiteten sich die Zahlen über die Anzahl der in Australien durch Brände getöteten Tiere im Internet. Die Experten waren alarmiert: Ein großer Teil eines Landes, das zwischen 600.000 und 700.000 Arten beherbergt, von denen viele nirgendwo sonst auf der Welt vorkommen, stand in Flammen. Laut Professor Christopher Dickman von der Universität Sydney könnten 480 Millionen Tiere - fast eine halbe Milliarde - durch die Flammen in New South Wales, der Region Australiens, in der sich Sydney befindet, getötet worden sein.

Lassen Sie uns einen Moment über diese Zahl nachdenken. 480 Millionen. Fast eine halbe Milliarde. Psychologisch gesehen haben wir Schwierigkeiten, sehr große Zahlen wie 480 Millionen zu quantifizieren. Es gibt einen Zweig der kognitiven Wissenschaften namens numerische Kognition, nach dem es einfacher ist, große Zahlen zu quantifizieren, wenn sie in Perspektive gesetzt werden. Zum Beispiel entsprechen 480 Millionen fast einem Drittel der Gesamtbevölkerung Chinas, dem bevölkerungsreichsten Land der Welt. So viele Tiere also wie ein Drittel der in China lebenden Menschen wurden von den Flammen weggefegt.

Das Gleiche gilt für Zahlen, die Todesfälle anzeigen; die Wahrnehmung, dass der Unterschied zwischen keinem Tod und einem Tod schrecklich ist, aber der Unterschied zwischen 110.000 und 111.000 Todesfällen vernachlässigbar. Als „psychophysische Betäubung" bezeichnet, ist es ein Zustand, mit dem wir allzu vertraut sind.

Da die Brände nicht aufhörten, überarbeitete Dickman die Daten und schätzte den Verlust auf über 800 Millionen tote Tiere in New South Wales und berechnete, dass mehr als eine Milliarde Tiere im ganzen Land gestorben sind. Diese Zahlen fügen sich in das bereits erschreckende Ausmaß der Brände ein, bei denen mindestens 24 Menschen getötet, über 2.000 Häuser zerstört und mehr als 15 Millionen Hektar verbrannt wurden. Wie bereits erwähnt, bedeutet wärmeres Wetter eine längere Brandsaison, was zu gefährlicheren Bränden führt und weniger Zeit für Prävention lässt. Darüber hinaus erhöhen höhere Temperaturen und geringere Niederschläge die Bodentrockenheit und Trockenheit der Vegetation, was den „Brennstoff" vermehrt und somit das Brandrisiko erhöht. Ein wärmeres Klima erhöht die Wahrscheinlichkeit von Gewittern, ein Schlüsselfaktor für das Auslösen von Bränden. Giorgio Vacchiano schreibt in seinem Editorial auf «LifeGate»[413] über das Pyrozän. Das Pyrozän ist das neue Feuerzeitalter und löst die Epoche des Anthropozän fließend ab. Es ist das geologische Zeitalter, in dem der Mensch einen entscheidenden Einfluss auf den Planeten nimmt und in dem die terrestrische Umwelt in ihren physikalischen, chemischen und biologischen Eigenschaften stark durch die Auswirkungen menschlichen Handelns auf lokaler und globaler Ebene beeinflusst werden. „Vegetationsbrände einerseits, Verbrennung fossiler Brennstoffe andererseits: Das Kennzeichen einer neuen Beziehung zwischen Menschheit und Feuer und dem Planeten. Eine klimatische Revolution von der gleichen Bedeutung wie eine Eiszeit - aber mit Flammen anstelle von Eis. Ein epochaler Wandel, der uns dazu bringen könnte, die Zeit, in der wir leben, mit einem noch passenderen Namen zu bezeichnen: das Pyrozän", schreibt Vacchiano. Es ist kein Zufall, dass der Bezug zum Feuer in letzter Zeit häufig vorkommt, wenn über den Klimawandel gesprochen wird: Beispiele dafür sind Greta Thunbergs Buch **Unser Haus brennt** oder Naomi Kleins Buch **On Fire**. Der Mensch erscheint heute als „zerstörerische geologische Kraft", der das Ökosystem dauerhaft verändert hat, so beschreibt es Bill McKibben. Überall wo der Mensch hintritt, stört er das Gleichgewicht der Natur.

Im Podcast «Drilled» betont die Journalistin Amy Westervelt, dass „wenn Sie mit jemandem sprechen wollen, der mit Sicherheit weiß, dass der Klimawandel stattfindet, sprechen Sie am besten mit einem Feuerwehrmann in den am stärksten von Bränden betroffenen Regionen wie Kalifornien". Ken Pimlott, Leiter der Feuerwehr in Kalifornien, sagte Anfang 2020 in der Sendung «Good Morning LA»[414]: „Die Situation wird wirklich schlimmer... Wenn Sie erfahrene Feuerwehrleute fragen, die seit 30 oder 35 Jahren arbeiten, sind die Brände und Wetterbedingungen, die wir jetzt erleben nicht vergleichbar mit denen vor wenigen Jahrzehnten."

Der Klimawandel ist real und findet überall statt. Wir erleben erneut intensivere Brände, die schneller brennen und sich ausbreiten. Und die Brände bringen nicht nur Zerstörung durch Flammen und Feuer, sie haben auch Einfluss auf die Luftqualität. Im Januar 2020 erreichte diese in Melbourne gefährliche Werte, so dass die slowakische Tennisspielerin Dalila Jakupovic während eines Qualifikationsspiels der Australian Open[415] ernsthafte Atembeschwerden bekam und zusammenbrach. Und nicht nur der australische Kontinent litt unter den verheerenden Bränden. Laut der NASA zogen die Rauchschwaden der Brände in Australien um die halbe Welt und erreichten Südamerika, wo der Himmel von staubigem Dunst verschleiert wurde. Wochen später wurden die Brände von einem Hagelsturm und anschließend von einem Sandsturm begleitet. Ein mit einer Drohne aufgenommenes Video zeigt Bilder des Sandsturms in New South Wales, einem so mächtigen Sturm, dass der Staub das Sonnenlicht blockierte und den Tag in Nacht verwandelte. Zwei Bilder, veröffentlicht vom «Guardian», zeigen das Parlament in Canberra: Auf dem ersten Foto ist es von Asche und Rauch der Brände verdeckt, die den Himmel orange färben, auf dem zweiten Foto sind Hagelkörner und Eis um das Parlament herum zu sehen. Das erste Foto stammt vom 5. Januar, das zweite vom 20. Januar. Innerhalb von nur fünfzehn Tagen ereigneten sich zwei extreme und entgegengesetzte Wetterphänomene.

Dass die Brände, die den australischen Kontinent verwüstet haben, einen direkten Zusammenhang mit Treibhausgasemissionen haben, wurde trotzdem von einigen Menschen geleugnet, prominenterweise auch von dem 2020 amtierenden Premierminister Scott Morrison. Laut dem «Guardian»[416] behauptete dieser nicht nur, dass es keinen direkten Zusammenhang gäbe, sondern schlug auch vor, dass Australien seine Emissionen erhöhen könne, ohne die derzeitige Brandsaison zu verschlimmern: Morrison zufolge gebe es keine „glaubwürdigen wissenschaftlichen Beweise", dass die Reduzierung der australischen Emissionen die Schwere der Brände verringern könne. Im vergangenen September sagte der Minister für Landwirtschaft, Dürre- und Notfallmanagement, David Littleproud, er wisse nicht, „ob der Klimawandel menschengemacht ist"[417]. Die Reaktion Australiens auf den Klimawandel wurde als eine der schlechtesten innerhalb der G20 eingestuft[418], mit einem deutlichen Anstieg der Treibhausgasemissionen seitdem die Regierung unter Abbott die Kohlenstoffsteuer im Jahr 2014 abgeschafft hatte.

Laut dem Climate Action Tracker[419], einem unabhängigen Institut für wissenschaftliche Analyse, ist Australien einer der führenden Exporteure fossiler Brennstoffe. Im November 2018 überholte es Katar als weltweit größten Exporteur von Flüssiggas (LNG). Es ist auch der weltweit größte Kohleexporteur, wobei die Kohle 57% des Gesamtwertes der Landesexpor-

te ausmacht. Australien ist zudem der drittgrößte Exporteur und der fünft-
größte Förderer fossiler Brennstoffe gemessen am Potenzial für Kohlendioxidemissionen[420]. Die internen Kohlenstoffemissionen des Landes machen
1,4% des globalen Gesamtwerts aus und addiert man noch die Emissionen
der exportierten fossilen Brennstoffe, steigt der Anteil Australiens auf 3,6%.
Es wird erwartet, dass er bis zu 17% der globalen Emissionen im Jahr 2030[421]
erreichen könnte, wenn alle geplanten Projekte fortgesetzt werden.

Morrison hat, wie leider viele andere Staatschefs auch, definitiv keine
Führungsqualitäten beim Klimaschutz bewiesen und auch immer gern betont, dass das Klima keine Priorität für seine Regierung habe. Er vertrat offen einen leugnenden Ansatz, indem er die Bewertungen des IPCC ablehnte
und den Aufruf des Generalsekretärs der Vereinten Nationen zu dringendem
Handeln für das Klima ignorierte[422]. Während seiner Amtszeit als Schatz-
kanzler brachte er einmal ein Stück Kohle ins Parlament, um seine Unterstützung für die fossile Brennstoffindustrie zu symbolisieren.[423]

Es ist häufiger der Fall, dass die Leugnung des Klimawandels in Nationen
mit konservativen Regierungen floriert, gerade weil, wie wir gesehen haben,
der Konservatismus des freien Marktes eine seiner treibenden Kräfte ist. In
westlichen Demokratien gedeiht die Klimawandelleugnung generell gut. In
seinem Buch berichtet Kahn-Harris von einer Studie aus dem Jahr 2014, die
darauf hindeutet, dass das Klimaleugnen in westlichen Demokratien stärker
ausgeprägt ist und in englischsprachigen Demokratien noch stärker, da sie
sprachlich und wirtschaftlich „freier" sind[424]. „Nicht nur die freiesten Formen
des Kapitalismus nähren das Leugnen, sondern auch die Demokratie selbst",
schreibt Kahn-Harris. Dies liegt auch an der „ständigen Notwendigkeit de-
mokratischer Politiker, ihre Wahllegitimität aufrechtzuerhalten". Zudem hat
sich gerade in diesen Ländern, wie auch in Australien, ein umfangreiches
Netzwerk konservativer Think Tanks entwickelt. Trotz der Unterschiede
in der Ausprägung ist das Leugnen des Klimawandels ein Phänomen, dass
sich über die ganze Welt ausgebreitet hat und es gibt brisante internationale

Leugner-Kooperationen, ausgehend von der in den USA tief verwurzelten „Leugner-Tradition". Das Competitive Enterprise Institute (CEI) zum Beispiel erweiterte seinen Einflussbereich bereits im November 1996 auf Australien, als es sein erstes strategisches Treffen abhielt, um eine Kampagne mit Sitz in Australien zu starten. Das CEI nahm an, dass die damalige Regierung unter Howard ein nützlicher Verbündeter im politischen Kampf gegen das Kyoto-Protokoll sein könnte und begann enge Beziehungen zum Bergbausektor aufzubauen. Das CEI wurde, wie bereits erörtert, von Unternehmen der fossilen Brennstoffindustrie wie ExxonMobil unterstützt. Im Jahr 2004 trafen sich die CEOs der führenden Unternehmen der fossilen Brennstoffindustrie mit Howard, um Wege zur Begrenzung des Ausbaus Erneuerbarer Energien diskutieren. In Australien selbst existiert auch ein Netzwerk von Gruppen, die im Auftrag von Think Tanks und der fossilen Brennstoffindustrie handeln. Das Institute of Public Affairs hat beispielsweise im Jahr 2005 die Australian Environment Foundation gegründet, die wiederum die Australia Climate Science Coalition ins Leben gerufen hat, um die Leugnung des Klimawandels zu fördern. Die australische Klimaleugnungsbewegung hat enge Verbindungen zum amerikanischen Netzwerk der Leugner und insbesondere zur Atlas Economic Research Foundation, die von A. Fisher in Großbritannien gegründet wurde, aber ihren Sitz in den USA hat und als Brutstätte für konservative Think Tanks auf der ganzen Welt dient. Fisher hat das Institute of Economic Affairs (IEA) gegründet, das bedeutende Spenden von der British American Tobacco Company und Philip Morris erhalten hat, sowie das UK International Policy Network, ein britischer konservativer Think Tank, der vom Journalisten George Monbiot als eine „von Unternehmen finanzierte Kampagnengruppe"[425] identifiziert wurde, die Finanzierungen von fossilen Brennstoffindustrien wie ExxonMobil erhielt. Insgesamt hat Australien immer eine schwache Klimapolitik verfolgt und erst nach Howards Ausscheiden aus der Regierung im Jahr 2008[426] dem Kyoto-Protokoll zugestimmt. Im Jahr 2010 wurde der als Klimawandelleugner[427] bekannte

Tony Abbott zum Premierminister gewählt, 2013 wiedergewählt und blieb bis 2015 im Amt.

Auch die kanadische Leugnungsmaschinerie hat zusammen mit ihren amerikanischen und australischen Partnern erhebliche Anstrengungen unternommen, um die Glaubwürdigkeir von Klimawissenschaft zu untergraben. In diesem Szenario ist das wichtigste kanadische Institut das Fraser Institute, das sowohl von Scaife (Sponsor des Marshall Institute) als auch von der Koch Foundation[428] finanziert wird. Im Jahr 2007, als der IPCC seinen vierten Bewertungsbericht veröffentlichte, gab das Fraser Institute seine eigene „unabhängige"[429] Bewertung heraus, um die Modelle und Schlussfolgerungen des IPCC in Frage zu stellen. Im Gegensatz zum IPCC, das nur von Institutionen der Vereinten Nationen finanziert wird, umfasste das „Expertenteam"[430] des Fraser Institute mehrere Wissenschaftler mit direkten Verbindungen zu Frontgruppen und Think Tanks[431]. Ab 2007, kurz nachdem Stephen Harper Premierminister wurde, hat die kanadische Regierung beschlossen, die Medienpräsenz der staatlichen Wissenschaftler einzuschränken[432]: Ihnen wurde verboten, frei mit der Presse zu sprechen, und die «New York Times» berichtet, dass dies zu einer 80%igen Verringerung der Medienberichterstattung über Klimawissenschaft geführt hat[433].

Klimawandel-Leugnungskampagnen in den Vereinigten Staaten haben nicht nur eine entscheidende Rolle bei der Blockierung nationaler Gesetzgebung gespielt, sondern auch jahrzehntelang internationale Entscheidungsprozesse gebremst und behindert.

Die ungeschriebene mathematische Formel des Klimawandels, die McKibben das „Eiserne Gesetz" nennt, besagt, dass diejenigen, die am wenigsten zu den Emissionen beitragen, am stärksten und frühesten von den Auswirkungen des Klimawandels betroffen sein werden. Philip Alston, der Sonderberichterstatter der Vereinten Nationen für extreme Armut und Menschenrechte, hat mehrmals auf die gefährliche Dynamik hingewiesen, die zu einer Verschärfung von Armut und Ungleichheit führen wird: „Wir laufen

Gefahr, in eine Situation der ‚Klima-Apartheid' zu geraten, in der Reiche dafür bezahlen können, dem Klimawandel, Hunger und Konflikten zu entkommen, während der Rest der Welt leidet." Diejenigen, die vom Anheizen des Klimawandels profitieren, zahlen nicht den Preis für ihre Handlungen und die Kosten fallen auf diejenigen, die sich keinen Schutz leisten können, auf diejenigen, die nie angemessen entschädigt werden und auf die Verlierer. Und die Kosten des Klimawandels werden natürlich vor allem von den kommenden Generationen getragen. Deshalb haben junge Aktivisten sofort das intergenerationale Element erkannt. Jede Generation „profitiert" von ihren eigenen Emissionen, die Kosten kommen jedoch zeitverzögert und werden auf die nächste und zukünftige Generationen abgewälzt. Es scheint, dass viele „profitieren" wollen, indem sie nur „die Anderen" dazu zwingen, ihre Emissionen zu reduzieren. Laut Professor Jamieson[434] ist diese „erst du, dann ich"-Haltung auch unter Staaten sehr verbreitet. Niemand möchte seine Emissionen reduzieren, wenn es nicht alle tun. Die Klimakrise basiert auf einem einfachen Prinzip: Wer eine gemeinsame Ressource missbraucht, handelt im eigenen kurzfristigen Interesse zum Nachteil aller und der langfristigen Interessen aller. Das ist das Gegenteil von Nachhaltigkeit und die Ablehnung des Kampfes für einen Planeten, auf dem menschliche Gesundheit und Ökosysteme Hand in Hand gehen. Die Leugnung des Klimawandels bedeutet, die Tatsache zu leugnen, dass die Welt trotz immerwährendem Profitstreben tatsächlich erhebliche Verluste erleidet.

Laut dem WWF geschieht das Aussterben von Arten heute zwischen tausend und zehntausend Mal schneller als die natürliche Aussterberate („natürlich" bezieht sich auf den Aussterbeprozess, der ohne jegliche menschliche Einmischung stattfindet). Laut der Roten Liste bedrohter Arten der Internationalen Union für Naturschutz (IUNC), die 1964 gegründet wurde und bald zur weltweit umfassendsten Informationsquelle über den globalen Erhaltungszustand von Tier-, Pilz- und Pflanzenarten wurde, sind mehr als 30.000 Arten vom Aussterben bedroht: fast 27% aller bisher von der IUNC untersuchten Arten (112.432). Die Statistiken der IUNC zeigen, dass 25% der Säugetiere, 34% der Nadelbäume, 14% der Vögel, 41% der Amphibien und 33% der Korallenriffe vom Aussterben bedroht sind.

„Während die menschliche Bevölkerung seit 1970 ständig gewachsen ist, gilt das Gegenteil für fast alle anderen Arten, und beide Trends können auf dieselbe Ursache zurückgeführt werden", schrieb die Journalistin Elizabeth Kolbert[435]. Die Ursache ist der Mensch.

Laut einigen Wissenschaftlern werden auch in Bezug auf den Verlust der Biodiversität wissenschaftliche Beweise von Leugnern untergraben und mit zunehmender Tendenz das Artensterben geleugnet. Eine in «Nature» veröffentlichte Studie untersuchte die Dynamik des „Aussterbe- und Biodiversitätsverlust-Leugnens".[436]

In Europa gibt es über 800 Arten von Wildbienen, von denen laut IUCN sieben vom Aussterben bedroht sind. Weitere 46 sind stark gefährdet, 24 sind gefährdet und 101 sind extrem selten. Hornissen sind aufgrund wärmerer und häufigerer Temperaturen, aber auch aufgrund des intensiven Einsatzes von Pestiziden und dem Verlust ihres natürlichen Lebensraums stark rückläufig in ganz Europa und Nordamerika. Eine Studie legt nahe, dass die Wahrscheinlichkeit, dass eine Hornissenpopulation an einem bestimmten Ort überlebt, innerhalb einer einzigen Menschengeneration um 30% gesunken ist.[437] Die Forscher sagen, dass die Rückgangsraten „konsistent mit einem Massenaussterben" zu sein scheinen. Aber was kümmern uns die Hornissen? Würde es einen Unterschied in unserem Leben machen, wenn sie verschwinden würden? Die Antwort ist ja. Hornissen spielen eine Schlüsselrolle bei der Bestäubung von Kulturen wie Tomaten, Kürbissen und Beeren. Alle Bienen sind sehr wichtig, weil sie Nahrungspflanzen bestäuben. Wenn Bienen aussterben würden, würde dies das empfindliche Gleichgewicht des terrestrischen Ökosystems stören und sich auf die globalen Nahrungsmittelreserven auswirken. Etwa drei Viertel aller Nahrungspflanzen sind auf Bestäuber angewiesen: Vögel, Fledermäuse, vor allem aber Insekten. Also bedeuten weniger Bienen schlichtweg weniger Nahrung. Im Südwesten Chinas, wo wilde Bienen durch den übermäßigen Einsatz von Pestiziden und den Verlust natürlicher Lebensräume dezimiert wurden, werden Apfelbauern bereits gezwungen, für ihre Ernte die Arbeit der Bienen zu übernehmen, also jede Blüte einzeln mithilfe von Pinseln mit Pollen zu bestäuben. Können Sie sich vorstellen, was es bedeuten würde, all unsere Ernten von Hand bestäuben zu müssen?

Der Journalist George Monbiot betont die Bedeutung des „Rewilding", bei dem versucht wird, Ökosysteme in ihren ursprünglichen Zustand zurückzuführen und ökologische Prozesse wieder in Gang zu bringen. Wenn Tiere an der Spitze der Nahrungskette einen direkten Einfluss auf die Population anderer Arten im Ökosystem haben, tritt eine trophische Kaskade auf. In Monbiots Buch **Feral: Searching for Enchantement on the Frontiers of Rewilding**[438] **(dtsch. Auf der Suche nach Verzauberung an den Grenzen des Rewilding)** ist eines der Beispiele für Rewilding die Wiederansiedlung von Wölfen im Yellowstone-Nationalpark in den USA, wo diese eine Art in der Lage war, das gesamte Ökosystem zu verändern. Bevor die Wölfe wieder eingeführt wurden, waren die Flussufer fast kahl und von Hirschpopulationen beweidet. Die Wölfe reduzierten die Anzahl der Hirsche, und diese begannen, Weideflächen aus Angst vor dem Tod zu meiden. In einigen Gebieten begannen die Bäume wieder zu wachsen und verdoppelten ihre Höhe in nur sechs Jahren. Die Bäume boten wiederum Schatten und Schutz für viele Arten, einschließlich Vögel, Biber und Büffel. Die Rückkehr der Bäume stabilisierte auch die Flussläufe, verringerte die Erosionsrate und verengte die Flussbreite, wodurch Teiche und Trockenstellen entstanden. Der Einfluss nur einer Art wirkt sich kaskadenartig auf das gesamte Nahrungsnetz aus und kann in einigen Fällen das gesamte System, die Landschaft oder sogar die chemische Zusammensetzung von Boden und Atmosphäre radikal verändern.

Den Schutz einiger Tiere zu gewährleisten bedeutet, den Schutz von

Ökosystemen und Biodiversität zu wählen und kann auch ein Instrument im Kampf gegen den Klimawandel sein. Laut einem Bericht des Internationalen Währungsfonds könnte die Unterstützung internationaler Bemühungen zur Wiederherstellung von Walpopulationen „einen Wendepunkt im Kampf gegen den Klimawandel"[439] bringen. Wale absorbieren tatsächlich mehr CO_2 als Bäume und unterstützen auch die Produktion von Phytoplankton, das mindestens 50% des in der Erdatmosphäre vorhandenen Sauerstoffs produziert und CO_2 in einer Menge bindet, die vier Amazonaswäldern entspricht. Laut der Studie hätte eine Steigerung der Phytoplankton-Produktivität um nur 1% den gleichen Effekt wie das plötzliche Auftauchen von 2 Milliarden Bäumen.

Aufgrund der klimatischen Veränderungen werden wir viel verlieren, nicht nur Fauna und Flora. Wir haben bereits viel verloren. Die Chinchorro-Mumien in Chile sind die ältesten mumifizierten Überreste der Welt und entstanden Tausende von Jahren vor den Einbalsamierungsritualen im alten Ägypten. In der für gewöhnlich trockenen Region hat zunehmende hohe Luftfeuchtigkeit einen idealen Lebensraum für Bakterien geschaffen und einige der Mumien in schwarzen Brei verwandelt. Es wird angenommen, dass die ersten mumifizierten Körper der Chinchorro um etwa 5000 v.Chr. entstanden sind, mit einem Höhepunkt um 3000 v.Chr. Unter den verschiedenen andinen Fischerkulturen waren die Chinchorro die einzigen, die sich mit der Konservierung ihrer Verstorbenen beschäftigten, und aufgrund der von uns verursachten klimatischen Veränderungen werden wir dieses einzigartige Zeugnis verlieren.

In Peru erodieren die sintflutartigen Regenfälle die präkolumbianische Stadt Chan Chan, eine 9.000 Hektar große und mit 10.000 verzierten Palästen versehene Stätte, die zum Schutz abgedeckt werden muss. Chan Chan wurde zwischen 850 und 1470 gegründet, war die Hauptstadt des Chimor-Reiches bis zur Eroberung durch das Inka-Reich im 15. Jahrhundert und wurde ab 1986 zum UNESCO-Weltkulturerbe. Die Stadt ist durch Erosion bedroht, verursacht durch El Niño, dem zyklischen Klimaphänomen, das mit der Erwärmung der oberen Wasserströmungen des östlichen Pazifiks am Äquator auftritt. El Niño verursacht Dürren in normalerweise feuchten Gebieten des östlichen Pazifiks wie in Teilen Indonesiens und Australiens, während normalerweise trockenere Gebiete (wie die Westküste Südamerikas) schweren Überschwemmungen ausgesetzt sind. Die Auswirkungen des Klimawandels auf den Zyklus sind noch nicht vollständig verstanden, aber einige Wissenschaftler glauben, dass El Niño häufiger auftreten wird.

In Venedig haben erst letzten November (2020) Hochwasser und Fluten Bauwerke wie die Basilika San Marco aus dem 11. Jahrhundert und den Palazzo Ca'Rezzonico aus dem 18. Jahrhundert schwer beschädigt. Wie ich zuvor geschrieben habe, sollte man nicht jedes einzelne Wetterereignis dem Klimawandel zuschreiben, aber es ist auch Fakt, dass aufgrund des Klimawandels die Häufigkeit solcher Fluten zunehmen wird. Der Meeresspiegel steigt und eine Stadt wie Venedig ist besonders anfällig für eine derartige Veränderung. Der IPCC prognostiziert, dass bis 2050 alle sechs Jahre „Jahrhundertfluten" auftreten werden und bis 2100 alle fünf Monate. Für das Mose-Projekt von Venedig zur Bewältigung dieser Verwundbarkeit wurden Milliarden Euro investiert und es war Gegenstand von viel Kritik. Im Juli 2020 nahm der ehemalige Ministerpräsident Giuseppe Conte an der Zeremonie zur Anhebung der Mose-Schleusentore in Venedig teil, betonte jedoch, dass es sich nicht um eine Einweihung handele, da das Mose-Projekt noch „abgeschlossen werden muss"[440].

Die Grabhügel der Skythen, genannt Kurgane, werden über den „eingefrorenen Gräbern" errichtet, die verstreut in den Altai-Bergen liegen und sich zwischen China, Kasachstan, der Mongolei und Russland erstrecken und fast 3000 Jahre alt sind. Diese alten Gräber enthalten einzigartige Relikte der einst blühenden skythischen Zivilisation in der eurasischen Steppe, die im Permafrostboden seit über 2500 Jahren intakt geblieben sind. Die Gräber enthalten mumifizierte Überreste von Menschen und geopferten

Pferden sowie eine Reihe von Alltagsgegenständen wie Sättel, Möbel und Stoffe. Laut UNESCO ist der Erhalt der Gräber nun durch die Auswirkungen der globalen Erwärmung bedroht, die das Schmelzen des Permafrosts verursacht, der sie jahrtausendelang konserviert hat. Wir werden auch die „Zukunft der Vergangenheit"[441] verlieren.

„Things are first known when lost", schrieb Timothy Morton. Dinge werden erst erkannt/wahrgenommen, wenn sie verloren gegangen sind. Das Gefühl des Verlusts wird eine bedeutende Dimension der Klimakrise sein. Und Trauer wird zusammen mit dem Verlust das dominierende Paradigma. Das in der englischen Umschreibung *to be in mourning* verwendete Verb „murnan" stammt aus der protogermanischen Sprache und bedeutet „mit Schmerz erinnern". Und wenn wir sie nicht stoppen können, wird uns die Umweltzerstörung durch die Klimakrise dazu bringen, uns mit Schmerz an alles zu erinnern, was verloren geht.

Morton schrieb in seinem Werk **The Ecological Thought**[442]: „Ökologie hat nicht nur mit globaler Erwärmung, Recycling und Solarenergie zu tun. Es geht um Liebe, Verlust, Verzweiflung und Mitgefühl. Es geht um Depression und Psychose... um Staunen, Offenheit des Geistes und Wunder." Ökologie bedeutet, in allem das Staunen und Wunder zu entdecken und gleichzeitig für den Kampf gegen den Verlust zu kämpfen.

12.

Die Kosten eines Ökozids

Leah hatte zuvor Todesdrohungen erhalten. Eines Tages folgten ihr zwei Männer auf Motorrädern und schossen ihr in die Stirn[443]. Leah Tumbalang, Aktivistin und Mutter von sieben Kindern, starb sofort. Sie kämpfte für eine Kampagne gegen Bergbauaktivitäten in der Provinz Bukidnon auf den Philippinen. Es war August 2019.

Der Mord an der Verteidigerin der Rechte indigener Völker, Leah Tumbalang, war der vierzehnte Mord in der Provinz Bukidnon allein in den ersten acht Monaten des Jahres[444]. Laut einem Analysebericht von 2019 der internationalen Organisation Front Line Defenders (FLD)[445] wurden im Jahr 2019 weltweit über 300 Menschenrechtsaktivisten getötet, von denen 40% für Belange im Zusammenhang mit Landrechten, den Rechten indigener Völker und Umweltfragen arbeiteten und kämpften. Kolumbien ist das Land mit den meisten Morden (106), gefolgt von den Philippinen (43), Honduras, Brasilien und Mexiko.[446]

Die Verbindung zwischen nachhaltiger Entwicklung und dem Kampf der Verteidiger von Landrechten, Umwelt und indigenen Völkern ist laut dem Bericht weder geschützt noch politisch priorisiert. In Mexiko wurden im Bundesstaat Michoacán im ersten Monat des Jahres 2020 innerhalb weniger Tage zwei Umweltaktivisten tot aufgefunden[447]. Homero Gómez und Raúl Hernández kämpften beide für den Schutz der Monarchfalter und deren Lebensraum: den Wald, in den die Falter jedes Jahr aus Kanada und den USA kommen, was übrigens die längste Migrationsstrecke unter Insekten ist.

Gómez betrieb ein Wildreservat für Monarchfalter. Es wurde im November 2018 eröffnet, mit dem Ziel, die Gegend vor illegaler Abholzung zu schützen. Laut BBC hatte der Aktivist vor seiner Ermordung Drohungen erhalten, die darauf abzielten, die Kampagne gegen illegale Abholzung zu stoppen[448].

Eine einfache Gleichung für die Mörder: Aktivisten und Wildreservat bedeuteten für sie das Ende der Abholzung und einen Rückgang des Profits. Aber wenn die Gleichung umgedreht wurde, bedeutete kein Aktivist kein Wildreservat und somit eine Wiederaufnahme der Abholzungsaktivitäten.

Keine Probleme, mehr Profit. Eine weitere Gleichung ist genauso dramatisch: Kein Wald zum Wandern, keine Monarchfalter.

Die Beseitigung von Aktivisten, die sich für die Erde, die biologische Vielfalt und indigene Völker einsetzen, erfolgt auch ohne Blutvergießen. Das funktioniert wie bei politischen Feinden in illiberalen Systemen, indem man ihre Bewegungs- und Handlungsfähigkeit einschränkt. Das Zentrum zur Unterstützung indigener Bevölkerungsgruppen im Norden (CSIPN) ist die führende Organisation zum Schutz der Rechte indigener Völker in Sibirien und dem äußersten Osten Russlands und die einzige indigene Organisation in Russland mit UN-Akkreditierung[449]. Laut dem FLD-Bericht[450] hatte das Moskauer Stadtgericht am 6. November 2019 beschlossen, die Organisation nach fast zwanzigjährigem Bestehen aufzulösen. Diese Entscheidung war der Höhepunkt einer Kampagne, die bereits 2014 begann, als russische Behörden am Moskauer Sheremetyevo Flughafen den Reisepass von Rodion Sulyandziga beschlagnahmten, dem Direktor des CSIPN. Er wurde ihm dann mit einer herausgeschnittenen Seite zurückgegeben, wurde daher als ungültig betrachtet und Sulyandziga konnte nicht an der UN-Weltkonferenz über indigene Völker in New York teilnehmen. Im Jahr 2015 wurde das CSIPN in das staatliche Register der „ausländischen Agenten" aufgenommen. Am 11. Dezember 2016 durchsuchte die Polizei Sulyandzigas Wohnung und brachte ihn dann zur Polizeistation, um ihn zu befragen. Im Jahr 2018 durchsuchte sie das operative Büro des CSIPN, beschlagnahmte Dokumente und Computer. Im selben Jahr wurde das CSIPN aus dem Register der ausländischen Agenten gestrichen, da es aufgehört hatte, die internationalen Finanzmittel zu erhalten, die es benötigte.

Bei dem aktuellen Tempo des Klimawandels wird die Weltwirtschaft laut IPCC unermesslichen Schaden erleiden. Inzwischen belaufen sich die Kosten durch die Folgen des Klimawandels bereits auf 1.200 Milliarden Dollar. Eintausendzweihundert Milliarden. Die Kosten für die Schäden werden so hoch sein, dass bis zum Jahr 2100 mit einer Reduzierung des globalen

Durchschnitteinkommens um etwa 23% und einer Zunahme der Ungleichheit gerechnet wird. Diese Zahl berücksichtigt übrigens nicht einmal die Schäden durch extreme Wetterereignisse im Zusammenhang mit dem Klimawandel, sondern nur die Temperaturerhöhung. Bei einer globalen Erwärmung von 2 Grad werden der Wirtschaft Schäden in Höhe von 69 Billionen Dollar entstehen. Laut einem Bericht von Munich Re, einem der größten Rückversicherungsunternehmen der Welt, zahlte die Versicherungsbranche infolge der Naturkatastrophenwelle im Jahr 2017 Rekordentschädigungen in Höhe von 135 Milliarden Dollar. Die Hurrikans Harvey, Irma und Maria, die Erdbeben in Mexiko sowie die Brände in Kalifornien verursachten insgesamt wirtschaftliche Verluste (einschließlich nicht versicherter Verluste) in Höhe von 330 Milliarden Dollar. Auch die Versicherungsunternehmen werden sich an die neue Realität anpassen. Mit steigenden Emissionen wird sich das Klima weiterhin verändern und katastrophale Ereignisse werden sich intensivieren, was zu höheren Versicherungszahlungen führen wird. Als Reaktion darauf wird die Versicherungsdeckung abnehmen, während die Versicherungsprämien steigen. Der «Guardian» zitierte Ernst Rauch[451], den Chefklimatologen von Munich Re, der warnt, dass steigende Versicherungsprämien zu einem sozialen Problem werden könnten. Die steigenden Kosten werden sich auf das Portemonnaie aller auswirken.

Aber wir wissen bereits, dass die Kosten des Klimawandels nicht nur wirtschaftlicher Natur sind. Lange und verheerende Brandsaisons sind bereits zur neuen Normalität geworden, Todesfälle von Umweltaktivisten sind zur neuen Normalität geworden, Gewinne und Profite auf Kosten unserer Spezies und aller anderen, mit denen wir den Planeten teilen, sind normal; das ist alles normal, aber nicht neu.

Leugner des Klimawandels widersetzen sich dem Umweltschutz und arbeiten jeden Tag im Verborgenen daran, eine Realität zu „normalisieren", die der Mensch bereits tiefgreifend verändert und beeinträchtigt hat, mit schwerwiegenden Folgen für den gesamten Planeten. Dieser Normalisierungsprozess, dem wir unterliegen, beginnt unbewusst schon in der Kindheit und spiegelt unsere Unfähigkeit wider, wahrzunehmen, wie wir die Welt verändern und zerstören. In seinem Buch **Feral: Searching for Enchantment on the Frontiers of Rewilding** beschreibt Monbiot ein Schlüsselkonzept zur Erklärung der menschlichen Blindheit gegenüber der Umweltzerstörung. Geprägt vom Wissenschaftler Daniel Pauly, bezeichnet der Begriff *Shifting Baseline Syndrome* das Ausmaß, in dem jeder von uns den Zustand der Ökosysteme während der Kindheit als natürlich wahrnimmt. Aber was uns als Kind normal erschien, weil wir darin aufwuchsen, war tatsächlich bereits ein Zustand ökologischer Verarmung. In einem Interview mit Pauly für die Organisation Oceana[452] sagte er über das *Shifting Baseline Syndrome*: „Es ist eine Analogie, eine Metapher, eine Homologie von Dingen, die anderswo passieren". Monbiot betrachtet das Phänomen auch in seiner politischen Dimension, um zu fragen, warum die Menschen Tyrannei und Despotismus und den Abbau der Demokratie akzeptieren und antwortet „weil wir alles um uns herum normalisieren."

Morton schreibt, dass es die Normalisierung der Dinge ist, die „die Verzerrung"[453] ausmacht. Engagiertes Handeln gegen den Klimawandel und die Zerstörung des Planeten sind wie technologische Innovationen im Energiesektor und Umweltschutzkampagnen alle Teil des Versuchs, den Kurs umzukehren und genau diesen Normalisierungsprozess zu vermeiden, der uns passiv macht und endgültig dazu bringen würde, uns selbst zu sabotieren.

Die globalen Klimastreiks, die 2019 begannen, geben Hoffnung. Und eine neue Generation von Führungspersönlichkeiten hat sich dem Kampf gegen den Klimawandel mit Kopf, Herz und Körper verschrieben und übernimmt Verantwortung, wo viele es bisher nicht konnten oder wollten. Und auch wenn sie vorübergehend und physisch durch die Beschränkungen der Pandemie behindert und unterbrochen wurde, ist die globale Klimabewegung ein wichtiges Zeugnis dafür, dass eine kollektive Stimme für eine nachhaltige, gesunde und dauerhafte Welt entsteht, die sich gegen das Profitstreben und die Hegemonie einer Elite stellt, die gelogen, manipuliert und dem Planeten geschadet hat. Klein schreibt in **On Fire**, dass diese neue Generation von Führungspersonen „nicht daran interessiert ist, die Menschheit zum Sündenbock für die Gier und Korruption einer kleinen Elite zu machen. Sie versucht stattdessen, der Menschheit zu helfen, insbesondere den systematisch am wenigsten Gehörten und Geschätzten". Seit Jahrzehnten kämpfen Menschen für die Erde und für Rechte. Und für eine Welt, die keine Ausbeutung zulässt. Eines der beliebtesten Plakate, das während der globalen Klimastreiks im letzten Jahr geschwenkt wurde, trug die Aufschrift **No Planet B**. Es gibt keinen Planeten B. Wir haben keine Alternative. Die Alternative ist Aussterben.

Was bleibt zu tun? Eine Menge, aber vor allem desinvestieren aus fossilen Brennstoffen. Die 2008 von Bill McKibben gegründete Bewegung 350.org startete mit dem Ziel, den Übergang von fossilen Brennstoffen zu erneuerbaren Energien durch eine populäre globale Bewegung voranzutreiben. Den Anfang machte eine Kampagne zur Desinvestition aus fossilen Brennstoffen, die „mehr als 11 Billionen Dollar an Fonds und Stiftungen umfasst, die ihre Investitionen in fossile Brennstoffe aufgegeben haben". Während unseres Interviews im Jahr 2019 sagte McKibben zu mir: „Im Jahresbericht von Shell steht, dass wir in diesem Jahr als materielles Risiko für ihr Geschäft identifiziert wurden. Der Widerstand gegen fossile Brennstoffe begann mit der Keystone-Pipeline und hat sich zu einer riesigen globalen Bewegung entwickelt, die gegen jede Art von Kohlebergbau kämpft."[454] Der Name 350.org bezieht sich auf den Wert von 350 Teilen pro Million (ppm) Kohlendioxid in der Atmosphäre, der die Grenze darstellt, die wir nicht überschreiten sollten. Heute haben wir bereits 420 ppm erreicht und überschritten[455].

Die Veränderungen des Klimas und ihre Auswirkungen auf die Umwelt, gehören zu den größten Herausforderungen, denen die globale Gesellschaft entgegen sieht. Trotz beeindruckender Fortschritte im Bereich sauberer Energien stiegen laut Daten des Carbon Project die Treibhausemissionen aus fossilen Brennstoffen im Jahr 2019 zum dritten Mal in Folge an. Experten zufolge tritt der Klimawandel nicht unbedingt graduell auf, sondern kann sich auch nicht-linear entwickeln, z.b. durch eine Reihe von Sprünge als Folge des Erreichens von *Tipping Points* (dtsch. Kipppunkte). Das IPCC führte vor fast zwei Jahrzehnten erstmals eine Analyse der Kipppunkte[456] ein. Damals wurden sie als „großflächige Diskontinuitäten"[457] bezeichnet, weitgehend als unabhängig voneinander betrachtet und für nur wahrscheinlich gehalten, wenn die globale Erwärmung 5 °C überschreiten würde. Die neuesten Berichte des IPCC deuten jedoch darauf hin, dass Kipppunkte möglicherweise bereits bei einer Erwärmung von 1 bis 2 °C überschritten werden könnten. Der Begriff „Kipppunkt" wurde populär gemacht - nicht ohne Kontroversen - durch den Journalisten und Autor Malcolm Gladwell in seinem gleichnamigen Buch von 2000. Gladwell definierte Kipppunkt als „den Moment der kritischen Masse, die Schwelle, den Siedepunkt".

Die Unabwendbarkeit des Phänomens liegt in seinem Namen: Jeder Kipppunkt stellt einen unumkehrbaren Übergang zu einer immer wärmeren Welt dar. Darüber hinaus löst der Kipppunkt eine Kettenreaktion aus und führt zu weiteren Kipppunkte. Im Wesentlichen könnten unter dem Druck der globalen Erwärmung Teile des globalen Klimasystems plötzlich zusammenbrechen oder „die Kontrolle verlieren". Inzwischen wird es laut einer kürzlich in der Zeitschrift «Nature»[458] veröffentlichten Studie immer klarer, dass diese Ereignisse einen großen Einfluss haben können und deutlich wahrscheinlicher sind als bisher angenommen. Einige Kipppunkte könnten bereits bei der aktuellen Erwärmung von 1°C erreicht worden sein. Kritiker gehen davon aus, dass das IPCC bisher die Risiken des Überschreitens von Kipppunkten minimiert habe, teilweise auch weil sie schwer zu quantifizieren seien. Andere Wissenschaftler hingegen behaupten, dass die Möglichkeit, globale Kipppunkte zu erreichen, reine Spekulation sei. Die Position der Studie in «Nature» besteht jedoch klar darin, jedes Risiko unter Berücksichtigung der Beweise zu bewerten, angesichts des potenziellen Einflusses und der irreversiblen Natur des Phänomens, so begrenzt das Verständnis auch sein mag. Die Kipppunkte basieren demnach hauptsächlich auf drei Klimadynamiken[459]:

1. Verlust von Eisschilden, die den Anstieg des Meeresspiegels beschleunigen;

2. Verlust von Wäldern und anderer natürlicher Kohlenstoffablagerungen wie Permafrost und die Freisetzung der Ablagerungen in die Atmosphäre als Kohlendioxid und Methan;

3. Störung des ozeanischen Zirkulationssystems AMOC (Atlantic Meridional Overtuning Circulation);

Laut einer Studie von Forschern der Ohio University[460] könnte der grönländische Eisschild bereits einen Kipppunkt erreicht haben. Der Prozess wäre irreversibel. Das bedeutet, dass Grönland, der zweitgrößte Eiskörper der Welt, weiterhin Eis verlieren würde, selbst wenn die globalen Temperaturen aufhören würden zu steigen. Bei der aktuellen Schmelzrate würde der Eisschild in den nächsten 80 Jahren den globalen Meeresspiegel um weitere 6,9 Zentimeter ansteigen lassen[461]. Wenn das Grönlandeis vollständig schmilzt, würde dies bis zum Jahr 3000 den Meeresspiegel um etwa 7 Meter ansteigen lassen.

Der Klimakollaps stellt eine irreversible Dimension dar, eine immer wärmere Welt, in der die alten Gleichgewichte einer völlig veränderten Realität weichen[462]. Der Mechanismus der Kipppunkte entspricht dem „Tropfen, der das Fass zum Überlaufen bringt". Das Fass kann eine bestimmte Menge Wasser aufnehmen, aber ein einziger Tropfen mehr und das Wasser läuft über. Einige der neuesten Klimamodelle - entwickelt für den sechsten Bewertungsbericht des IPCC, der für 2021 geplant ist - zeigen eine viel höhere Klimasensitivität im Vergleich zu früheren Modellen, dies ist die Reaktion der Temperatur auf den exponentiellen Anstieg von CO_2 in der Atmosphäre.

Die Mathematik gehört nicht zu meinen Lieblingsfächern, aber in diesem Fall können uns Berechnungen helfen, etwas Klarheit zu schaffen. Die Studie über Tipping Points von Timothy Lenton und seinen Kollegen[463] definiert den Notfall (E) als das Produkt aus Risiko (R) und Dringlichkeit (U). Das Risiko (R) ist die Wahrscheinlichkeit (p) multipliziert mit dem Schaden (D). Die Dringlichkeit (U) hingegen ist die Reaktionszeit auf den Alarm (τ) geteilt durch die verbleibende Zeit für eine Intervention (T), um ein negatives Ergebnis zu vermeiden.

Also:

$$E = R \times U = p \times D \times \tau / T$$

Die Situation kann als Notfall eingestuft werden, wenn sowohl das Risiko als auch die Dringlichkeit hoch sind. Wenn die Reaktionszeit länger ist als die verbleibende Interventionszeit, verlieren wir die Kontrolle. Dem ersten Satz würde ich grundsätzlich rechtgeben, aber wie steht es mit dem zweiten? Die Technologie braucht Hilfe. Wenn wir die Auswirkungen der Klimakrise mildern wollen, müssen wir schnell und kollektiv intervenieren, Technologie und Gesetze müssen zusammenarbeiten.

Viele Aktivisten setzen sich dafür ein, dass der Ökozid als internationales Verbrechen anerkannt wird und somit vor dem Internationalen Strafgerichtshof verhandelt werden kann. Ökozid bezeichnet die Dezimierung von Ökosystemen, der Menschheit und des Lebens. Die Bemühungen ihn zu einer rechtlichen Dimension der internationalen Kriminalität zu machen, ist der erste Schritt, um eine Verpflichtung nicht nur moralischer und ethischer, sondern auch rechtlicher Art gegenüber allen Lebensformen auf der Erde festzulegen. Der Begriff umfasst direkte Schäden an Land, Meer, Flora und Fauna in den betroffenen Ökosystemen sowie die Auswirkungen auf das Klima. Ökozid hat negative Auswirkungen auf mehreren Ebenen. Der Schaden beschränkt sich nicht nur auf die Umwelt, sondern kann auch kulturell, psychologisch und emotional sein und die Gemeinschaften selbst betreffen, insbesondere wenn der Lebensstil einer Gemeinschaft eng mit dem betroffenen Ökosystem verbunden ist. Die Anerkennung des Ökozids als internationales Verbrechen ist nicht nur ein formales Ziel. Derzeit gibt es kein völkerrechtlich bindendes Gesetz zum Schutz der Erde, was bedeutet, dass Einzelpersonen, Gruppen und Unternehmen aus reinem Profitstreben Ökosysteme und Gemeinschaften zerstören können, ohne befürchten zu müssen, verfolgt zu werden. Einzelne Länder haben Umweltgesetze und -vorschriften auf lokaler und nationaler Ebene, die jedoch regelmäßig verletzt werden. Was fehlt, ist die Möglichkeit, Einzelpersonen in leitenden Positionen von Unternehmen und Staaten für Ökozid und Umweltverbrechen zur Rechenschaft zu ziehen. Die Einführung des Ökozids als internationales Verbrechen würde die Immunität und Straffreiheit schuldiger Industrien und Unternehmen beenden. Darüber hinaus würde die Einführung des Ökozids als Verbrechen gegen den Frieden unter die Zuständigkeit des Internationalen Strafgerichtshofs fallen. Es wäre die Anerkennung der Bedrohungen, die der Klimawandel für das Leben auf der Erde darstellt und eine Möglichkeit der Bestrafung der von Menschen ausgeübten Dezimierung von Ökosystemen und der Zerstörung von Gemeinschaften.

„Wenn etwas ein Verbrechen ist, wird es unter eine moralische rote Linie gestellt. Derzeit kann man immer noch zur Regierung gehen und eine Erlaubnis für Fracking oder Öl- oder Gasbohrungen erhalten, während man nicht einfach eine Erlaubnis zum Töten von Menschen bekommen kann, da dies ein Verbrechen ist", sagte Jojo Mehta, Mitbegründerin der Kampagne **Stop Ecocide**[464]. „Sobald dieser Parameter festgelegt wird, ändert sich nicht nur die rechtliche Realität, sondern auch die kulturelle Mentalität."

Der Amazonas-Regenwald wird mit einer Geschwindigkeit von einem Fußballfeld pro Sekunde abgeholzt. Im Jahr 2019 erreichte die Abholzung im brasilianischen Amazonasgebiet den höchsten Stand der letzten zehn Jahre (9.762 Quadratkilometer)[465]. Insbesondere in geschützten indigenen Reservaten nahm diese noch schneller zu und stieg unter Bolsonaro im Jahr 2019 um 74% gegenüber 2018 an mit der Folge irreparabler Schäden für indigene Bevölkerungsgruppen sowie Flora und Fauna, die in diesen Gebieten leben. Die Bergbau- und Abholzungsaktivität, die den Amazonas plagt, ist ein Ökozid. Die Abholzung und andere Umweltverbrechen dürfen nicht weiterhin ungestraft bleiben. Es könnte ein weiteres Buch nur über das Thema Umweltrechte geschrieben werden, aber mein Punkt an dieser Stelle ist, wie entscheidend es ist, dass auch auf rechtlicher Ebene Klima- und Umweltgerechtigkeit zunehmend Gestalt annimmt.

In den Vereinigten Staaten hat das National Whistleblower Center (NWC) eine Kampagne gegen Klimakorruption gestartet. Das Ziel der Kampagne ist es, die Rechte von Informanten zu unterstützen und zu schützen, wenn sie Umweltverbrechen in den Industriezweigen anzeigen möchten, die für den Großteil der weltweiten Kohlenstoffverschmutzung verantwortlich sind: Öl und Gas, Kohle und industrielle Abholzung. Im Rahmen dieser Kampagne informiert das NWC die Informanten darüber, wie sie Anschuldigungen vertraulich vorbringen können und welche Gesetze sie vor möglichen Vergeltungsmaßnahmen schützen. Wenn das System funktioniert, wird es entscheidend sein, um die Regierung dazu zu bringen, die Verantwortlichen streng zu bestrafen. Die Leiterin dieser Operation ist Sharon Eubanks, eine Expertin für Korruption, die als leitende Rechtsberaterin in dem größten zivilrechtlichen Korruptionsfall tätig war: USA gegen Philip Morris.

Sharon Eubanks sagte: „Ähnlich wie bei Big Tobacco beweisen die Ölunternehmen durch ihre internen Dokumente ihr Wissen und ihre Vertuschung. Big Oil kannte die Gefahren seiner Produkte. Genau wie Big Tobacco wusste Big Oil seit den 60er Jahren Bescheid. Insbesondere seit 1988, als die USA und die Welt begannen, eine Politik zu verfolgen, die fossile Brennstoffe eindämmen könnten, hat sich die Position der Industrie von einer unterstützenden Haltung gegenüber dem vorherrschenden Konsens zu einer äußerst aggressiven Kampagne verschoben, um Unsicherheit und Zweifel an der Wissenschaft zu erzeugen, obwohl diese Unsicherheit in Wirklichkeit nicht existierte. Öl und Gas sind wie Tabakprodukte. Und die Unternehmen, die sie herstellen, vermarkten und verkaufen, sind für den Schaden verantwortlich, den sie verursachen."[466]

Im Januar 2020 haben Hunderte von Amazon-Mitarbeitern das Unternehmen öffentlich kritisiert, weil es seinen „moralischen Verpflichtungen" in der Klimakrise nicht nachkommen würde. Sie haben damit gegen die neuen Unternehmensrichtlinien verstoßen, die als Präventivmaßnahmen eingeführt wurden, nachdem viele Mitarbeiter ihre Absicht bekundet hatten, sich an den globalen Klimastreiks September 2019[467] zu beteiligen. Die Richtlinie verbot es den Mitarbeitern, über die Aktivitäten von Amazon zu sprechen, ohne vorheriger Genehmigung von höherer Stelle. Laut dem «Guardian»[468] wurde damals mindestens zwei Mitarbeitern mit Kündigung gedroht, weil sie öffentlich über die Rolle von Amazon in der Klimakrise gesprochen hatten, ohne die Erlaubnis des Unternehmens einzuholen. Über 340 Amazon-Techniker verwendeten den Hashtag #AMZNSpeakOut, um öffentlich Stellung zu beziehen und das Unternehmen für unzureichende Maßnahmen in der Klimakrise zu verurteilen[469]. In den letzten Jahren wurde das Unternehmen mehrfach für seine Verträge mit großen Öl- und Gasunternehmen kritisiert. Im Frühjahr 2019 unterzeichneten über 8.700 Mitarbeiter einen offenen Brief an den CEO von Amazon, Jeff Bezos, in dem sie ihn aufforderten, mutigere Maßnahmen gegen den Klimawandel zu ergreifen[470]. Weniger als ein Jahr später kündigte Bezos einen neuen Fonds an, den Bezos Earth Fund, zur Unterstützung von Wissenschaftlern, Aktivisten und Organisationen, die daran arbeiten, die Auswirkungen des Klimawandels zu mildern. Für den Fonds wurden 10 Milliarden Dollar bereitgestellt, etwa 5% des geschätzten Vermögens des reichsten Menschen der Welt, das von Forbes auf 200 Milliarden Dollar geschätzt wird[471].

In Italien haben einige Verbände im Juni 2019 eine Initiative für „die erste Klimaklage gegen den italienischen Staat" gestartet. Die Kampagne heißt Giudizio Universale[472]. Zu den beteiligten Verbänden gehören A Sud, Attac sowie die Bewegungen No Tav und No Tap. Giudizio Universale fordert drei Dinge[473]: dass der italienische Staat „die Ernsthaftigkeit der Situation anerkennt und entsprechend handelt", dass Verletzungen der Menschenrechte durch die Auswirkungen des Klimawandels anerkannt werden und dass Emissionsminderungsziele festgelegt werden, die den wissenschaftlichen Anforderungen entsprechen, um die globale Erwärmung innerhalb der sicherheitsrelevanten Schwelle von +1,5°C im Vergleich zur vorindustriellen Zeit zu halten. Dieser Fall ist wichtig, weil er, wenn er erfolgreich sein sollte, einen Präzedenzfall für andere Länder schaffen könnte, wie es 2015 in den Niederlanden geschah, als die NGO Urgenda den Staat vor Gericht brachte und ihn der „Klima-Inaktivität" beschuldigte. Im Februar 2021 hat das Verwaltungsgericht von Paris in einem „bahnbrechenden Urteil"[474] erstmals die Verantwortung des französischen Staates für die Bewältigung der Klimakrise anerkannt. In der Medienwelt hat der «Guardian» Anfang 2020 offiziell angekündigt, keine Werbung und Werbeflächen mehr von fossilen Brennstoffunternehmen anzunehmen. In Italien gehörten «Jacobin», «Eco Post» und «Duegradi» zu den wenigen Medien, die sich der Kampagne „Fossil-Free Information" von Fridays for Future Italia angeschlossen haben[475].

Im Gegensatz dazu veröffentlichten viele nationale Zeitungen zwar Artikel über den Klimawandel, stellten dann aber auch Werbung von fossilen Brennstoffunternehmen wie Shell, Q8, Total und Eni neben diese Artikel. Oft sind diese Unternehmen auch Sponsoren ganzer Umweltbeilagen. Es entsteht also ein paradoxer Kurzschluss, bei dem die Sensibilisierung für die Klimakrise von denen gesponsert wird, die zur Klimakrise beigetragen haben. Und die Medien verstärken diesen Kurzschluss und das Paradoxon, indem sie sich nicht von den Verantwortlichen distanzieren und keine Position beziehen.

In Italien ist dies ein immenses Problem. Nicht nur, weil dieser Mechanismus ein Informationsmonopol fördert, sondern auch, weil die Inhalte oft der Kommunikationslinie der fossilen Brennstoffindustrie entsprechen. Artikel, die scheinbar für die Klimakrise sensibilisieren wollen, unterstützen das Greenwashing der Unternehmen, viele Inhalte wiederholen den Mythos der individuellen Verantwortung und die Nachrichten neigen dazu, äußerst spezifisch zu sein: Geschichten über Wale, die an Orten auftauchen, wo sie zuvor nicht mehr gesichtet wurden, oder neuentdeckte Pflanzenarten, die durch menschliche Bergbauaktivitäten bedroht sind. Wenn es keine Nachrichten aus der Welt der Flora und Fauna sind, handelt es sich ausschließlich um Ereignisse, deren zeitliche Begrenztheit hervorgehoben wird, sowie die Größe von Orten an denen sie geschehen: Heftige Regenschauer, Wolkenbrüche, Starkregen. „Schlechtes Wetter" scheint die Zauberformel zu sein, ein Joker, der verwendet wird, um Analyse, Forschung und Vertiefung zu vermeiden. Den Umweltsektionen der wichtigsten nationalen (italienischen) Zeitungen fehlen in den meisten Fällen eine umfassende Sichtweise auf die Klimakrise, eine Dimension, in der Ursachen und Folgen erzählt werden und in der die Akteure, die dazu beigetragen haben, zur Verantwortung gezogen werden. Aber es reicht nicht aus, sich dieser Widersprüchlichkeit bewusst zu sein, man muss handeln, um diese Ambiguität zu überwinden. Zumal, wenn der fossile Sektor die „Umweltsektion" der Zeitungen sponsert und finanziert und somit ein umfassender Ansatz zwangsläufig vom Medienprozess ausgeschlossen wird. Es ist klar, dass dies auch ein enormes Problem bezüglich Transparenz, Genauigkeit und Vertrauen gegenüber der Öffentlichkeit darstellt.

„Die Suche nach einem ‚news item' (dtsch. etwa Schlagzeile) - nach einem einzelnen außergewöhnlichen Ereignis, das eine Diskontinuität markiert und sich vorübergehend vom Hintergrund der Gewohnheit abhebt - zerlegt das Bild, fragmentiert das Bild des Klimakollapses und beschreibt die Stücke mit einer alarmistischen Sprache, die jedoch tröstlich sein kann", schreibt ein Mitglied des Schriftstellerkollektivs Wu Ming in «Jacobin Italia» im Jahr 2019[476]. „Es wird von ‚Sturmfluten', ‚Hitzewellen', ‚Dürreperioden' gesprochen, kurz gesagt, von ‚Notfällen': Von Ereignissen also, die plötzlich, vorübergehend und lokal auftreten. Da das Schicksal von Notfällen darin besteht, nach einer gewissen Zeit ‚wieder vorbei' zu sein, kann man auch nach den Klimanachrichten zu etwas anderem übergehen."

Die Klimakrise kann nicht ohne ein grundlegendes Verständnis dieser Dynamiken angegangen werden. „Den Klimakollaps als eines von vielen verfügbaren Themen zu behandeln, ist die perfideste Form des Leugnens. Dieses Leugnen infiziert die gesamte Semiosphäre und damit die gesamte Öffentlichkeit."[477]

Eine Information, die diese Aspekte nicht berücksichtigt, sorgt mindestens für Verwirrung zum Thema Klimawandel und verwischt die Grenze zwischen Fakten und Desinformation, zwischen Realität und Manipulation. Auf öffentlicher Ebene führt dies zu einer Pattsituation zwischen einerseits der Suche nach technologischen Lösungen und der Entwicklung von Umweltpolitik und andererseits einem Rückzug aus sozialem Engagement und dem Fehlen eines konstruktiven öffentlichen Diskurses - allesamt wesentliche Dimensionen für die Umsetzung der Energiewende.

Es darf nicht vernachlässigt werden, dass die Energiewende auch eine sehr gute Geschäftsmöglichkeit darstellen würde. Nach Prognosen von vor 15 Jahren sollte die weltweite Windenergie bis 2010 um 30 Gigawatt zunehmen. Im Jahr 2016 war dieses Ziel bereits um das 16-fache übertroffen (487 GW). Windturbinen werden immer zahlreicher und oft wird in einem bestimmten Gebiet mehr Energie produziert als tatsächlich benötigt. Forscher schätzen, dass allein der Wind soviel Energie produzieren könnte, wie es dem 40-fachen des weltweiten Bedarfs entspräche. Der gleiche Trend ist bei den Wachstumsdaten der Solarenergie erkennbar. Laut dem Earth Policy Institute sollte der Solarmarkt bis 2010 nur um 1 GW wachsen. Im Jahr 2015 wurde dieses Ziel um das 17-fache übertroffen und im Jahr 2016 sogar um das 75-fache. Die Kosten für Solarzellen sinken weiterhin, daher steigt der Markt für Solarenergie exponentiell an. Laut der Internationalen Agentur für Erneuerbare Energien (IRENA) sind die Kosten für große skalierbare Photovoltaik-Solarprojekte (bei denen Energie direkt in Strom umgewandelt wird) zwischen 2010 und 2019 um 82% gesunken[478]. In derselben Zeitperiode sind die Kosten für die andere Hauptart von konzentrierter Solarenergiegewinnung („die Spiegel oder Linsen verwendet, um Energie durch Wärme zu erzeugen) um 47% gesunken. Auch die Kosten für Windenergie sind gesunken: um 39% für Onshore-Windenergie und um 29% für Offshore-Windenergie. Viele der neuen Erneuerbaren Energieprojekte sind jetzt sogar günstiger als die günstigsten Kohlekraftwerke. Allerdings reichen niedrigere Kosten allein natürlich nicht aus diese im großen Maßstab zu realisieren, es wird immer auch von den Entscheidungen abhängen, die die Regierungen treffen. Außerdem bedeutet der aktuelle vielversprechende Trend nicht, dass es keine Herausforderungen mehr im Bereich der Erneuerbaren gibt, insbesondere wenn Anlagen erweitert werden müssen. Die Probleme im Zusammenhang mit Erneuerbaren Energien können aber erwiesenermaßen mit immer effizienteren und kostengünstigeren Technologien gelöst werden, und auch in der Forschung für alternative nichtfossile Brennstoffe werden zahlreiche Fortschritte erzielt und kontinuierlich Lösungen entwickelt; von den neuesten, die die Verwendung von erneuerbarem Wasserstoff einbeziehen[479], bis hin zu solchen, die wir bereits seit vielen Jahren nutzen, wie Wasserkraft. Es gibt Vor- und Nachteile für jede einzelne Technologie und es wäre wiederum Stoff für ein weiteres Buch, diese im Detail zu analysieren. An dieser Stelle will ich nur klarstellen, dass wir angesichts erneuerbarer und sauberer Energie die romantisierte Vorstellung einer nachhaltigen Zukunft aufgeben müssen. Keine Technologie ist perfekt, auch nicht die für erneuerbare Energiegewinnung. Viele Lösungen auf industrieller Ebene erfordern eine massive Erhöhung der Materialgewinnung und werden vor allem von großen Unternehmen hergestellt, die damit viel Geld verdienen. Der Übergang zu erneuerbaren Energien ist notwendig, aber wenn sich das wirtschaftliche Paradigma nicht ändert, „werden wir genau das tun, was wir mit fossilen Brennstoffen tun" und letztendlich auch saubere Energie „verwenden, um die Gewinnung und kontinuierliche Produktion in einem immer schnelleren Tempo voranzutreiben und den lebenden Planeten immer stärker unter Druck setzen", schreibt Jason Hickel[480]. Deshalb ist es auch notwendig, „die

Produktionssysteme zu dekolonisieren"[481].

Robert Pollin, Experte für grüne Wirtschaft und Co-Direktor des Political Economy Research Institute an der University of Massachusetts-Amherst, betont, dass keine Technologie allein bedeutende soziale Veränderungen in Richtung Gleichheit bewirken kann: Dies geschieht nur, wenn Menschen „kämpfen, um politische Bewegungen aufzubauen" und Technologien wie saubere und erneuerbare Energie „eine grundlegende unterstützende Rolle spielen können"[482]. IRENA betrachtet den „fortgesetzten Kostensenkungstrend als Bestätigung dafür, dass wettbewerbsfähige erneuerbare Energien eine kostengünstige Lösung für den Klimawandel und die Dekarbonisierung darstellen, die kurzfristige wirtschaftliche Bedürfnisse mit langfristigen Zielen für nachhaltige Entwicklung in Einklang bringt"[483].

Aber genauso wie Technologie und wissenschaftliche Innovationen für saubere Energie eine Geschäftsmöglichkeit sind, ist auch die Klimadisinformation immer noch eine solche. Deshalb reicht es nicht aus, nur an der einen „Front" zu kämpfen.

Die Klimadisinformation ist überall präsent, vor allem online. Laut einem Bericht 2019 von Avaaz[484], einem der größten Online-Aktivistennetzwerke, fördert YouTube aktiv die Klimadisinformation. Um die Nutzer länger auf der Website zu halten, schlägt der YouTube-Algorithmus nach jedem abgespielten Video personalisierte Empfehlungen in Form von Videos auf der Startseite oder in der Seitenleiste der Plattform vor. Für jedes angesehene Video zur Klimadisinformation wird es wahrscheinlicher, dass ähnliche Inhalte den Empfehlungen für diesen Nutzer hinzugefügt werden und ihn somit in einer Blase der Online-Desinformation gefangen halten. Für die Untersuchung führte Avaaz eine Reihe von englischsprachigen Recherchen auf YouTube zu drei klimabezogenen Themen durch, sammelte die mit den meisten Views und analysierte die mit den Suchergebnissen verbundenen Videos. Insgesamt wurden 5.537 Videos untersucht. Die von Avaaz überprüften Videos zur Klimadisinformation hatten insgesamt 21,1 Millionen

Aufrufe, aber wenn man die Anzahl der damit verbundenen und empfohlenen Videos berücksichtige, summiere sich die Gesamtzahl der Aufrufe auf Hunderte Millionen, so der Bericht. Avaaz konnte 108 Marken identifizieren, darunter Samsung, L'Oréal, Decathlon, Danone, Warner Bros und Carrefour, deren Werbeanzeigen mit den Videos zur Klimadisinformation verknüpft waren. Jede fünfte gefundene Anzeige war eine grüne oder ethische Marke wie Greenpeace International, WWF und Save the Children. Greenpeace International, WWF, L'Oréal, Samsung, Danone, Decathlon, Carrefour, Ecosia, Nikin und Save the Children gaben an, nicht gewusst zu haben, dass ihre Anzeigen mit diesen spezifischen Videos verbunden würden und dass ihre Anzeigen somit wohl von den Bereitstellern der Videos finanziert worden seien, so der Bericht. Aber laut Avaaz sollte YouTube unabhängig davon sicherstellen, dass solche Inhalte keine Werbung enthalten und nicht finanziell gefördert werden; im Grunde genommen solle es vielmehr eine Entmonetarisierung der Desinformation geben.

Ein Geschäftsmodell, das dazu neigt mediale Desinformation zu fördern, verfälscht die Realität. Die Algorithmen nähren den Teufelskreis der Desinformation, wissen aber gleichzeitig viel mehr über uns, als wir glauben. Die Netflix-Dokumentation **The Social Dilemma** erläutert, dass wenn man bei Google „Klimawandel ist" eingibt, unterschiedliche Ergebnisse angezeigt werden. Einigen wird automatisch „Klimawandel ist ein Schwindel" vorgeschlagen, anderen „Klimawandel zerstört die Natur". Die These ändert sich je nach Person und Ort. Man weiß natürlich, dass die Vorschläge zur Vervollständigung des Satzes nicht alle der Wahrheit entsprechen können, sondern Perspektiven vorschlagen, bei denen man dann selbst entscheiden kann, was wahr ist und was nicht. In diesem Sinne ähneln die Algorithmen stark dem aufbauenden Paradigma des Leugnens: Sie formen eine neue Realität, die den eigenen Bedürfnissen, Interessen und Bequemlichkeiten entspricht. In dieser neuen Realität ist nichts bewiesen und alles anzweifelbar.

***

Die Klimaleugner haben es nicht geschafft, den wissenschaftlichen Konsens zum Klimawandel umzukehren, aber sie haben es geschafft, globale Maßnahmen für das Klima zu bremsen und jede Art von Klimapolitik zu behindern, die zu einer Abkehr von fossilen Brennstoffen geführt hätte. Edward W. Maibach, Professor an der George Mason University für Kommunikation zum Klimawandel, sagt, dass der Klimawandel in wenigen Worten zusammengefasst werden kann: **Er ist real, wir sind es, die Experten sind sich einig, er ist schädlich, es gibt Hoffnung.** Laut dem Kognitionswissenschaftler John Cook lässt sich genauso auch die Klimadesinformation in fünf gegensätzlichen Fehlannahmen zusammenfassen. Also, was sagen die Klimaleugner? Dass der Klimawandel nicht real ist, dass wir nicht dafür verantwortlich sind, dass die Experten unzuverlässig sind, dass er nicht schädlich ist und dass es sowieso keine Hoffnung gibt.

Wir befinden uns mitten im Zeitalter der Post-Wahrheit. Es spielt keine Rolle, was die Fakten sind, sondern wie die Dinge erzählt werden. Wenn es überzeugend ist, wenn ich einen Grund habe, daran zu glauben, wenn es mir nützt, daran zu glauben, dann ist es erledigt. Es spielt keine Rolle, wie falsch oder manipulativ es ist. Das gilt für das Klima, das gilt für das Coronavirus. In der postfaktischen Welt ist jeder ein Schiedsrichter der Wahrheit: Es ist der Einzelne oder die Gruppe, die wählt, an welche „Fakten" sie glauben möchte, unabhängig davon, ob diese die Realität widerspiegeln oder nicht. Wenn die Realität dann zu schwierig oder im Gegenteil zu langweilig wird, fühlt man sich frei, sie nach Belieben zu formen.

Laut Kahn-Harris fördert die Post-Wahrheit das Aufkommen von „Multi-Leugnungs"-Ansätzen, die nicht nur eine, sondern mehrere wissenschaftliche Themen ablehnen. Aber da ist noch mehr. Wenn Leugner in die Regierung kommen, haben sie mehr Freiheit, auf „faule" Formen des Leugnens zurückzugreifen, um unbequeme Wahrheiten abzutun. Das war zum Beispiel Trumps Ansatz. Er basiert auf der Sicherheit, dass „Generationen von Leugnern bereits Zweifel gesät haben und alles, was Leute wie Trump tun müssen, ist, sich einer leugnenden Position zuzuwenden". Kahn-Harris nennt dieses aufkommende Phänomen „Post-Leugnertum". Das Post-Leugnen ermöglicht subtile Anspielungen, Zwinkern und Ambiguität. In dieser Dimension wird „die Wahrheit zu einer Art Urkraft, jenseits von Worten, sicherlich jenseits der Fakten. Sie wird zu einem Gefühl." Wenn die Wahrheit willkürlich ist, ist sie auch anfälliger für emotionale Impulse: Was ich fühle, wird zur Wahrheit. Aber das Post-Leugnertum hat das Leugnertum noch nicht verdrängt.

Die erste große Lüge, die über die Klimakrise erzählt wird, ist, dass sie nicht die Schuld des Menschen ist, die zweite ist, dass alle gleichermaßen schuldig sind. Oft liegt das Problem in der Erzählung des Klimawandels und der Umweltzerstörung genau hier. Sie berücksichtigt nicht die wirkliche Verantwortung oder Schuld. Es gibt jedoch Schuldige und wir müssen uns dessen bewusst sein, nicht um sie zum Sündenbock zu machen oder nur mit dem Finger auf sie zu zeigen, sondern weil es von der Identifizierung des Schuldigen aus eine Untersuchung geben kann, um mit den begangenen Straftaten umzugehen.

„Wir kämpfen nicht gegen uns selbst, sondern gegen klar identifizierbare Feinde. Es gibt mächtige Industrien, die große Gewinne erzielen, indem sie die Umwelt verschmutzen und Kommunikationsagenturen beauftragen, um den Bürgern und Politikern Sand in die Augen zu streuen, damit sie ungestört weiter handeln können", schreibt der niederländische Journalist Jaap Tielbeke[485].

Die Klimawandelleugnung ist keine andere oder alternative wissenschaftliche „Interpretation" des Klimawandels. Der Klimawandel ist eine Tatsache. Konzeptionell gesehen ist die Klimawandelleugnung wie die Behauptung, dass die Erde flach ist oder dass es hinter der Mondlandung eine Verschwörung gibt. Die Erde ist nicht flach, die Mondlandung hat stattgefunden, der Klimawandel ist real und vom Menschen verursacht. Der wesentliche Unterschied besteht darin, dass die Klimawandelleugnung eine organisierte, strukturierte und gut finanzierte Maschinerie ist, ein perfekt geölter Mechanismus, der geschickt mit betrügerischen und manipulativen Strategien jongliert, um die wissenschaftliche Gewissheit der Klimakrise zu untergraben und letztendlich weiterhin Profit, Macht und politische Unterstützung für ihr umweltschädliches Geschäft zu erlangen.

Die Klimakrise erfordert einen systemischen Wandel und in dieser Übergangsphase werden die Lobbyisten für fossile Brennstoffe nicht überleben können, es sei denn, sie entscheiden sich, Teil des Wandels zu werden. Aus diesem Grund haben die Leugner so viel Angst davor, anzuerkennen, dass die Klimakrise vorrangig und dringend ist und dementsprechend auf die Klimawissenschaft zu reagieren.

Die Untersuchung der Genealogie des Klimawandelleugnens ermöglicht es uns, die grundlegende Matrix der aktuellen Klimakrise zu verstehen. Es reicht nicht aus, die falschen Erzählungen der Leugner-Netzwerke zu erkennen, es ist notwendig, die Motivationen hinter den Entscheidungen der Leugner zu verstehen. Und es kann auch gefährlich sein, einseitig zu denken. Der Krise liegen zwei Aspekte zugrunde: Probleme und Lösungen. Oftmals wird der Fehler gemacht, nur die negativen Aspekte zu identifizieren, womit man Gefahr läuft, dass Menschen sich mehr und mehr von dem Problem distanzieren und sich nicht mehr für die Lösungen engagieren.

Andersherum wäre es ein Fehler, nur über Lösungen zu sprechen, ohne die Dynamik der Frage anzugehen. So würde die Dringlichkeit gemindert, die das Problem erfordert. Auf jeden Fall werden wir immer mit einem gewissen

Maß an Leugnung leben müssen, sie ist schon immer Teil der Menschheit gewesen. Aber wenn die Leugnung die Möglichkeit einer komplett alternativen Realität in einer Krisenwelt bietet, ist sie brandgefährlich. Im Zentrum steht ein Element über allem: Täuschung. Die Leugnung ist strategisch, absichtlich und öffentlich. Und wenn wir in der Öffentlichkeit nicht nachlassen, Erzählung von Realität und Lüge von Wahrheit zu unterscheiden, wenn wir nicht nachlassen, öffentlich Fakten und Wissenschaft wertzuschätzen, wird die Welt den Ökofaschisten, Populisten, Souveränisten und Leugnern ausgeliefert sein.

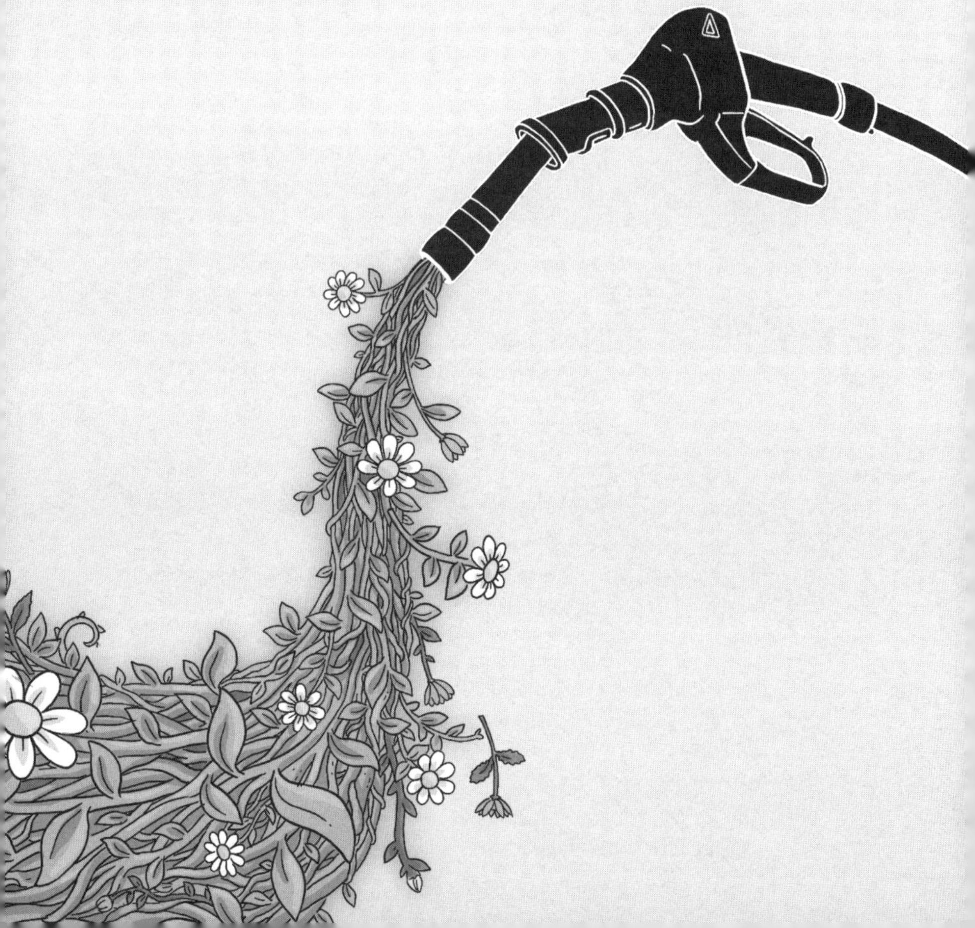

Quellen

1. Kapitel
Einführung - Die große Maschine der Klimawandelleugnung

1 NPR, **A Very Weird Photo of Ulysses S. Grant**, in «Linton Weeks», 27. Oktober 2015 **LINK:** https://www.npr.org/sections/npr-history-dept/2015/10/27/452089384/a-very-weird-photo-of-ulysses-s-grant

2 J. Hansen, **Statement of Dr. James Hansen, director, Nasa Goddard Institute for Space Studies**, 23. Juni 1988, Rede vorm US-amerikanischen Senat **LINK:** https://usiraq.procon.org/sourcefiles/james-hansen-climate-change-senate-testimony-1988.pdf

3 *Conclusions and findings, in Restoring the Quality of our Environment, Report of the Environmental Pollution Panel President's Science Advisory Committee*, The White House, 5. November 1965 **LINK:** https://s3.documentcloud.org/documents/3227654/PSAC-1965-Restoring-the-Quality-of-Our-Environment.pdf

4 H. Le Treut, R. Somerville, U. Cubasch, Y. Ding, C. Mauritzen, A. Mokssit, T. Peterson, M. Prather, **Historical Overview of Climate Change**, in AA. VV. [Solomon, S., D. Qin, M. Manning, Z. Chen, M. Marquis, K.B. Averyt, M. Tignor, H.L. Miller], **Climate Change 2007: The Physical Science Basis. Contribution of Working Group I to the Fourth Assessment Report of the Intergovernmental Panel on Climate Change**, Cambridge University Press, Cambridge-New York 2007 **LINK:** https://www.ipcc.ch/site/assets/uploads/2018/03/ar4-wg1-chapter1.pdf

5 *Ebenda*

6 Beobachtungen der parallelen Trends der atmosphärischen Häufigkeiten des Isotops 13CO2 (Francey e Farquhar, 1982) und des molekularen Sauerstoffs (O2) (Keeling e Shertz, 1992; Bender et al., 1996), IPCC. Keeling, C.D., 1961: **The concentration and isotopic abundances of carbon dioxide in rural and marine air. Geochim. Cosmochim.** Acta, 24, 277–298. Keeling, C.D., 1998: Rewards and penalties of monitoring the Earth. Annu. Rev. Energy Environ., 23, 25–82. Keeling, R.F., and S.R. Shertz, 1992: **Seasonal and interannual variations in atmospheric oxygen and implications for the global carbon-cycle.** «Nature», 358, 723-727 https://www.ipcc.ch/site/assets/uploads/2018/03/ar4-wg1-chapter1.pdf

7 G. Lakoff, **Non pensare all'elefante (dtsch. Denk nicht an den Elefanten)**, Chiarelettere, Milano 2019

8 Frank Luntz, **The Environment: A Cleaner, Safer, Healthier America, memorandum** im Weißen Haus von G.W. Bush, 2002

9 *Ebenda*

10 *Siehe Fußnote 7*

11 **Senate Democrats' Special Committee on the Climate Crisis, "The Right Thing To Do: Conservatives for Climate Action"**, 25. Juli 2019 **LINK:** https://www.democrats.senate.gov/newsroom/press-releases/republicans-who-support-climate-action-will-testify-before-the-senate-democrats-special-committee-on-the-climate-crisis

12 D. Zak, **How should we talk about what's happening to our planet?**, in der «Washington Post» , 27. August 2019 **LINK:** https://www.washingtonpost.com/lifestyle/style/how-should-we-talk-about-whats-happening-to-our-planet/2019/08/26/d28c4bcc-b213-11e9-8f6c-7828e68cb15f_story.html

13 D. Wallace-Wells, **Uninhabitable Earth: Life After Warming**, Tim Duggan Books, New York 2019 | (dtsch. **Die unbewohnbare Erde - Leben nach der Erderwärmung**, Wilhelm Heyne, 2019)

14 K. Kahn-Harris, **Denial: The Unspeakable Truth**, Notting Hill Editions, Kendal 2018

15 D. Jamieson, **Reason in a Dark Time: Why the Struggle Against Climate Change Failed – and What It Means for Our Future**, Oxford University Press, Oxford 2014

16 R.E. Dunlap, A.M. McCright, **Climate change denial, Sources, actors and strategies**, in C. Lever-Tracy, **Routledge Handbook of Climate Change and Society**, Routledge, London 2010

17 zitiert nach Jamieson, **Reason in a Dark Time - Why the Struggle Against Climate Change Failed — and What It Means for Our Future**, Oxford 2014

18 *Ebenda*

19 N. Oreskes, **Perché fidarsi della scienza? (dtsch. Warum der Wissenschaft vertrauen?)**, Bollati Boringhieri, Torino 2021

20 Dumb Cane, in Encyclopaedia Britannica **LINK:** https://www.britannica.com/plant/dumb-cane Dieffenbachie: https://de.wikipedia.org/wiki/Dieffenbachie

21 Clintel, **There is no climate emergency**, 23. September 2019 **LINK:** https://clintel.nl/wp-content/uploads/2019/09/ecd-letter-to-un.pdf

22 Clintel, "Climate Intelligence", Clintel bezeichnet sich selbst als eine „unabhängige Stiftung, die im Bereich des Klimawandels und der Klimapolitik tätig ist". Vgl. http://clintel.org

23 M. Di Lollo, **Allarme clima, 500 scienziati contro tutti: "È una farsa"** dtsch. Klima-Alarm, 500 Wissenschaftler gegen alle: „Es ist eine Farce"), in «il Giornale», 24. September 2019 **LINK:** https://www.ilgiornale.it/news/cronache/allarme-clima-500-scienziati-contro-tutti-farsa-1757848.html

24 Clintel, **There is no climate emergency**, 23. September 2019, Liste der Unterschriften verfügbar unter dem Link https://clintel.nl/wp-content/uploads/2019/09/ED-brochureversieNWA4.pdf

25 J. Cook, **Geologists and Climate Change Denial**, in «Skeptical Science», 9. Juni 2011 **LINK:** https://skepticalscience.com/Geologists-climate-change-denial.html

26 *Ebenda*

27 L. Bell, **Climate of Corruption: Politics and Power Behind The Global Warming Hoax**, Greenleaf Book Group Press, Austin 2011

28 Coral Reefs and Climate Change, International Union for Conservation of Nature, November 2017 **LINK:** https://www.iucn.org/sites/default/files/2022-04/coral_reefs_and_climate_change_issues_brief_final.pdf

29 G. Readfearn, **Billionaire Mining Magnate Gina Rinehart Revealed As Key Donor to Australian Climate Science Denial Promoter Institute of Public Affairs**, in «DeSmog», 17. Juli 2018 **LINK:** https://www.desmogblog.com/2018/07/17/billionaire-mining-magnate-gina-rinehart-revealed-key-donor-australian-climate-science-denial-promoter-institute

30 P. Ridd, **The Extraordinary Resilience of Great Barrier Reef Corals, and Problems with Policy Science**, Climate Change: The Facts 2017, Institute of Public Affairs **LINK:** https://researchonline.jcu.edu.au/52783

31 G. Readfearn, 'CO$_2$ is plant food': **Australian group signs international declaration denying climate science**, in «The Guardian», 26. September 2019 **LINK:** https://www.theguardian.com/environment/2019/sep/26/co2-is-plant-food-australian-group-signs-international-declaration-denying-climate-science

32 «Climate Feedback», **Letter signed by "500 scientists" relies on inaccurate claims about climate science**, Analysis of "There is no climate emergency" published in clintel.nl, by Alberto Prestininzi, Benoit Rittaud, Christopher Monckton, Fritz Vahrenholt, Guus Berkhout, Ingemar Nordin, Jeffrey Fos, Jim O'Brien, Morten Jodal, Reynald du Berger, Richard Lindzen, Rob Lemeire, Terry Dunleavy, Viv Forbes am 23. September 2019 **LINK:** https://climatefeedback.org/evaluation/letter-signed-by-500-scientists-relies-on-inaccurate-claims-about-climate-science

33 *Ebenda*

34 https://climatefeedback.org

35 *Siehe Fußnote 32*

36 *Ebenda*

37 *Ebenda*

38 C. Wardle, H. Derakhshan, **Information Disorder, Toward an interdisciplinary framework for research and policymaking**, Council of Europe, 27. September 2017 **LINK:** https://rm.coe.int/information-disorder-report-version-august-2018/16808c9c77

2. Kapitel
#exxonknew und ein bisschen Geschichte

39 The Greenhouse Effect pg 10, J. F. Black, Products Research Division, Exxon Research and Engineering Co., 6. Juni 1978 **LINK:** https://insideclimate-news.org/documents/james-black-1977-presentations

40 Rede mit dem Titel **Energy, The Economy, And The Environment: Moving Forward Together** pg 6, im l'Economic Club of Detroit, 6. Mai 1996 **LINK ZU VIDEO:** https://www.c-span.org/video/?c4888500/user-clip-lee-raymond-climate-change-1996-1

41 Letitia James, Generalstaatsanwältin des Bundesstaates New York, vs. ExxonMobil Corporation **LINK:** https://int.nyt.com/data/documenthelper/6569-new-york-vs-exxonmobil/eb27e49cb4cdbb4add80/optimized/full.pdf#page=1

42 Commonwealth of Massachusetts vs. ExxonMobil Corporation, 24. Oktober 2019 **LINK:** https://www.mass.gov/files/documents/2019/10/24/Complaint - Comm. v. Exxon Mobil Corporation - 10-24-19.pdf

43 *Siehe Fußnote 41*

44 *Ebenda*

45 N. Banerjee, J.H. Cushman Jr., D. Hasemyer, L. Song, **Exxon: The Road Not Taken**, in «Inside Climate News», 29. Oktober 2015 **LINK:** https://insideclimatenews.org/project/exxon-the-road-not-taken

46 https://www.pulitzer.org/finalists/insideclimate-news

47 B. McKibben, **The End of Nature**, Penguin Random House LLC, New York 1989

48 B. McKibben, **Falter: Has the Human Game Begun to Play Itself Out?**, Henry Holt and Co., New York 2019

49 Bericht von Shell, **Der Treibhauseffekt, vertraulich**, 1988. Dokument gefunden von Jelmer Mommers, Korrespondent von «De Correspondent» **LINK:** https://assets.documentcloud.org/documents/4411090/Document3.pdf

50 ExxonMobil Worldwide Contributions and Community Investments reports and ExxonMobil Foundation 990 tax forms, Greenpeace (www.exxonsecrets.org), Union of Concerned Scientists **LINK:** https://www.ucsusa.org/sites/default/files/attach/2015/07/Exxon-Mobil-Climate-Denial-Funding-1998-2014.pdf

Die Zahl ist für den Zeitraum von 1998 bis 2014 berechnet und unterschätzt die Gesamtsumme, die Exxon für die Finanzierung des Klimawandel-Leugnens ausgegeben hat.

51 R.E. Dunlap, A.M. McCright, **Challenging Climate Change: The Denial Countermovement**, in R.J. Brulle, R.E. Dunlap, **Climate Change and Society: Sociological Perspectives**, Oxford University Press, Oxford 2015 **LINK:** https://www.researchgate.net/publication/291353557_Challenging_Climate_Change_The_Denial_Countermovement

52 *Siehe Fußnote 15*

53 *Siehe Fußnote 45*

54 *Ebenda*

55 N. Oreskes, E.M. Conway, **Merchants of Doubt: How a Handful of Scientists Obscured the Truth on Issues from Tobacco Smoke to Global Warming**, Bloomsbury Press, London 2010

56 *Siehe Fußnote 15*

57 L. Raymond, **A Path Forward on Climate Change**, ExxonMobil, Irving 2000 **LINK:** http://www.climatefiles.com/exxonmobil/a-better-path-forward-by-exxonmobils-ceo-lee-raymond

58 Erklärung des Staatssekretärs Mike Pompeo, 4. November 2019 **LINK:** https://www.state.gov/on-the-u-s-withdrawal-from-the-paris-agreement

59 Ted Cruz: "By rejoining the Paris Climate Agreement, President Biden indicates he's more interested in the views of the citizens of Paris than in the jobs of the citizens of Pittsburgh. This agreement will do little to affect the climate and will harm the livelihoods of Americans.", Tweet am 21. Januar 2021 **LINK:** https://twitter.com/SenTedCruz/status/1352040800646029312?s=20

60 *Siehe Fußnote 48*

61 *Siehe Fußnote 45*

62 *Ebenda*

63 Internes Memorandum, **Exxon Primer on CO2 Greenhouse Effect**, 12. November 1982 **LINK:** https://insideclimatenews.org/documents/1982-exxon-primer-co2-greenhouse-effect

64 *Ebenda*

65 J.F. Black, Products Research Division, Exxon Research and Engineering Co., **The Greenhouse Effect**, 6. Juni 1978 **LINK:** https://insideclimatenews.org/documents/james-black-1977-presentation

66 A. Westervelt, **Drilled podcast**, Staffel 1 **LINK:** https://www.criticalfrequency.org/drilled

67 *Siehe Fußnote 15*

68 Climate Investigations Center, **Patrick Michaels: Decades of Denial** LINK: https://climateinvestigations.org/patrick-michaels

69 Exxon Secrets, Greenpeace **LINKS:** https://exxonsecrets.org/html/index.php und https://www.exxonsecrets.org/html/orgfactsheet.php?id=105

70 *Siehe Fußnote 55*

71 *Ebenda*

72 B. Franta, **Early oil industry disinformation on global warming**, Environmental Politics, 2021

73 American Petroleum Institute, **Two energy futures: a national choice for the 80s**, American Petroleum Institute, Washington D.C. 1980

74 American Petroleum Institute, **Global Climate Science Communications Action Plan**, 3. April 1998 LINK: https://www.documentcloud.org/documents/2840903-1998-API-Global-Climate-Science-Communications.html#document/p1

75 *Ebenda*

76 Außenministerium USA, Briefing-Memorandum an Unterstaatssekretärin Paula Dobriansky, 20. Juni 2001 LINK: https://www.climatefiles.com/denial-groups/global-climate-coalition-collection/2001-state-department-meeting/

77 S. Baliunas, W. Soon, P**roxy climatic and environmental changes of the past 1000 years**, in «Climate Research», 31 Januar 2003 LINK: http://www.int-res.com/articles/cr2003/23/c023p089.pdf

78 Greenpeace USA, **Dealing in Doubt. The climate denial machine vs climate science a brief history of attacks on climate science, climate scientists and the IPCC**, September 2013

79 *Ebenda*

80 Greening Earth Society (GES), in «DeSmog» LINK: https://www.desmogblog.com/greening-earth-society

81 *Siehe Fußnote 78*

82 *Ebenda*

83 *Ebenda*

84 *Siehe Fußnote 8*

85 *Ebenda*

86 A.C. Revkin, **Bush Aide Softened Greenhouse Gas Links to Global Warming**, in «The New York Times», 8. Juni 2005 LINK: https://www.nytimes.com/2005/06/08/politics/bush-aide-softened-greenhouse-gas-links-to-global-warming.html

87 Das Government Accountability Project ist eine gemeinnützige Rechtshilfegruppe für Whistleblower der US-Regierung

88 Pressekonferenz J.N. Gerard, API-Präsident, 12. Januar 2015 LINK http://www.api.org/news-policy-and-issues/testimony-and-speeches/2016/01/12/jack-gerard-delivers-remarks-ahead-of-st

89 N. Banerjee, **Exxon's Oil Industry Peers Knew About Climate Dangers in the 1970s, Too**, in «Inside Climate News», 22. Dezember 2015 LINK: https://insideclimatenews.org/news/22122015/exxon-mobil-oil-industry-peers-knew-about-climate-change-dangers-1970s-american-petroleum-institute-api-shell-chevron-texaco

90 R. Randol, ExxonMobil, **memorandum** im Weißen Haus, IPCC, 6. Februar 2001 LINK: http://www.documentcloud.org/documents/2805581-ExxonMobil-Lobbyist-Randy-Randol-2002-Memorandum.html#document/p1

91 *Siehe Fußnote 45*

92 R. Cohen, **"Catastrophic" Effects Letter**, in «Inside Climate News», 18. August 1981 **LINK zum Brief:** https://insideclimatenews.org/documents/catastrophic-effects-letter-1981

93 Exxon Research and Engineering Company, **Co2 Greenhouse Effect**, 12. November 1982 **LINK:** https://insideclimatenews.org/documents/1982-exxon-primer-co2-greenhouse-effect

94 The Climate Deception Dossiers, Internal Fossil Fuel Industry Memos Reveal Decades of Corporate Disinformation, 29. Juni 2015 **LINK:** https://www.ucsusa.org/sites/default/files/attach/2015/07/Climate-Deception-Dossier-Leonard-Bernstein-Email.pdf

95 S. Goldenberg, **Exxon knew of climate change in 1981, email says – but it funded deniers for 27 more years**, in «The Guardian», 8. Juli 2015 **LINK:** https://www.theguardian.com/environment/2015/jul/08/exxon-climate-change-1981-climate-denier-funding

96 *Ebenda*

97 K. Mulvey, S. Shulman, **The Climate Deception Dossiers, Internal Fossil Fuel Industry Memos Reveal Decades of Corporate Disinformation,** Union of Concerned Scientists, 2015 **LINK:** https://www.ucsusa.org/sites/default/files/attach/2015/07/The-Climate-Deception-Dossiers.pdf

98 *Siehe Fußnote 95*

99 ExxonMobil, **Energy transition**, 15. Juli 2019 **LINK:** https://www.exxonmobil.eu/Policy/Climate-and-environment/Energy-transition

100 K. Crowley, A. Rathi, **Exxon's plan for surging carbon emissions revealed in leaked documents**, in «Bloomberg Green», 5. Oktober 2020, **LINK:** https://www.bloomberg.com/news/articles/2020-10-05/exxon-carbon-emissions-and-climate-leaked-plans-reveal-rising-co2-output

101 *Ebenda*

102 Im Dezember 2020 kündigte ExxonMobil die Absicht an, die Emissionen zu reduzieren, um die Ziele des Pariser Abkommens zu unterstützen. **LINK:** https://corporate.exxonmobil.com/News/Newsroom/News-releases/2020/1214_ExxonMobil-announces-2025-emissions-reductions_expects-to-meet-2020-plan

103 Climate Accountability Institute Carbon Majors, R. Heede, 2019 **LINK:** https://climateaccountability.org/publications.html

104 B. McKibben, **Exxon Knew Everything There Was to Know About Climate Change by the Mid-1980s – and Denied It**, in «The Nation» , 20. Oktober 2015 **LINK:** https://www.thenation.com/article/archive/exxon-knew-everything-there-was-to-know-about-climate-change-by-the-mid-1980s-and-denied-it

105 *Siehe Fußnote 48*

106 B. Latour, **La sfida di Gaia (dtsch. Die Herausforderung von Gaia)**, Meltemi, Milano 2020

3. Kapitel
Die Meister der Manipulation

107 The Greenhouse Effect, J.F. Black, Products Research Division, Exxon Research and Engineering Co., 6. Juni 1978 **LINK:** https://insideclimatenews.org/documents/james-black-1977-presentations

108 Discorso di Lee Raymond, Exxon, al World Petroleum Congress, 13. Oktober 1997 **LINK:** http://www.documentcloud.org/documents/2840902-1997-Lee-Raymond-Speech-at-China-World-Petroleum.html#document/p1

109 A. Westervelt, **Drilled Podcast**, 3. Staffel **LINK:** https://www.criticalfrequency.org/drilled

110 *Ebenda*

111 P. Shabecoff, **Global Warming Has Begun, Expert Tells Senate**, in «The New York Times», 24. Juni 1988 **LINK:** https://www.nytimes.com/1988/06/24/us/global-warming-has-begun-expert-tells-senate.html

112 K. Kahn-Harris, **Denial: The Unspeakable Truth**, Notting Hill Editions, Kendal 2018

113 *Siehe Fußnote 109*

114 *Ebenda*

115 Information Council on the Environment Test Denial Campaign Plan and Survey, 1991 **LINK:** http://www.documentcloud.org/documents/3121446-ICE-Benchmark-Survey-and-Campaign-Timeline-1991.html#document/p1

116 *Siehe Fußnote 45*

117 American Petroleum Institute, Global Climate Science Communications Action Plan, April 1998 **LINK:** https://www.documentcloud.org/documents/2840903-1998-API-Global-Climate-Science-Communications.html#document/p1

118 *Ebenda*

119 *Siehe Fußnote 109*

120 S. Quinn, **Herb Schmertz, Kennedy's Mobil Superflack**, in «The Washington Post», 28. November 1979 **LINK:** https://www.washingtonpost.com/archive/lifestyle/1979/11/28/herb-schmertz-kennedys-mobil-superflack/e752a4cc-603d-4c23-8b58-9e36aba522c6

121 *Ebenda*

122 *Ebenda*

123 *Siehe Fußnote 109*

124 Bericht **Evolution of Mobil Public Affairs Programs**, Sektion II-B, 1982 **LINK:** http://www.documentcloud.org/documents/5396414-Reduced-Evolution-of-Mobil-Public-Affairs-Program.html#document/p2

125 *Siehe Fußnote 109*

126 N. Oreskes, G. Supran, **Assessing ExxonMobil's climate change communications (1977–2014), Supran and Oreskes (2017 Environ. Res. Lett. 12 084019)**, in «IOPScience», 30. Oktober 2020 **LINK:** https://iopscience.iop.org/article/10.1088/1748-9326/aa815f/pdf

127 *Siehe Fußnote 109*

128 *Ebenda*

129 *Ebenda*
130 *Ebenda*
131 *Ebenda*
132 J. Tielbeke, **Een beter milieu begint niet bij jezelf (dtsch. Eine bessere Umwelt beginnt nicht bei dir selbst)**, in «Das Mag», 12. Mai 2020 **133** F. Dunaway, **The 'Crying Indian' ad that fooled the environmental movement**, in «Chicago Tribune», 21. November 2017 **LINK:** https://www.chicagotribune.com/opinion/commentary/ct-per-spec-indian-crying-environment-ads-pollution-1123-20171113-story.html
134 *Siehe Fußnote 109*
135 *Ebenda*

4. Kapitel
Die Echokammer

136 Aus dem Englischen: *echo chamber*
137 Videoausschnitt der Sendung **LINK:** https://www.mediamatters.org/fox-news/fox-news-wasted-no-time-rolling-out-its-climate-strategy-biden-administration-denial-and
138 Antonino Zichichi: "Il cambiamento climatico dipende dalle attività umane per il 5%. Non confondiamolo con l'inquinamento" (dtsch. Antonino Zichichi: „Der Klimawandel hängt zu 5% von menschlichen Aktivitäten ab. Wir sollten ihn nicht mit Umnweltverschmutzung verwechseln."), in «Huffpost», 30. September 2019
139 LINK: https://www.carbonbrief.org/analysis-why-scientists-think-100-of-global-warming-is-due-to-humans
140 Mit einem Bereich von 72% bis 146%.
141 Bannon hatte sich nach seiner Verhaftung für unschuldig erklärt. A. Feuer, M. Haberman, W.K. Rashbaum, **Steve Bannon Is Charged With Fraud in We Build the Wall Campaign**, in «The New York Times», 20. August 2020 **LINK:** https://www.nytimes.com/2020/08/20/nyregion/steve-bannon-arrested-indicted.html
142 «Climate Feedback» hat den Artikel analysiert und ihm die niedrigste wissenschaftliche Glaubwürdigkeitsbewertung zugeordnet. **LINK zur Analyse:** https://climatefeedback.org/evaluation/breitbart-article-makes-numerous-false-claims-about-the-impacts-of-climate-change-based-on-global-warming-policy-foundation-post-delingpole-goklany
143 R.E. Dunlap, A.M. McCright, **Climate change denial, Sources, actors and strategies**, in C. Lever-Tracy, Routledge Handbook of Climate Change and Society, Routledge, London 2010
144 M.E. Mann, **The New Climate War: The Fight to Take Back Our Planet**, PublicAffairs, New York 2021
145 K. Kahn-Harris, **Denial: The Unspeakable Truth**, Notting Hill Editions, Kendal 2018

146 *Ebenda*

147 A.C. Revkin, **Industry Ignored Its Scientists on Climate**, in «The New York Times», 23. April 2009   **LINK:**   https://www.nytimes.com/2009/04/24/science/earth/24deny.html

148 Distorting the Debate: A Case Study of Corporate Greenwashing, Information Council for the Environment, 1991   **LINK:** https://research.greenpeaceusa.org/?a=view&d=2950

149 *Ebenda*

150 R.E. Dunlap, P.J. Jacques, **Climate Change Denial Books and Conservative Think Tanks: Exploring the Connection**, 22. Februar 2013   **LINK:** https://doi.org/10.1177/0002764213477096

151 A.M. McCright, R.E. Dunlap, **Cool Dudes: The Denial of Climate Change Among Conservative White Males in the United States**, in «Global Environmental Change», Oktober 2011   **LINK:** https://www.researchgate.net/publication/244062439_Cool_Dudes_The_Denial_of_Climate_Change_Among_Conservative_White_Males_in_the_United_States

152 J. Lapinski, J. Clinton, C. Roush, **The deep dive: Who supports Donald Trump?**, in MSNBC (Microsoft National Broadcasting Company, canale televisivo via cavo statunitense), 19. August 2015   **LINK:** https://www.msnbc.com/msnbc/the-deep-dive-who-supports-donald-trump-msna664671

153 M. Cutler, A. Leiserowitz, E. Maibach, S. Rosenthal, C. Roser-Renouf, **Trump Voters & Global Warming**, Yale University and George Mason University, New Haven 2017   **LINK:** https://climatecommunication.yale.edu/wp-content/uploads/2017/02/Trump-Voters-and-Global-Warming.pdf

154 C. Funk, M. Hefferon, **U.S. Public Views on Climate and Energy Democrats mostly agree the federal government should do more on climate, while Republicans differ by ideology, age and gender**, in Pew Research Center, 25. November 2019   **LINK:** https://www.pewresearch.org/science/2019/125/u-s-public-views-on-climate-and-219energy/?utm_source=adaptivemailer&utm_medium=email&utm_campaign=19-11-25%20climate&org=982&lvl=100&ite=5010&lea=1139465&ctr=0&par=1&trk=

155 C. Funk, A. Tyson, **Millennial and Gen Z Republicans stand out from their elders on climate and energy issues**, in Pew Research Center, 24. Juni 2020   **LINK:** https://www.pewresearch.org/fact-tank/2020/06/24/millennial-and-gen-z-republicans-stand-out-from-their-elders-on-climate-and-energy-issues

156 Aus der öffentlichen Rede von Donald Trump in Florida, 8. September 2020   **LINK:** https://www.nytimes.com/2020/09/08/us/politics/trump-drilling-environment-florida.html?smid=fb-nytimes&smtyp=cur

157 O. Krange, B.P. Kaltenborn, M. Hultman, **Cool dudes in Norway: climate change denial among conservative Norwegian men**, in «Environmental Sociology», vol. 5, 2019

158 F. Syed, **The abuse Catherine McKenna receives on Twitter exploded the day the carbon tax started**, in «National Observer», 25. Oktober 2019 **LINK:** https://www.nationalobserver.com/2019/10/25/news/abuse-catherine-mckenna-receives-twitter-exploded-day-carbon-tax-started

5. Kapitel
Die Rolle der Politik

159 Kundgebung des ehemaligen Innenministers und Vorsitzenden der Lega, Matteo Salvini, in Sassuolo, 19. Mai 2019 **LINK:** https://www.youtube.com/watch?v=wXAqG20TT-Ko

160 Am 26. Februar 2015 brachte Senator James Inhofe einen Schneeball mit in den amerikanischen Senat **LINK:** https://www.washingtonpost.com/video/national/sen-james-inhofe-brings-snowball-to-senate-floor/2016/06/02/3ca067d0-28da-11e6-8329-6104954928d2_video.html

161 S. Goldenberg, **Republicans' leading climate denier tells the pope to butt out of climate debate**, in «The Guardian», 11. Juni 2015 **LINK:** https://www.theguardian.com/environment/2015/jun/11/james-inhofe-republican-climate-denier-pope-francis

162 Rede des Senators James Inhofe im amerikanischen Senat, 28. Juli 2003 **LINK:** https://www.govinfo.gov/content/pkg/CREC-2003-07-28/html/CREC-2003-07-28-pt1-PgS10012.htm

163 *Siehe Fußnote 7*

164 Zum Beispiel: M. Zanon, **Il libro che smaschera la truffa dei cambiamenti climatici (dtsch. Das Buch, das den Schwindel des Klimawandels entlarvt)**, in «Il Foglio», 21. Oktober 2015 **LINK:** https://www.ilfoglio.it/articoli/2015/10/21/news/il-libro-che-smaschera-la-truffa-dei-cambiamenti-climatici-88775

Oppure P. De Leo, **La truffa di Greta baby paladina del clima (dtsch. Der Schwindel von Greta, der kindlichen Klima-Paladin)**, in «Il Tempo», 17. März 2019 **LINK:** https://www.iltempo.it/esteri/2019/03/15/news/greta-thunberg-truffa-paladina-clima-radical-chic-marketing-buonista-sinistra-nobel-effetto-serra-1116513

165 Zum Beispiel: R. Vivaldelli, **Gli scienziati sfidano i gretini: così si smonta la favola green (dtsch. Die Wissenschaftler fordern die Gretas heraus: So wird das grüne Märchen demontiert)**, in «il Giornale», 27. Januar 2020 **LINK:** https://www.ilgiornale.it/news/cronache/scienziati-interessi-dietro-favola-dellemergenza-climatica-1817436.html

166 S. Milloy, Green Hell: **How Environmentalists Plan to Control Your Life and What You Can Do to Stop Them**, Regnery Publishing, Washington 2009

167 The Advancement of Sound Science Center, früher bekannt als The Advancement of Sound Science Coalition

168 P.D. Thacker, **Smoked Out**, in «The New Republic», 6. Februar 2006, **LINK:** https://newrepublic.com/article/104858/smoked-out

169 C. Mooney, **Some Like It Hot**, in «Mother Jones», Mai/Juni 2005 **LINK:** https://www.motherjones.com/environment/2005/05/some-it-hot

170 American Petroleum Institute, Global Climate Science Communications Action Plan, April 1998 **LINK:** https://www.documentcloud.org/documents/2840903-1998-API-Global-Climate-Science-Communications.html#document/p1

171 Pew Research Center, **Global warming and environmental regulation, personal environmentalism**, in The Partisan Divide on Political Values Grows Even Wider, Oktober 2017 **LINK:** https://www.pewresearch.org/politics/2017/10/05/7-global-warming-and-environmental-regulation-personal-environmentalism

172 A. Carius, S, Schaller, **Convenient Truths: Mapping climate agendas of right-wing populist parties in Europe**, Adelphi, Berlin 2019 **LINK:** https://adelphi.de/de/publikationen/convenient-truths

173 Italienische Abgeordnetenkammer – Abstimmung Nr. 72 (Sitzung Nr. 695 vom 19.10.2016). Ratifizierung und Umsetzung des Pariser Abkommens im Zusammenhang mit dem Rahmenübereinkommen der Vereinten Nationen über Klimaänderungen, angenommen in Paris am 12. Dezember 2015 – Gesetzesvorlage 4079-A – Schlussabstimmung **LINK:** https://parlamento17.openpolis.it/votazione/camera/ratifica-ed-esecuzione-dellaccordo-di-parigi- collegato-alla-convenzione-quadro-delle-nazioni-unite-sui-cambiamenti-climatici-adottato-a-parigi-il-12-dicembre-2015-ddl-4079-a-voto-finale/35065

174 M. Forti, **La nuova destra europea frena la lotta al riscaldamento globale (dtsch. Die neue europäische Rechte bremst den Kampf gegen die globale Erwärmung)**, in «Internazionale», 7. März 2019 **LINK:** https://www.internazionale.it/reportage/marina-forti/2019/03/07/destra-europa-riscaldamento-globale

175 XVII. Legislaturperiode, Anhang A, Sitzung am 19. Oktober 2016, 9/4079-A/3 **LINK:** https://www.camera.it/leg17/410?idSeduta=0695&tipo=documenti_seduta

176 Lega Salvini Premier, **Wahl 2018, Programm der Regierung Lega LINK:** https://www.leganord.org/component/phocadownload/category/5-elezioni?download%3D1514:programma-lega-salvini-premier-2018

177 *Siehe Fußnote 172*

178 *Siehe Fußnote 174*

179 V.V. Deleja-Hotko, A.-K. Müller, G. Traufetter, **AfD Hopes to Win Votes by Opposing Climate Protection**, in «Spiegel Online», 6. Mai 2019 **LINK:** https://www.spiegel.de/international/germany/afd-seeks-votes-by-opposing-climate-protection-a-1265494.html

180 *Ebenda*

181 S. Levantesi, G. Corsi, **Climate "Realism" Is the New Climate Denial**, in «The New Republic», 6. August 2020 **LINK:** https://newrepublic.com/article/158797/climate-change-alarmism-greta-thunberg-naomi-seibt Die italienische Version des Artikels erschien in «Internazionale», 8. September 2020 **LINK:** https://www.internazionale.it/notizie/stella-levantesi/2020/09/08/realismo-climatico-negazionismo

182 Transkript der Rede von Greta Thunberg beim UN Climate Action Summit in New York, 23. September 2019 **LINK:** https://text.npr.org/763452863

183 G. Civati, **Struzzi! La testa sotto la rabbia (dtsch. in etwa: Strauße! Den Kopf im Sand der Wut)**, People, Varese 2020

184 *Siehe Fußnote 19*

185 G. Ferrara, **I profeti del clima e della decrescita, felice per pochi (dtsch. Die Klimapropheten und des Rückschritts, Glück für wenige)**, in «Il Foglio», 29. September 2019 **LINK:** https://www.ilfoglio.it/societa/2019/09/29/news/i-profeti-del-clima-e-della-decrescita-felice-per-pochi-277170

186 G. Meotti, **Chi dubita sulle cause del global warming è nemico del popolo. "È fanatismo religioso" (dtsch. Wer an den Ursachen der globalen Erwärmung zweifelt, ist ein Feind des Volkes. „Es ist religiöser Fanatismus".)**, in «Il Foglio», 19. März 2019 **LINK:** https://www.ilfoglio.it/cultura/2019/03/19/news/chi-dubita-sulle-cause-del- global-warming-e-nemico-del-popolo-e-fanatismo-religioso-243766

187 *Ebenda*

188 Offizielle Webseite der Cooler Heads Coalition: http://www.globalwarming.org/about

189 *Ebenda*

190 Climate Investigations Center https://climateinvestigations.org/climate-deniers/co-oler-heads-coalition

191 As Heartland Dissolves Some Relationships, Is It Also Building a New One with CFACT?, in «Daily Kos», 15. April 2020 **LINK:** https://www.dailykos.com/stories/2020/4/15/1937435/-As-Heartland-Dissolves-Some-Relationships-Is-It-Also-Building-a-New-One-with-CFACT

192 D. Butler, J. Eilperin, **The anti-Greta: A conservative think tank takes on the global phenomenon**, in «The Washington Post», 24. Februar 2020 **LINK:** https://www.washingtonpost.com/climate-environment/2020/02/23/meet-anti-greta-young-youtuber-campaigning-against-climate-alarmism

193 H. Cockburn, Anti-Greta: **Far-right groups trying to turn teenager into climate change-denying version of Greta Thunberg**, in «Independent», 25. Februar 2020

194 Fox News just debuted the right's new climate denier darling, in «Media Matters», 2. Februar 2020 **LINK:** https://www.mediamatters.org/fox-news/fox-news-just-debuted-rights-new-climate-denier-darling

195 C. Flavelle, L. Friedman, **A Late Burst of Climate Denial Extends the Era of Trump Disinformation**, in «The New York Times», 12. Januar 2021 **LINK:** https://www.nytimes.com/2021/01/12/climate/trump-disinformation-climate-change.html

196 L. Gambino, T.McCarthy, **The Republicans who urged Trump to pull out of Paris deal are big oil darlings**, in «The Guardian», 1. Juni 2017 **LINK:** https://www.theguardian.com/us-news/2017/jun/01/republican-senators-paris-climate-deal-energy-donations

197 https://digitalcommons.law.yale.edu/cgi/viewcontent.cgi?article=1102&context=fss_papers

198 A. Westervelt, **Drilled Podcast LINK:** https://www.criticalfrequency.org/drilled

199 J. Cook, H. Washington, **Climate Change Denial: Heads in the Sand**, Routledge, London 2011

200 C. Boussalis, T.G. Coan, **Text-mining the signals of climate change doubt**, in «Global Environmental Change Journal», 36, Januar 2016 **LINK:** https://doi.org/10.1016/j.gloenvcha.2015.12.001

201 S. Levantesi, Amitav Ghosh, **la realtà instabile delle crisi (dtsch. Die instabile Realität der Krisen)**, in «il manifesto», 14. Mai 2020 **LINK:** https://ilmanifesto.it/amitav-ghosh-la-realta-instabile-delle-crisi

6. Kapitel
Das Netzwerk der Finanzierung von Big Oil zu Big Tech

202 Bericht InfluenceMap, **Big Oil's Real Agenda on Climate Change**, März 2019 **LINK:** https://influencemap.org/report/How-Big-Oil-Continues-to-Oppose-the-Paris-Agreement-38212275958aa21196dae3b76220bddc
203 *Ebenda*
204 ExxonMobil Worldwide Contributions and Community Investments reports and ExxonMobil Foundation 990 tax forms compiled by Greenpeace (www.exxonsecrets.org) and the Union of Concerned Scientist **LINK:** https://www.ucsusa.org/sites/default/files/attach/2015/07/ExxonMobil-Climate-Denial-Funding-1998-2014.pdf
Der Betrag wurde für den Zeitraum von 1998 bis 2014 berechnet und ist eine Unterschätzung der Gesamtsumme, die Exxon für die Finanzierung des Klimawandelleugnens ausgegeben hat.
205 Exxon, Corporate Citizenship Report, 2007 **LINK:** https://www.documentcloud.org/documents/2799777-ExxonMobil-2007-Corporate- Citizenship-Report.html
206 K. Mulvey, S. Shulman, **The Climate Deception Dossiers, Internal Fossil Fuel Industry Memos Reveal Decades of Corporate Disinformation**, Union of Concerned Scientists, Juli 2015 **LINK:** https://www.ucsusa.org/sites/default/files/attach/2015/07/The-Climate-Deception-Dossiers.pdf
207 *Ebenda*
208 Greenpeace, **Exxon's Climate Denial History: A Timeline** **LINK:** https://www.greenpeace.org/usa/global-warming/exxon-and-the-oil-industry-knew-about-climate-change/exxons-climate-denial-history-a-timeline
209 S. Goldenberg, **ExxonMobil gave millions to climate-denying lawmakers despite pledge**, in «The Guardian», 15. Juli 2015 **LINK:** https://www.theguardian.com/environment/2015/jul/15/exxon-mobil-gave-millions-climate-denying-lawmakers
210 Center for Media and Democracy (CMD), ALECExposed.org **LINKS:** https://web.archive.org/web/20150806193525 und http://www.alecexposed.org/wiki/What_is_ALEC
211 Alec Energy Principles, 1. Januar 2002, modifiziert am 12. Januar 2017 **LINK:** https://web.archive.org/web/20170908184913/https://www.alec.org/model-policy/alec-energy-principles
212 N. Banerjee, D. Hasemyer, L. Song, **Exxon's Own Research Confirmed Fossil Fuels' Role in Global Warming Decades Ago**, in «Inside Climate News», 16. September 2015 **LINK:** https://insideclimatenews.org/news/15092015/Exxons-own-research-confirmed-fossil-fuels-role-in-global-warming
213 *Ebenda*
214 J.Hoggan, **Climate Cover-Up: The Crusade to Deny Global Warming**, Greystone Books, Vancouver 2009
215 R.J. Brulle, **Institutionalizing delay: foundation funding and the creation of U.S. climate change counter-movement organizations**, in «Climatic Change», 2013 **LINK:** https://drexel.edu/%7E/media/Files/now/pdfs/Institutionalizing%20Delay%20-%20Climatic%20Change.ashx

216 H. Bengtsson, **Secretive donors gave US climate denial groups $125 million over three years**, Suzanne Goldenberg, in «The Guardian», 9. Juni 2015 **LINK:** https://www.theguardian.com/environment/2015/jun/09/secretive-donors-gave-us-climate-denial-groups-125m-over-three-years

217 A. Rossi, **Le colpe di Eni (dtsch. Die Schuld von Eni)**, in «Gli Asini», 25. Januar 2021 **LINK:** https://gliasinirivista.org/le-colpe-di-eni

218 D. Fischer, **"Dark Money" Funds Climate Change Denial Effort**, in «Scientific American», 23. Dezember 2013 **LINK:** https://www.scientificamerican.com/article/dark-money-funds-climate-change-denial-effort

219 *Siehe Fußnote 215*

220 J. Farrell, **Corporate funding and ideological polarization about climate change**, in «PNAS», 5. Januar 2016 **LINK:** https://doi.org/10.1073/pnas.1509433112

221 J. Farrell, **Network structure and influence of the climate change countermovement**, in «Nature Climate Change», 30. November 2015 **LINK:** https://www.nature.com/articles/nclimate2875

222 C. Leonard, **David Koch Was the Ultimate Climate Change Denier**, in «The New York Times», 23. August 2019 **LINK:** https://www.nytimes.com/2019/08/23/opinion/sunday/david-koch-climate-change.html

223 Greenpeace, **Koch Industries: Secretly Funding the Climate Denial Machine** **LINK:** https://www.greenpeace.org/usa/global-warming/climate-deniers/koch-industries

224 Dati Center for Responsive Politics **LINK:** https://www.opensecrets.org/industries/indus.php?cycle=2020&ind=E01

225 *Ebenda*

226 *Ebenda*

227 M.H. Goldberg, J.R. Marlon, X. Wang, S. van der Linden, A. Leiserowitz, **Oil and gas companies invest in legislators that vote against the environment**, in «PNAS», März 2020

228 *Ebenda*

229 A. Westervelt, **Drilled Podcast** **LINK:** https://www.criticalfrequency.org/drilled

230 *Ebenda*

231 MIT Energy Initiative, Founding Members http://energy.mit.edu/membership/#current-members

232 B. Franta, G. Supran, **The fossil fuel industry's invisible colonization of academia**, in «The Guardian», 13. März 2017 **LINK:** https://www.theguardian.com/environment/climate-consensus-97-per-cent/2017/mar/13/the-fossil-fuel-industrys-invisible-colonization-of-academia

233 https://news.stanford.edu/pr/02/gceprelease.html

234 https://gcep.stanford.edu/about/sponsors.html

235 *Siehe Fußnote 232*

236 *Ebenda*

237 https://www.eni.com/it-IT/carriere/corsi-laurea-magistrale.html

238 *Siehe Fußnote 202*

239 *Ebenda*

240 E. Atkin, **Facebook creates fact-checking exemption for climate deniers**, in «Heated», 24. Juni 2020 **LINK:** https://heated.world/p/facebook-creates-fact-checking-exemption

241 S. Waldman, **How CO2 boosters' op-ed slipped by Facebook fact-checkers**, in «E&E News», 23. Juni 2020 **LINK:** https://www.eenews.net/stories/1063436369
242 *Siehe Fußnote 240*
243 M. Bickert, **Removing Holocaust Denial Content**, Facebook, 12. Oktober 2020 **LINK:** https://about.fb.com/news/2020/10/removing-holocaust-denial-content
244 Influence Map, **Climate Change and Digital Advertising Climate Science Disinformation in Facebook Advertising**, Oktober 2020 **LINK:** https://influencemap.org/report/Climate-Change-and-Digital-Advertising-86222daed29c6f49ab2da76b0df15f76#
245 **Connecting People With Credible Climate Change Information**, auf Facebook, 18. Februar 2021 **LINK:** https://about.fb.com/news/2021/02/connecting-people-with-credible-climate-change-information
246 Insbesondere im Vereinigten Königreich, um sich mit der Zeit auf andere Länder auszudehnen
247 S. Kirchgaessner, **Revealed: Google made large contributions to climate change deniers**, in «The Guardian», 11. Oktober 2019 **LINK:** https://www.theguardian.com/environment/2019/oct/11/google-contributions-climate-change-deniers
248 My Climate Pledge https://myclimatepledge.com
249 Mythconceptions https://myclimatepledge.com/mythconceptions
250 *Siehe Fußnote 247*
251 *Ebenda*
252 Rapporto Greenpeace, **Oil in the Cloud**, How Tech Companies are Helping Big Oil Profit from Climate Destruction, 19. Mai 2020 **LINK:** https://www.greenpeace.org/usa/reports/oil-in-the-cloud
253 *Ebenda*
254 Bericht InfluenceMap, **Big Oil's Real Agenda on Climate Change**, März 2019 **LINK:** https://influencemap.org/report/How-Big-Oil-Continues-to-Oppose-the-Paris-Agreement-38212275958aa21196dae3b76220bddc
255 *Siehe Fußnote 132*
256 *Ebenda*
257 Bob Brulle in einem Interview mit A. Westervelt, **Drilled Podcast**, **LINK:** https://www.criticalfrequency.org/drilled
258 L. Lear, **Rachel Carson: Witness for Nature**, Henry Holt and Company, New York 1997.
259 *Ebenda*
260 S. Levantesi, **I 100 modi in cui Trump sta distruggendo l'ambiente (dtsch. Die 100 Arten, wie Trump die Umwelt zerstört.)**, in «il manifesto», 13. Juni 2020 **LINK:** https://ilmanifesto.it/i-100-modi-in-cui-trump-sta-distruggendo-lambiente
261 N. Popovich, L. Albeck-Ripka, K. Pierre-Louis, **The Trump Administration Is Reversing More Than 100 Environmental Rules**, in «The New York Times», 10. November 2020 **LINK:** https://www.nytimes.com/interactive/2020/climate/trump-environment-rollbacks.html
262 Diese Angabe stammt aus dem Juni 2020
263 The State Energy and Environmental Impact Center, New York University School of Law, **Climate and Health Showdowns in the Courts**, marzo 2019 **LINK:** https://www.law.nyu.edu/sites/default/files/climate-and-health-showdown-in-the-courts.pdf
264 https://opinionator.blogs.nytimes.com/2013/09/24/is-natural-gas-clean

265 R. Iadicicco, **Per una crescita sostenibile: più forme di energia integrate e meno sprechi. Intervista a Roberto Cingolani (dtsch. Für nachhaltiges Wachstum: Mehr integrierte Energieformen und weniger Verschwendung. Interview mit Roberto Cingolani.)**, 5. Februar 2020 **LINK:** https://www.eni.com/it-IT/ricerca-scientifica/roberto-cingolani-tecnologia-sostenibile.html

266 A. Scalari, **Il Ministero della transizione ecologica: un problema (iper)politico per il governo Draghi (dtsch. Das Ministerium für ökologischen Wandel: Ein (hyper)politisches Problem für die Regierung Draghi.)**, in «Valigia Blu», 16. Februar 2021 **LINK:** https://www.valigiablu.it/ministero-transizione-ecologica-governo-draghi

267 Twitter @MichaelEMann, 10. Mai 2019. "The greatest fault in his proposal is the suggestion that natural gas can be part of the solution," schrieb Michael Mann, Klimawissenschaftler der Penn State Universityin einer E-Mail "The solution to a problem created by burning fossil fuels cannot be the burning of fossil fuels." **LINK:** https://twitter.com/ MichaelEMann/status/1126925868075503616?s=20

268 Natural gas is not a bridge fuel, but we've got many alternatives, in «The Climate Reality Project», 21. März 2019 **LINK:** https://climaterealityproject.org/blog/natural-gas-not-bridge-fuel-got-many-alternatives

269 Pressemitteilung der Wettbewerbs- und Marktaufsichtsbehörde, 15. Januar 2020 **LINK:** https://www.agcm.it/media/comunicati-stampa/2020/1/PS11400 **LINK zur Verfügung:** https://www.agcm.it/dotcmsdoc/allegati-news/PS11400provv.pdf

270 *Ebenda*

271 *Siehe Fußnote 217*

272 La "nuova Eni". La strategia del gruppo ENI fino al 2050 (dtsch. „Neues Eni". Die Strategie der ENI-Gruppe bis 2050) LINK: https://www.greenpeace. org/static/planet4-italy-stateless/2020/05/d481487f-la_strategia_del_gruppo_eni_fino_ al_2050-.pdf

273 Greenpeace, **La strategia del gruppo ENI fino al 2050 (dtsch. Die Strategie der ENI-Gruppe bis 2050)**, 13. Mai 2020 **LINK:** https://www.greenpeace.org/italy/ rapporto/11543/la-strategia-del-gruppo-eni-fino-al-2050

274 Greenpeace, **Eni, le bugie hanno le zampe corte! (dtsch. Eni, Lügen haben kurze Beine!)**, 16. November 2020 **LINK:** https://www.greenpeace.org/italy/storia/12687/eni-le-bugie-hanno-le-zampe-corte

275 G. Vacchiano, Forstwissenschaftler **LINK:** https://www.repubblica.it/green-and-blue/2020/10/08/news/il_nostro_caro_albero_cosi_possiamo_salvare_il_patrimonio_ verde_d_italia-269659206

276 G. Onufrio, **Greenpeace: "La chimera del Carbon Capture and Storage" (dtsch. Die Chimäre der CO_2-Abscheidung und -Speicherung)**, in «La Repubblica», 16. Februar 2021 **LINK:** https://www. repubblica.it/green-and-blue/2021/02/16/news/ la_chimera_del_carbon_capture_and_storage-287141149

277 Legambiente, Juli 2019 https://www.legambiente.it/enemy-of-the-planet

278 R. Battaglia, **Crisi climatica, il greenwashing di ENI fa male come il petrolio (dtsch. Klimakrise, das Greenwashing von ENI schadet genauso wie das Öl)**, in «Valori», 10. September 2019 **LINK:** https://valori.it/climate-change-greenwashing-eni-olio-palma

279 Oil Change International, **Big Oil Reality Check, Assessing Oil And Gas Company Climate Plans**, September 2020   LINK: http://priceofoil.org/content/uploads/2020/09/OCI-Big-Oil-Reality-Check-vF.pdf

280 B. McKibben, **Money Is the Oxygen on Which the Fire of Global Warming Burns**, in «New Yorker», 17. September 2019   LINK: https://www.newyorker.com/news/daily-comment/money-is-the-oxygen-on-which-the-fire-of-global-warming-burns

281 Rainforest Action Network, **Banking on Climate Change**, 2019   LINK: https://www.ran.org/wp-content/uploads/2021/03/Banking-on-Climate-Chaos-2021.pdf

282 B. Ardù, **La svolta verde di Crédit Agricole: niente finanziamenti a chi opera col carbone (dtsch. Die grüne Wende der Crédit Agricole: Keine Finanzierungen mehr für Unternehmen, die mit Kohle arbeiten)**, in «La Repubblica», 8. Juni 2019   LINK: https://www.repubblica.it/economia/finanza-personale/2019/06/08/news/credite_agricole_diventa_verde_niente_prestiti_a_chi_inquina-228183883

283 **La Bei cambia rotta: stop ai finanziamenti per le fonti fossili entro il 2020 (dtsch. Die Bei ändert ihren Kurs: Stopp der Finanzierung für fossile Brennstoffe bis 2020)**, in «Qualenergia.it», 30. Juli 2019   LINK: https://www.qualenergia.it/articoli/la-bei-cambia-rotta-stop-ai-finanziamenti-per-le-fonti-fossili-entro-il-2020

284 Fifth Assessment Report, Intergovernmental Panel on Climate Change (IPCC), **Climate Change 2013: The Physical Science Basis** LINK: https://www.ipcc.ch/report/ar5/wg1

285 A.R. Sorkin, **BlackRock C.E.O. Larry Fink: Climate Crisis Will Reshape Finance**, in «The New York Times», 14. Januar 2020   LINK: https://www.nytimes.com/2020/01/14/business/dealbook/larry-fink-blackrock-climate-change.html

7. Kapitel
Die Strategien, Taktiken und Verschwörungstheorien der Leugner-Lobby

286   S. Knapton, **Climate change: fake news or global threat? This is the science**, in «The Telegraph», 15. Oktober 2019   LINK: https://www.telegraph.co.uk/environment/2019/10/15/climate-change-fake-news-global-threat-science/?WT.mc_id=tmg_share_fb

287 Telegraph article on climate change mixes accurate and unsupported, inaccurate claims, misleads with false balance**, Analysis of "Climate change: fake news or global threat? This is the science"**, in «Climate Feedback» LINK: https://climatefeedback.org/evaluation/telegraph-article-misleads-with-false-balance-mixing-in-unsupported-and-inaccurate-claims-sarah-knapton

288 P.H. Gleick, **Book review: Bad science and bad arguments abound in 'Apocalypse Never' by Michael Shellenberger**, in «Yale Climate Connections», 15. Juli 2020   LINK: https://yaleclimateconnections.org/2020/07/review-bad-science-and-bad-arguments-abound-in-apocalypse-never

289 *Ebenda*

290 T. Morton, **Noi, esseri ecologici (dtsch. Wir, ökologische Wesen)**, Laterza, Bari-Roma 2020

291 *Siehe Fußnote 288*

292 Article by Michael Shellenberger mixes accurate and inaccurate claims in support of a misleading and overly simplistic argumentation about climate change, in «Climate Feedback», 28. Juni 2020 **LINK:** https://climatefeedback.org/evaluation/article-by-michael-shellenberger-mixes-accurate-and-inaccurate-claims-in-support-of-a-misleading-and-overly-simplistic-argumentation-about-climate-change

293 P. Michaels, **Meltdown: The Predictable Distortion of Global Warming by Scientists, Politicians, and the Media**, in Cato Institute, 2004

294 *Siehe Fußnote 290*

295 IPCC Special Report on Global Warming of 1.5°C, 2018 **LINK:** https://ipcci-talia.cmcc.it/ipcc-special-report-global-warming-of-1-5-c

296 IPCC 2019 https://ipccitalia.cmcc.it/le-scelte-prese-ora-sono-determinanti-per-il-futuro-del-nostro-oceano-e-della-criosfera

297 Tyndall Center for Climate Change Research, **Risks associated with global warming of 1.5°C or 2°C**, University of East Anglia, Mai 2018, **LINK:** https://tyndall.ac.uk/sites/default/files/publications/briefing_note_risks_warren_r1-1.pdf

298 G. Dalla Casa, **L'ecologia profonda. Lineamenti per una nuova visione del mondo (dtsch. Die Tiefenökologie. Grundzüge für eine neue Weltsicht)**, Mimesis, Sesto San Giovani 2011

299 Deep ecology, in Encyclopaedia Britannica **LINK:** https://www.britannica.com/topic/deep-ecology

300 m den Ökofaschismus näher zu beleuchten: S. Dalla Casa, **La trappola dell'eco-fascismo (dtsch. Die Falle des Ökofaschismus)**, in «Il Tascabile», 21. Januar 2021 **LINK:** https://www.iltascabile.com/scienze/ecofascismo - oder A. Zitelli, **L'ascesa dell'ecofascismo: perché gli estremisti di destra stanno abbracciando sempre più le cause ambientali (dtsch. Der Aufstieg des Ökofaschismus: Warum Rechtsextremisten zunehmend Umweltanliegen aufgreifen)**, in «Valigia Blu», 27. Januar 2021 **LINK:** https://www.valigiablu.it/ascesa-ecofascismo-clima

301 Biocentric schools of thought, Social ecology and deep ecology, in Encyclopaedia Britannica **LINK:** https://www.britannica.com/topic/environmentalism/Biocentric-schools-of-thought

302 D. Jamieson, **Reason in a Dark Time: Why the Struggle Against Climate Change Failed – and What It Means for Our Future**, Oxford University Press, Oxford 2014

303 N. Oreskes, **Perché fidarsi della scienza? (dtsch. Warum sollte man der Wissenschaft vertrauen?)**, Bollati Boringhieri, Torino 2021

304 *Ebenda*

305 *Ebenda*

306 B. Lomborg, **The Skeptical Environmentalist**, Cambridge University Press, Cambridge 1998

307 B. Lomborg, **False Alarm: How Climate Change Panic Costs Us Trillions, Hurts the Poor, and Fails to Fix the Planet**, Basic Books, New York 2020

308 J.E. Stiglitz, **Are We Overreacting on Climate Change?**, in «The New York Times», 16. Juli 2020 **LINK:** https://www.nytimes.com/ 2020/07/16/books/review/bjorn-lomborg-false-alarm-joseph-stiglitz.html

309 A. Westervelt, **Drilled podcast, Staffel 3 LINK:** https://www.criticalfrequency. org/drilled - **TRANSKRIPT-LINK:** https://www.desmogblog.com/s3ep2-oil-nazi-propaganda-triangle

310 *Siehe Fußnote 303*

311 J. Cook, H. Washington, **Climate Change Denial: Heads in the Sand**, Routledge, London 2011

312 A. Michaelowa, **Climate policy and interest Groups, A Public choice analysis**, in «Research Gate», 1998 **LINK:** https://www.researchgate.net/publication/24055779_Climate_policy_and_interest_Groups-A_Public_choice_analysis

313 M. Pitcher, M. Toman, M. Tebo, **A summary of US positions on climate change policy**, Springer, New York 1997.

314 N. Banerjee, D. Hasemeyer, M. Lavelle, R. McClure, B. Wieners, P. Horn, C. Hoyt, Choke Hold: **The Fossil Fuel Industry's Fight against Climate Policy, Science and Clean Energy**, in «Inside Climate News» 2018 **LINK:** https://insideclimatenews.org/content/choke-hold

315 A. Westervelt, **Drilled Podcast LINK:** https://www.criticalfrequency.org/drilled

316 «Skeptical Science» https://www.skepticalscience.com/agw-denial-explained-2.html

317 M. Shepherd, **3 Things People Get Wrong About The Polar Vortex And Climate Change**, in «Forbes», 19. Februar 2021 **LINK:** https://www.forbes.com/sites/marshallshepherd/2021/02/19/3-things-people-get-wrong-about-the-polar-vortex-and-climate-change

318 S. Levantesi, **Come affrontare le teorie del complotto**, in «il manifesto», 28. März 2020 **LINK:** https://ilmanifesto.it/come-affrontare-le-teorie-del-complotto

319 J. Cook, S. Lewandowsky, **The Conspiracy Theory Handbook**, Center For Climate Change Communication, 2020 **LINK:** http://sks.to/conspiracy

320 M. Wenner Moyer, **People Drawn to Conspiracy Theories Share a Cluster of Psychological Features**, in «Scientific American», März 2019, **LINK:** https://www.scientificamerican.com/article/people-drawn-to-conspiracy-theories-share-a-cluster-of-psychological-features

321 T. Nichols, **La conoscenza e i suoi nemici: l'era dell'incompetenza e i rischi per la democrazia (dtsch. Wissen und seine Feinde: Das Zeitalter der Inkompetenz und die Risiken für die Demokratie)**, Luiss University Press, Roma 2017

322 M. Wenner Moyer, **People Drawn to Conspiracy Theories Share a Cluster of Psychological Features**, in «Scientific American», März 2019 **LINK:** https://www.scientificamerican.com/article/people-drawn-to-conspiracy-theories-share-a-cluster-of-psychological-features

323 Twitter @johnfocook, 28. August 2020. "A category of climate misinformation that is of growing importance is solutions denial – attacking climate policies or renewable energy in order to delay climate action. These types of arguments are on the rise (full video at http:// youtu.be/JuUz2AwoSko)."

324 Ich habe diesen und andere Aspekte von Moores Dokumentarfilm in einem längeren Artikel vertieft in «il manifesto», 12. Mai 2020 **LINK:** https://ilmanifesto.it/ambiente-le-domande-scomode-di-michael-moore

325 https://actionnetwork.org/petitions/sign-on-letter-to-michael-moore-demanding-an-apology-and-retraction-of-planet-of-the-humans

326 J. Fox, **Meet the New Flack for Oil and Gas: Michael Moore, in The Nation**, 30. April 2020 **LINK:** https://www.thenation.com/article/environment/planet-humans-film-moore

327 M.E. Mann, **The New Climate War: The Fight to Take Back Our Planet**, PublicAffairs, New York 2021

328 *Ebenda*

329 *Februar 2020*

330 C. Betsch, P. Schmid, **Effective strategies for rebutting science denialism in public discussions**, in «Nature Human Behaviour», Juni 2019 **LINK:** https://www.nature.com/articles/s41562-019-0632-4

8. Kapitel
Der Zuschauereffekt

331 S. Paulson, **Where's the Great "Climate Change Novel"? A Conversation with Amitav Ghosh**, in «Los Angeles Review of Books», 22 settembre 2017 **LINK:** https://lareviewofbooks.org/article/wheres-the-great-climate-change-novel-a-conversation-with-amitav-ghosh

332 M. Atwood, **Oryx and Crake**, McClelland and Stewart, Toronto 2003, The Year of the Flood, Bloomsbury, London 2009 e MaddAddam, Doubleday, New York 2013.

333 Rezension zu **Oryx and Crake** (2003) **LINK:** https://www.publishersweekly.com/978-0-385-50385-3

334 S. Levantesi, Amitav Ghosh, **la realtà instabile delle crisi (dtsch. die instabile Realität der Krisen)**, in «il manifesto», 14. Mai 2020 **LINK:** https://ilmanifesto.it/amitav-ghosh-la-realta-instabile-delle-crisi

335 A. Ghosh, **La grande cecità. Il cambiamento climatico e l'impensabile (dtsch. Die große Verblendung. Der Klimawandel als das Undenkbare)**, Neri Pozza, Vicenza 2017

336 A. Vaughan, **The world started to wake up to climate change in 2019 – now what?**, in «New Scientist», 18. Dezember 2019 **LINK:** https://www.newscientist.com/article/mg24432613-000-the-world-started-to-wake-up-to-climate-change-in-2019-now-what/#:~:text=Despite%20this%20backdrop%2C%20there%20are,serious%20action%20on%20climate%20change

337 M. Sullivan, **The planet is on a fast path to destruction. The media must cover this like it's the only story that matters**, in «The Washington Post», 8. Oktober 2018 **LINK:** https://www.washingtonpost.com/lifestyle/style/the-planet-is-on-a-fast-path-to-destruction-the-media-must-cover-this-like-its-the-only-story-that-matters/2018/10/08/f806a7f0-caea-11e8-a3e6-44daa3d35ede_story.html

338 *März 2020*

339 *Siehe Fußnote 106*

340 Climate Reality Project, **Air Pollution And The Coronavirus: The Connection Explained**, April 2020   **LINK:** https://climaterealityproject.org/blog/air-pollution-and-coronavirus-connection-explained

341 S. Levantesi, **David Quammen: Questo virus è più pericoloso di Ebola e Sars**, in «il manifesto», 25. März 2020   **LINK:** https://ilmanifesto.it/david-quammen-questo-virus-e-piu-pericoloso-di-ebola-e-sars

342 http://www.salute.gov.it/imgs/C_17_EventiStampa_564_3_fileAllegato Intervista.pdf

343 Manovra, Confindustria: forte contrarietà su "plastic tax", in «La Repubblica», 16. Oktober 2019   **LINK:** https://finanza.repubblica.it/News/2019/10/16/manovra_confindustria_forte_contrarieta_su_plastic_tax_-155/

344 Manovra, Confindustria: forte contrarietà su "plastic tax" (dtsch. Confindustria: starke Gegnerschaft gegenüber der „Plastiksteuer"), in «La Repubblica», 16. Oktober 2019   **LINK:** https://finanza.repubblica.it/News/2019/10/16/manovra_confindustria_forte_contrarieta_su_plastic_tax_-155/

345 A. Pasini, **L'Equazione dei disastri (dtsch. Die Gleichung der Katastrophen)**, Codice edizioni, Torino 2020

346 S. Levantesi, **Il messaggio di Bill McKibben: "Il riscaldamento globale è un negoziato con la fisica, ma la fisica non fa compromessi" (dtsch. Die Botschaft von Bill McKibben: „Die globale Erwärmung ist eine Verhandlung mit der Physik, aber die Physik macht keine Kompromisse.")**, in «LifeGate», 29. November 2019   **LINK:** https://www.lifegate.it/bill-mckibben-pioniere-lotta-cambiamenti-climatici-amplia-avvertimento

347 *Siehe Fußnote 132*

348 *Ebenda*

349 D. Carrington, **Avoiding meat and dairy is 'single biggest way' to reduce your impact on Earth**, in «The Guardian», 31. Mai 2018   **LINK:** https://www.theguardian.com/environment/2018/may/31/avoiding-meat-and-dairy-is-single-biggest-way-to-reduce-your-impact-on-earth

9. Kapitel
Die Klimakrise und die Pandemie:
Leugnung der Wissenschaft und Desinformation

350 S. Kelly, **Meet the Climate Science Deniers Who Downplayed COVID-19 Risks**, in «DeSmog», 16. März 2020   **LINK:** https://www.desmogblog.com/2020/03/16/climate-science-deniers-downplayed-covid-19-cato-acsh-aei

351 *Ebenda*

352 D. Nuccitelli, **Coronavirus doubters follow climate denial playbook**, in «Yale Climate Connections», April 2020   **LINK:** https://yaleclimateconnections.org/2020/04/coronavirus-doubters-follow-climate-denial-playbook

353 G. Raz, **J. Marshall Shepherd: How Does Bias Shape Our Perceptions About Science?**, in «NPR», 15. Februar 2019 **LINK:** https://www.npr.org/transcripts/6942 88204?t=1605174071018

354 *Siehe Fußnote 321*

355 *Siehe Fußnote 341*

356 P. Daszak, T. Hughes, C. Zambrana-Torrelio, J.H. Epstein, H.E. Field, A. H. White, D. Finnoff, K.D. Lee, Y. Feferholtz, S. Dattaray, S. M. L. Maher, J. Lee, E.E. Johnson, S.E. Elwood, E.H. Loh, K.A. Murray, M.H. Lee, F. Kamarol-Zaman, H. Lasimbang, A. Lasimbang, V.S. Sathianarayanan, V. Kumar, A. Kamruddin, J.R.A. Sukor, C. Rundi, J. Jelip, N. Arsad, M. Hamid, R. Jaudin, P. Duengkae, R. Maude, P. Sudathip, S. Kitchakarn (Editors), **Infectious disease emergence and economics of altered landscapes**, EcoHealth Alliance, New York 2019 **LINK:** https://www.ecohealthalliance.org/wp-content/uploads/2019/09/ IDEEAL_report_final.pdf

357 S. Levantesi, **L'epidemiologo Snowden: "Questa pandemia specchio di una globalizzazione letale"** (dtsch. **Der Epidemiologe Snowden: „Diese Pandemie spiegelt eine tödliche Globalisierung wider")**, in «il manifesto», 9. April 2020 **LINK:** https://ilmanifesto.it/lepidemiologo-snowden-la-pandemia-specchio-di-una-globalizzazio- ne-letale-serve-lassistenza-sanitaria-universale

358 S. Levantesi, **Jane Goodall: «In Africa rischio di catastrofe per uomini e animali»** (dtsch. **„In Afrika droht eine Katastrophe für Menschen und Tiere")**, in «il manifesto», 5. Mai 2020 **LINK:** https://ilmanifesto.it/jane-goodall-in-africa-rischio-di- catastrofe-per-uomini-e-animali

359 https://www.oxfamitalia.org/disuguaglianza-emissioni-co2

360 J. Hickel, **Siamo ancora in tempo! Come una nuova economia può salvare il pianeta (dtsch. Wir haben noch Zeit! Wie eine neue Wirtschaft den Planeten retten kann)**, Il Saggiatore, Milano 2021

361 A. Niranjan, **What fewer people on the planet would mean for the environment**, in «DW», 31. August 2020 **LINK:** https://www.dw.com/en/overpopulation-climate- change-emissions/a-54725928

362 *Siehe Fußnote 334*

363 *Siehe Fußnote 290*

364 *Siehe Fußnote 357*

365 M. Subramanian, **India's Vanishing Vultures**, in «VQR», 9. September 2015 **LINK:** https://www.vqronline.org/reporting-articles/2015/09/indias-vanishing-vultures

10. Kapitel
Der Klimakapitalismus

366 52° rapporto Censis (2018)
367 F. Sironi, **Il cambiamento climatico è all'origine delle migrazioni. Ma la politica nega l'allarme (dtsch. Der Klimawandel ist die Ursache für Migration. Aber die Politik ignoriert die Warnsignale)**, in «l'Espresso», 10. januar 2019 **LINK:** https://espresso.repubblica.it/attualita/2019/01/09/news/clima-allarme-politica-1.330324
368 S. Levantesi, **Come si vive in piena crisi climatica. Dialogo tra Naomi Klein, Bill McKibben e Alexandria Villaseñor (dtsch. Wie man inmitten einer Klimakrise lebt. Ein Dialog zwischen Naomi Klein, Bill McKibben und Alexandria Villaseñor)**, in «LifeGate», 29. Januar 2020, **LINK:** https://www.lifegate.it/dialogo-klein-mckibben-villasenor
369 S. Levantesi, **Cara Italia, due emergenze una sola risposta: transizione ecologica (dtsch. Liebes Italien, zwei Notfälle, eine einzige Antwort: ökologischer Übergang)**, in «il manifesto», 22. April 2020 **LINK:** https://ilmanifesto.it/cara-italia-due-emergenze-una-sola-risposta-transizione-ecologica
370 *Siehe Fußnote 183*
371 Ich habe dieses Thema im „il manifesto" in einem Artikel vertieft, der nicht zufällig mit **Das amerikanische Land der Feuer (italienisch La Terra dei Fuochi Americana)** betitelt wurde, in «il manifesto», Juni 2020 **LINK:** https://ilmanifesto.it/la-terra-dei-fuochi-americana
372 S. Levantesi, **Il Michigan pagherà 600 milioni alle vittime dell'acqua avvelenata di Flint (dtsch. Michigan wird 600 Millionen Dollar an die Opfer des vergifteten Wassers von Flint zahlen)**, in «LifeGate», August 2020 **LINK:** https://www.lifegate.it/michigan-600-milioni-flint
373 M. Davey, **Flint Officials Are No Longer Saying the Water Is Fine**, in «The New York Times», 7. Oktober 2015 **LINK:** https://www.nytimes.com/2015/10/08/us/reassurances-end-in-flint-after-months-of-concern.html
374 https://www.mustafasantiagoali.com
375 «Jacobin Italia», Apocalypse No, vol. 4, Herbst 2019
376 A.E. Johnson, **I'm a black climate expert. Racism derails our efforts to save the planet**, in «The Washington Post», 3. Juni 2020, **LINK:** https://www.washingtonpost.com/outlook/2020/06/03/im-black-climate-scientist-racism-derails-our-efforts-save-planet
377 *Siehe Fußnote 375*
378 S. Levantesi, **Sunrise Movement e Rinascimento Green, due movimenti per il Green new deal (dtsch. Sunrise Movement und Green Renaissance, zwei Bewegungen für den Green New Deal)**, in «LifeGate», 7. April 2020 **LINK:** https://www.lifegate.it/persone/news/sunrise-movement-rinascimento-green
379 European Commission, A European Green Deal **LINK:** https://ec.europa.eu/info/strategy/priorities-2019-2024/european-green-deal_en
380 Testo del Recovery plan for Europe **LINK:** https://ec.europa.eu/info/strategy/recovery-plan-europe_en
381 *Ebenda*

382 Die programmatischen Erklärungen von Präsident Draghi, 17. Februar 2021. Vollständiger Text der Rede von Mario Draghi im Senat **LINK:** http://www.governo.it/it/articolo/le-comunicazioni-del-presidente-draghi-al-senato/16225

383 Z.P. Grant, **When are Green parties successful?**, in «Democratic Audit», November 2018 **LINK:** http://www.democraticaudit.com/2018/11/30/when-are-green-parties-successful

384 Perché il mondo scende in piazza (dtsch. Warum geht die Welt auf die Straße?), in «Internazionale», 1330, Oktober 2019

385 J. Hickel, **Siamo ancora in tempo! Come una nuova economia può salvare il pianeta (dtsch. Wir haben noch Zeit! Wie eine neue Wirtschaft den Planeten retten kann)**, Il Saggiatore, Milano 2021

11. Kapitel
Vom Anthropozän zum Pyrozän

386 K. Kahn-Harris, **Denial: The Unspeakable Truth**, Notting Hill Editions, Kendal 2018

387 D. Eckstein, V. Künzel, L. Schäfer, M. Winges, **Global Climate Risk Index 2020. Who Suffers Most from Extreme Weather Events?** Weather-Related Loss Events in 2018 and 1999 to 2018, GermanWatch, 2019

388 Aktualisierte Daten vom 24. Juli 2018

389 Organizzazione Internazionale per le Migrazioni (OIM), World Migration Report 2020

390 Meine Vertiefung der klimatischen Migrationen bei **Black Italians Matter**, in «Ossigeno», 2, 2020, People Pub

391 Bericht **Migration and Climate Change**, OIM (Internationale Organisation für Migration).

392 N. Myers, **Environmental Refugees: An Emergent Security Issue**, 13th Economic Forum, Prag, Sessione III – Environment and Migration, 22. Mai 2005 **LINK:** http://probeinternational.org/library/wp-content/uploads/2011/04/14851.pdf

393 Bericht **Groundswell – Preparing for Internal Climate Migration** der Weltbank

394 L. Montalto Monella, M. Rodriguez Martinez, **I migranti climatici sono già tra noi, e sono europei (dtsch. Klimamigranten sind bereits unter uns, und sie sind Europäer)**, in «Euronews», April 2020 **LINK:** https://it.euronews.com/2020/02/27/migranti-climatici-sono-gia-tra-noi-e-sono-europei

395 United Nations Framework Convention on Climate Change (UNFCCC), November 2005

396 *Siehe Fußnote 391*

397 C. Cattaneo (FEEM), Cambiamento climatico e migrazioni, in ENEA

398 P. Hesse, **These will be the best places to live in America in 2100 A.D.**, in «Popular Science», 27. Dezember 2016 **LINK:** https://www.popsci.com/best-places-to-live-in-america-in-2100-ad-0

399 Climate Central, **Mapping Choices Carbon, Climate, And Rising Seas Our Global Legacy**, November 2015 **LINK:** https://sealevel.climatecentral.org/uploads/research/Global-Mapping-Choices-Report.pdf

400 Ni. Watts, W.N. Adger, P. Agnolucci, J. Blackstock, P. Byass, W. Cai et al., **Health and climate change: policy responses to protect public health**, in «The Lancet», 22. Juni 2015 **LINK:** https://doi.org/10.1016/S0140-6736(15)60854-6

401 J. Worland, **Climate Change Could Erase 50 Years of Health Advances, Report Says**, in «Time», Juni 2015 **LINK:** https://time.com/3931148/climate-change-health

402 S. Levantesi, **Effetti drammatici del cambiamento climatico anche sulle epidemie (dtsch. Dramatische Auswirkungen des Klimawandels auch auf Epidemien)**, in «il manifesto», 29. Mai 2020 **LINK:** https://ilmanifesto.it/effetti-drammatici-del-cambiamento-climatico-anche-sulle-epidemie

403 S. Fereidouni, G.L. Freimanis, M. Orynbayev et al., **Mass Die-Off of Saiga Antelopes**, Kazakhstan, 2015, in «Emerging Infectious Diseases», vol. 25, n. 6, 2019

404 A. Luhn, **Anthrax outbreak triggered by climate change kills boy in Arctic Circle**, in «The Guardian»,1. August 2016 **LINK:** https://www.theguardian.com/world/2016/aug/01/anthrax-outbreak-climate-change-arctic-circle-russia

405 S. Levantesi, **L'eco-ansia, o come i cambiamenti climatici rovinano la salute mentale (dtsch. Eco-Anxiety, oder wie der Klimawandel die psychische Gesundheit ruiniert)**, in «Wired», 2. November 2019 **LINK:** https://www.wired.it/attualita/ambiente/2019/11/02/eco-ansia-cambiamenti-climatici-psicologia

406 Clayton, S., Manning, C.M., Krygsman, K., & Speiser, M. (2017). **Mental Health and Our Changing Climate: Impacts, Implications, and Guidance.** Washington, D.C.: American Psychological Association, and ecoAmerica

407 F. Deotto, **La lettura (dtsch. Die Lektüre)**, in «Corriere della Sera», 23. August 2020

408 Dossier von Legambiente, **Mal'Aria di città 2020 (dtsch. Schlechte Luft in der Stadt 2020)**, 23. Januar 2020 **LINK:** https://www.legambiente.it/wp-content/uploads/2020/01/Malaria-di-citta-2020.pdf

409 *Ebenda*

410 *Ebenda*

411 A. Gore, **Verità al potere (dtsch. Wahrheit an die Macht)**, Rizzoli, Milano 2020

412 *Ebenda*

413 G. Vacchiano, **Gli incendi senza precedenti stanno cambiando il Pianeta per sempre. Siamo nell'epoca del Pirocene (dtsch. Die beispiellosen Brände verändern den Planeten für immer. Wir befinden uns im Zeitalter des Pyrozäns)**, in «LifeGate», 14. Feburar 2020

414 A. Westervelt, **Drilled Podcast**, Staffel 1 **LINK:** https://www.criticalfrequency.org/drilled

415 **Incendi in Australia, malori per i tennisti agli Open. Jakupovic si accascia in campo: «Aria irrespirabile» (dtsch. Brände in Australien, Unwohlsein bei den Tennisspielern bei den Open. Jakupovic bricht auf dem Platz zusammen: „Die Luft ist unatmbar")**, in «Open», 14. Januar 2020 **LINK:** https://www.open.online/2020/01/14/australian-open-la-tennista-jakupovic-si-accascia-durante-il-match-aria-irrespirabile/

416 P. Karp, **Scott Morrison says no evidence links Australia's carbon emissions to bushfires**, in «The Guardian», 20. November 2019 **LINK:** https://www.theguardian.com/australia-news/2019/nov/21/scott-morrison-says-no-evidence-links-australias-carbon-emissions-to-bushfires
417 *Ebenda*
418 Brown to Green: The G20 transition towards a net-zero emissions economy, Climate Transparency, Berlin, 2019 **LINK:** https://www.climate-transparency.org/wp-content/uploads/2019/11/Brown-to-Green-Report-2019.pdf
419 Climate Action Tracker, **Climate governance series Australia**, Oktober 2019 **LINK:** https://climateactiontracker.org/documents/653/2019-08-30_CAT_ClimateGovernance_Australia.pdf
420 R. Merzian, A. Quicke, E. Bennett, R. Campbell, T. Swann, **Climate of the Nation 2019**, Australia Institute **LINK:** https://australiainstitute.org.au/wp-content/uploads/2020/12/Climate-of-the-Nation-2019-WEB.pdf
421 Australia on track to become one of the world's major climate polluters, Climate Analytics, 2019 **LINK:** https://climateanalytics.org/latest/australia-on-track-to-become-one-of-the-worlds-major-climate-polluters
422 A. Morton, **Australian government seen globally as climate 'denialist'**, UN summit observers say, in «The Guardian», 24. September 2019, **LINK:**https://www.theguardian.com/australia-news/2019/sep/25/australian-government-seen-globally-as-climate-denialist-un-summit-observers-say
423 Februar 2017
424 *Siehe Fußnote 391*
425 G. Monbiot, **Smoke in our eyes**, in «The Guardian», 27. September 2006 **LINK:** https://www.theguardian.com/commentisfree/2006/sep/27/post437
426 Australia ratifies Kyoto global warming treaty, in «NBC News», 3. Dezember 2007 **LINK:** https://www.nbcnews.com/id/wbna22081582
427 Nachrichtenarchiv über Tony Abbott und seine Aussagen **LINK:** https://www.desmogblog.com/directory/vocabulary/6878
428 R.E. Dunlap, A.M. McCright, **Organized Climate Change Denial, in Id., The Oxford Handbook of Climate Change and Society**, Routledge Handbooks Online, 2011 **LINK:** https://www.oxfordhandbooks.com/view/ 10.1093/oxfordhb/9780199566600.001.0001/oxfordhb-9780199566600-e-10
429 Greenpeace USA, **Dealing in Doubt. The climate denial machine vs climate science a brief history of attacks on climate science, climate scientists and the IPCC**, September 2013 **LINKS:** https://web.archive.org/web/20100410000235 und http://www.greenpeace.org/raw/content/usa/press-center/reports4/dealing-in-doubt.pdf
430 *Ebenda*
431 *Ebenda*
432 C. Linnitt, **Harper's attack on science: No science, no evidence, no truth, no democracy**, in «Academic Matters», Mai 2013 **LINKS:** https://academicmatters.ca/harpers-attack-on-science-no-science-no-evidence-no-truth-no-democracy
433 W. Palen, **When Canadian Scientists Were Muzzled by Their Government**, in «The New York Times», 14. februar 2017 **LINKS:** https://www.nytimes.com/2017/02/14/opinion/when-canadian-scientists-were-muzzled-by-their-government.html

434 D. Jamieson, **Reason in a Dark Time: Why the Struggle Against Climate Change Failed – and What It Means for Our Future**, Oxford University Press, Oxford 2014

435 E. Kolbert, **Condannati al disastro (dtsch. Verurteilt zur Katastrophe)**, in «National Geographic», **Abbiamo salvato il mondo (dtsch. Wir haben die Welt gerettet)**, 4, 3. April 2020

436 A.C. Lees, S. Attwood, J. Barlow, B. Phalan, **Biodiversity scientists must fight the creeping rise of extinction denial**, in «Nature Ecology and Evolution», November 2020 **LINK:** https://www.nature.com/articles/s41559-020-01285-z.pdf

437 J. Bridle, A. van Rensburg, **Discovering the limits of ecological resilience**, in «Science», 7. Februar 2020

438 G. Monbiot, **Feral: Searching for Enchantment on the Frontiers of Rewilding (dtsch. Feral: Auf der Suche nach Verzauberung an den Grenzen des Rewildings)**, Penguin Books, New York 2013

439 R. Chami, T. Cosimano, C. Fullenkamp, S. Oztosun, International Monetary Fund, Nature's Solution To Climate Change, in «Finance & Development magazine», Dezember 2019

440 Conte bei der Zeremonie zum Anheben der Schleusentore des Mose-Projekts, 10. Juli 2020 **LINK:** http://www.governo.it/it/media/conte-alla-cerimonia-innalzamento-delle-paratoie-del-mose/14893

441 Cfr. «Lapham', Quaterly», 4, vol. 12, 2019

442 T. Morton, **The Ecological Thought**, Harvard University Press, Cambridge 2010

12. Kapitel
Die Kosten eines Ökozids

443 **Front Line Defenders Global Analysis 2019**, Front Line Defenders, **LINK:** https://www.frontlinedefenders.org/sites/default/files/global_analysis_2019_web.pdf

444 *Ebenda*

445 *Ebenda*

446 *Ebenda*

447 A. Ortega, **At famed Mexican butterfly reserve, second worker found dead**, in «Reuters», 2. Februar 2020 **LINK:** https://www.reuters.com/article/us-mexico-activist-idUSKBN1ZW01F

448 **Homero Gómez: Missing Mexican butterfly activist found dead**, in «BBC News», 30. Januar 2020 **LINK:** https://www.bbc.com/news/world-latin-america-51304857

449 *Siehe Fußnote 443*

450 *Ebenda*

451 A. Neslen, **Climate change could make insurance too expensive for most people – report**, in «The Guardian», 21. März 2019 **LINK:** https://www.theguardian.com/environment/2019/mar/21/climate-change-could-make-insurance-too-expensive-for-ordinary-people-report

452 A. Guy, **Daniel Pauly And George Monbiot In Conversation About "Shifting Baselines Syndrome"**, in Oceana, 14. August 2017 **LINK:** https://oceana.org/blog/daniel-pauly-and-george-monbiot-conversation-about-shifting-baselines-syndrome

453 *Siehe Fußnote 290*

454 Vollständiges Interview auf «LifeGate»

455 Valore dell'osservatorio di Mauna Loa, Hawaii, 3. April 2021 **LINK:** https://www.esrl.noaa.gov/gmd/ccgg/trends/monthly.html

456 IPCC, Quarto rapporto di valutazione (AR4), 2007 **LINK:** https://www.ipcc.ch/site/assets/uploads/2018/02/ar4-wg1-chapter10-1.pdf

457 IPCC, Terzo rapporto di valutazione (TAR), 2001 **LINK:** https://www.ipcc.ch/site/assets/uploads/2018/03/WGII_TAR_full_report-2.pdf

458 T.M. Lenton, J. Rockström,O. Gaffney, S. Rahmstorf, K. Richardson,W. Steffen, H.J. Schellenhuber, **Climate tipping points – too risky to bet against**, in «Nature», 27. November 2019 **LINK:** https://www.nature.com/articles/d41586-019-03595-0

459 Nach einer Analyse von F. Pears, **As Climate Change Worsens, A Cascade of Tipping Points Looms**, in «Yale Environment 360», 5. Dezember 2019 **LINK:** https://e360.yale.edu/features/as-climate-changes-worsens-a-cascade-of-tipping-points-looms

460 M.D. King, I.M. Howat, S.G. Candela et al., **Dynamic ice loss from the Greenland Ice Sheet driven by sustained glacier retreat**, in «Communications Earth & Environment», 1, 2020 **LINK:** https://doi.org/10.1038/s43247-020-0001-2

461 A. Shepherd, E. Ivins et al., **Mass balance of the Greenland Ice Sheet from 1992 to 2018**, in «Nature», 579, 2020 **LINK:** https://doi.org/10.1038/s41586-019-1855-2

462 S. Levantesi, **Il punto di non ritorno (dtsch. Der Punkt ohne Rückkehr)**, in «Duegradi», 31. März 2020, **LINK:** https://www.duegradi.eu/news/punto-di-non-ritorno

463 *Siehe Fußnote 458*

464 S. Yeo, **Ecocide: Should killing nature be a crime?**, in «BBC Future», 6. November 2020 **LINK:** https://www.bbc.com/future/article/20201105-what-is-ecocide

465 Riporta l'organizzazione d'informazione ambientale Mongabay **LINK:** https://news.mongabay.com/2020/04/rapid-deforestation-of-brazilian-amazon-could-bring-next-pandemic-experts

466 A. Westervelt, Drilled podcast, Staffel 3, Episode 6 **LINK:** https://www.criticalfrequency.org/drilled **TRANSKRIPT-LINK:** https://www.desmogblog.com/s1ep7-campaigns-so-successful-they-ve-landed-court

467 K. Paul, **Hundreds of workers defy Amazon rules to protest company's climate failures**, «The Guardian», 28. Januar 2020 **LINK:** https://www.theguardian.com/technology/2020/jan/27/amazon-workers-climate-protest

468 O. Milman, **Amazon threatened to fire employees for speaking out on climate, workers say**, in «The Guardian», 2. Januar 2020 **LINK:** https://www.theguardian.com/technology/2020/jan/02/amazon-threatened- fire-employees-speaking-out-climate-change-workers-say

469 K. Paul, **Hundreds of workers defy Amazon rules to protest company's climate failures**, «The Guardian», 28. Januar 2020 **LINK:** https://www.theguardian.com/technology/2020/jan/27/amazon-workers-climate-protest

470 *Ebenda*

471 Die Angabe stammt aus August 2020

472 Giudizio Universale **LINK:** https://giudiziouniversale.eu/sostienici

473 Giudizio Universale **LINK:** https://giudiziouniversale.eu/2019/06/04/approfondimento-cambiamento-climatico/

474 F.P. Fantozzi, **La vittoria de L'Affaire du Siècle (dtsch. Der Sieg des Jahrhundertskandals)**, in Giudizio Universale, Februar 2021 **LINK:** https://giudiziouniversale.eu/2021/02/03/il-contenzioso-climatico-de-laffaire-du-siecle-la-responsabilita-climatica-dello-stato-francese-stabilita-per-la-prima-volta-dinanzi-al-giudice

475 Fridays For Future Italia, **Informazione Fossil-Free: di cosa si tratta (dtsch. Fossil-Free-Information: Worum geht es?)** **LINK:** https://fridaysforfutureitalia.it/informazione-fossil-free

476 W. Ming 1, **Non c'è lotta al negazionismo climatico senza lotta alle «grandi opere» (dtsch. Es gibt keinen Kampf gegen den Klimawandel-Leugnung ohne Kampf gegen „große Projekte")**, in «Jacobin Italia», 27. August 2019 **LINK:** https://jacobinitalia.it/non-ce-lotta-al-negazionismo-climatico-senza-lotta-alle-grandi-opere

477 *Ebenda*

478 IRENA, **Renewable Power Generation Costs in 2019**, International Renewable Energy Agency, Abu Dhabi 2020

479 Per approfondire aspetti positivi e negativi dell'idrogeno consiglio l'articolo di E. Barbiroglio, **Idrogeno: una soluzione contro il cambiamento climatico o un altro regalo per l'industria dei combustibili fossili?**, in «Valigia Blu», 29. Januar 2021 **LINK:** https://www.valigiablu.it/clima-idrogeno

480 *Siehe Fußnote 360*

481 P. Mecarozzi, **Vandana Shiva: "Solo un'agricoltura ecologica salverà l'acqua del pianeta" (dtsch. Vandana Shiva: „Nur eine ökologische Landwirtschaft wird das Wasser des Planeten retten")**, in «La Repubblica», 22. März 2021 **LINK:** https://www.repubblica.it/green-and-blue/dossier/acqua/2021/03/22/news/vandana_shiva_solo_un_agricoltura_ecologica_salvera_l_acqua_del_pianeta_-292510017/?ref=RHTP-BG-I293274116-P10-S3-T1

482 N. Chomsky, R. Pollin, **Minuti Contati. Crisi climatica e Green New Deal globale**, Salani, Milano 2020

483 *Siehe Fußnote 478*

484 **Why is YouTube Broadcasting Climate Misinformation to Millions?** **LINK:** https://avaazimages.avaaz.org/youtube_climate_misinformation_report.pdf

485 *Siehe Fußnote 132*

IMPRESSUM

Autorin:
Stella Levantesi
www.stellalevantesi.com

Mit einem Text von
Samira El Ouassil und Friedemann Karig
(Autor*innen von „Erzählende Affen",
Podcast Piratensender Powerplay)

Umschlaggestaltung und Illustrationen:
Federico Cacciapaglia

Layout/Satz:
Annette Köhn

Überarbeitung/Feinschliff der KI-Übersetzung:
Annette Köhn

Herausgeber:
Jaja Verlag
Annette Köhn
Tellstr. 2
12045 Berlin
www.jajaverlag.com

Deutsche Erstausgabe
Februar 2024, Berlin
ISBN: 978-948904-55-5
Original erschienen 2021 bei Editori Laterza, Italien,
unter dem Titel „I bugiardi del clima"

Dieses Buch ist auf umweltfreundlichem Papier gedruckt
von KOPA Print, Litauen